交通职业教育教学指导委员会推荐教材
全国交通高级技工学校、技师学院公路施工与养护专业教学用书

全国交通技师培训教材

Gonglu Shigong Zuzhi ji Gai (yu) suan

公路施工组织及概(预)算

主编　武小兵
主审　杨国胜

人民交通出版社

内 容 提 要

本书是全国交通技师培训教材，由交通职业教育教学指导委员会公路(技工)专业指导委员会组织编写。书中介绍了公路施工组织及概(预)算方面的基本知识。全书共分五个单元，主要内容包括：公路施工组织概论、施工过程组织原理、公路工程定额、公路工程施工组织设计、公路工程概(预)算。

本书是全国交通高级技工学校、技师学院公路施工与养护专业教学用书，也可作为职业培训及技能鉴定教材，或供从事公路工程管理的人员学习参考。

图书在版编目（C I P）数据

公路施工组织及概(预)算/武小兵主编．—北京：人民交通出版社，2008.5

ISBN 978-7-114-06661-0

Ⅰ.公…　Ⅱ.武…　Ⅲ.①道路工程－工程施工－施工组织②道路工程－概算编制③道路工程－预算编制　Ⅳ.U415

中国版本图书馆 CIP 数据核字（2007）第 098120 号

全国交通技师培训教材

书　　名：公路施工组织及概（预）算
著 作 者：武小兵
责任编辑：刘岩艳
出版发行：人民交通出版社股份有限公司
地　　址：（100011）北京市朝阳区安定门外外馆斜街 3 号
网　　址：http://www.ccpress.com.cn
销售电话：（010）59757973
总 经 销：人民交通出版社股份有限公司发行部
经　　销：各地新华书店
印　　刷：北京市密东印刷有限公司
开　　本：787×1092　1/16
印　　张：13.75
插　　页：1
字　　数：346 千
版　　次：2008 年 5 月　第 1 版
印　　次：2015 年 5 月　第 5 次印刷
书　　号：ISBN 978-7-114-06661-0
印　　数：11001－14000 册
定　　价：26.00 元
（有印刷、装订质量问题的图书由本社负责调换）

交通职业教育教学指导委员会
公路(技工)专业指导委员会

前言 Qianyan

交通行业是一个劳动密集型行业，全行业约有4000万从业人员，其中90%以上是在交通建设、养护和运输服务等一线工作的，处于交通工程建设、养护和交通运输服务的终端环节，其素质和能力在很大程度上决定了交通发展的质量和效益。目前，各个专业和工种都普遍缺乏技能型人才，特别是高技能人才，公路施工与养护、筑路机械操作与维护等工种都属于交通行业技能型紧缺人才。

为了配合"交通行业技能型紧缺人才培养培训工程"的实施，加快高技能人才的培养培训步伐，交通职业教育教学指导委员会公路（技工）专业指导委员会组织全国交通类高级技工学校、技师学院的教师编写了《公路施工与养护》和《公路工程机械使用与维修》两个专业工种的技师教材。编写人员进行了广泛的一线走访，听取了工程施工与养护生产一线高技能人员的意见，使本套教材具有良好的实用性和先进性。本套教材填补了我国在公路施工与养护和公路工程机械使用与维修方面技师培养培训教材的空白，既可作为技师学院的教学用书，又可作为在职培训技师用教材，对本行业高技能人才的培养培训具有重要的现实意义。

本套教材具有以下特点：

1. 教材内容与技师等级标准、考核标准相衔接，适应现代公路工程机械化施工与养护的要求。
2. 教材全部采用最新的标准和规范，符合先进性、科学性和实用性的要求。
3. 教材编写满足理实一体化和模块式的教学方式，体现职业教育特色，重点培养学生的实际操作技能。
4. 每个单元后均附有思考题，力求提高学生思考问题、解决问题的能力，以达到技师标准的要求。

《公路施工组织及概（预）算》是全国交通高级技工学校、技师学院公路施工与养护专业通用教材之一，内容包括：公路施工组织概论、施工过程组织原理、公路工程定额、公路工程施工组织设计、公路工程概（预）算。

参加本书编写工作的有：江苏省交通技师学院袁孝义（编写单元一、三），唐山市公路技工学校赵桂群（编写单元二），广西公路技工学校赵承伟（编写单元四），山西交通技师学院武小兵（编写单元五和附录）。全书由武小兵担任主编，江苏省交通技师学院杨国胜担任主审。

本套教材在编写过程中得到了全国20余所交通类职业院校的领导、工程施工养护领域的专家及一线高技能人员的大力支持和帮助，共有70余名专业教师参与了教材的编审工作，在此表示感谢。

由于我们的业务水平和教学经验有限，编审人员工作繁忙、时间仓促，书中难免有不妥之处，恳切希望使用本书的教师和读者批评指正。

交通职业教育教学指导委员会

公路（技工）专业指导委员会

二〇〇七年四月

目 录 *Mulu*

单元一　公路施工组织概论

知识点
1. 解释公路施工组织的含义；
2. 描述公路建设的内容和特点，公路工程基本建设程序。

技能点
进行基本建设项目的划分。

课题一　公路建设的内容和特点

现代交通运输业由铁路、公路、水运、航空及管道运输等组成，它们在国民经济建设中发挥着重要的作用。

公路运输业在交通运输业中占有较大比重，它具有机动、灵活、迅速、直达、适应性强、服务面广等特点，是重要的运输方式，在现代化建设中发挥着巨大作用，并具有良好的发展前景。发展公路运输业，必须先进行公路建设。公路建设是为公路运输提供诸如道路、桥梁、隧道等基础设施的保障。

公路建设涉及人工、材料、机械设备、环境等要素，要使建设项目完全符合建设单位的要求，必须实行科学施工，科学组织管理。公路施工组织就是将公路建设过程中诸要素进行合理组织的学科，即如何认真贯彻国家现行技术经济政策和法令，根据公路施工的特点，将人力、材料、机械、资金、施工方法、自然条件等各种因素进行科学、合理地安排，使之在一定的时间和空间内得以实现有组织、有计划、有秩序的施工，实现工期短、质量好、成本低的目的，使投资迅速发挥效益。

一、公路建设的内容

公路建设的内容按任务与分工不同可以分为以下几方面。

1. 现有公路工程的小修和保养

公路工程构造物在长期使用过程中，受到自然因素和行车荷载的作用而不断损坏，为了保持公路原有形态与功能，以维护公路设计运输能力，必须对公路及其附属设施进行预防性保养，修复其轻微损坏部分，使之经常保持原设计所要求的服务水平，保证公路的正常使用。

2. 现有公路工程的大、中修与技术改造

由于受到材料、结构、设备等方面的制约，公路各组成部分的耐久性不同，并具有不同的寿命期，即使经过小修保养，也不可能无期限使用，因此需要对公路的一般性磨损和局部损坏进行定期的修理和加固，对公路设施的较大损坏进行周期性的综合修理，以全面恢复到原有服务水平。公路的大中修往往是与公路技术改造相结合进行的，如局部改线，改造“瓶颈”路段，提高路面等级等，通过这种技术改造可以提高公路的通行能力。

3. 公路工程基本建设

通过公路的小修保养及大中修，一般只能维持公路原有的通行能力。但随着经济的发展，交通量的增加，原有公路已不能满足经济建设和人们出行的要求，必须通过新建、扩建、改建和重建四种基本建设形式来扩大公路的通行能力。公路工程基本建设是我国公路建设的基本形式，它是按照国家基本建设程序进行的。

二、公路建设的特点

公路工程是呈线性分布的一种人工构筑物，它通过勘察、设计、施工而完成，公路建筑产品和公路建设活动与其他工业产品和工业生产过程相比，具有以下特点。

1. 公路建筑产品的特点

1)固定性

公路工程通过设计施工，一旦修建完毕就固定于某一地点不能移动，只能在该地方供长期使用。

2)结构复杂多样

由于公路的使用目的、技术等级、技术标准、自然条件和功能不同，公路的结构组成变化较大，形体构造复杂多样。如：高速公路和一级公路不同于其他公路，平原微丘区公路不同于山岭重丘区公路。

3)体积庞大

公路工程是连在一起的带状构筑物，在建设过程中耗用的建筑材料数量巨大，占用土地及空间多，构成的结构物体积庞大。

4)结构易损

公路工程构造物受行车作用及自然因素影响，其暴露于大自然的部分以及直接受行车作用的部分，极易损坏。实际交通量超过设计交通量，或由水温作用造成筑路材料的损害等都极易使公路发生结构损害。

2. 公路建设活动的特点

1)施工流动性大

公路建筑产品具有固定性的特点，劳动对象在生产活动中固定于工作地不动，而工程分布极为分散，公路建设点多、线长、面广，工程数量分布不均匀，因而要组织劳动力（人、机械等）围绕劳动对象按一定的次序进行施工生产活动，这就需要科学地解决空间布置和时间安排上的矛盾。当一项工程完成后还要面临施工现场转移的问题。公路施工的流动性，给施工单位的生产管理和生活安排带来很多影响，比如施工组织形式，施工运输，施工基地建立的经济性等问题。

2)施工协作性高

公路工程类型多，施工环节多，工序复杂，每项工程都具有不同的功能，不同的施工条件，不仅要进行个别设计，而且要个别组织施工。每项工程都涉及到建设、设计、施工、监理等单位的密切配合，需要材料、动力、运输等各个部门的通力协作，因此，施工过程中的综合平衡和调度，严密的计划和科学管理显得特别重要。

3)施工周期长

公路工程包括路基、路面、桥梁、涵洞、隧道、交通设施等工程，产品形体庞大具有不可分割性，工程建设规模一般都比较大，在较长时间内大量占用和耗费人力、物力和财力，直到整个施工周期完结，才能出产品，因而公路建设的施工周期长。

4）受外界干扰及自然因素影响大

公路工程施工大部分是露天作业，因此受自然条件的影响很大，如气候冷暖、地势高低、洪水、雨雪等。设计变更、地质情况、物资供应条件、环境因素等对工程进度、工程质量、成本也都有很大影响。而且，由于公路结构具有易损性，需不断进行维修养护，才能维持正常的使用性能。

公路建设活动的这些特点，决定了公路施工活动的特有规律，研究和遵循这些规律，对科学地组织与管理公路工程施工，提高公路建设的经济效益具有重要意义。

课题二　公路工程基本建设的概念

一、公路基本建设的内容

公路工程基本建设是指通过可行性研究、勘察、设计、施工来实现公路、桥梁、隧道、交通工程及沿线设施和公路渡口等项目的建设。按项目性质可分为新建、扩建、改建和重建，其中新建和改建是最主要的形式；按项目规模可分为大型、中型和小型。大、中、小型项目是根据项目建设总规模和总投资确定的，国家对建设项目的大、中、小型划分在《大中小型建设项目划分标准》中有明文规定。

公路基本建设的内容按其投资额的构成和工作性质可划分为三部分。

（1）建筑安装工程。

①建筑工程：如路基、路面、桥梁、隧道、防护工程、沿线设施等的施工。

②设备安装工程：如各种大型机械、设备、仪器的安装、测试等。

（2）设备、工具、器具的购置。

（3）其他基本建设工作。如勘察、设计及与之有关的调查和技术研究工作、征地、青苗补偿和安置补助工作等。

二、公路基本建设的组成

1．公路基本建设的基层单位

参与公路建设的单位和部门很多，直接参与的基层单位主要有：

1）建设单位（业主）

建设单位（简称建设单位或业主）是负责执行国家基本建设计划的基层单位。它在行政上有独立的组织形式，在经济上独立核算并有独立的总体设计和基本建设计划。建设单位又称为业主，在招标阶段称为“招标单位”，它是某项工程的投资者或资金筹集者，在施工过程中实施监督管理并进行重大问题的决策，对国家负有一定的政治和经济责任。

建设单位的主要工作包括：提供设计所需的基础资料；编制年度基本建设计划和财务计划；在建设银行开设账户，有计划地运用资金；办理土地征用的有关手续；组织招投标事宜；同施工单位、监理单位签订工程施工合同和监理合同；购置设备和进行各项其他建设工作；办理工程交工验收、编制竣工决算等。

2）勘察设计单位

设计院、设计所等设计机构统称设计单位。设计单位应持有上级主管机关颁发的设计许可证。设计单位受建设单位或主管部门的委托，按照一定的设计要求为建设工程进行勘察和设计工作，并负责编制设计文件。

3）施工单位

指承担建筑安装工程施工的机构。施工企业是独立的经济核算单位，它通过投标活动承揽施工任务，编制并执行施工计划和财务计划；它有权与其他经济核算单位签订经济合同，办理往来结算，它独立经营业务，组织施工，办理工程交工，结算工程价款并独立计算盈亏。

4）监理单位

指依法成立的具有独立从事工程监理业务能力的，智力密集型社会经济实体，它受建设单位的委托对建设项目进行质量控制、进度控制、费用控制和合同管理等监理业务，并负责协调业主与承包商之间的关系。

5）工程质量监督单位

工程质量监督单位是各级政府授权管理工程质量、监督工程质量的部门，它代表政府对工程质量实行强制性的检查与监督。建设、设计、施工、监理单位在工程实施阶段都应接受质量监督部门的监督。

6）建设银行

它是管理基本建设资金的支出、预算和财务，办理基本建设资金的拨款、结算和放款，进行财政监督的国家专业银行。

2. 基本建设项目组成

根据建设任务、施工管理和质量检验评定的需要，基本建设项目按其工作内容内涵的大小可依次分为基本建设项目、单项工程、单位工程、分部工程和分项工程。

1）基本建设项目

基本建设项目也称为建设项目，一般是指具有一个设计任务书并按一个总体设计进行施工，经济上实行独立核算、行政上有独立组织形式的基本建设工程，在建成后能独立发挥生产能力或效益。在工业建设中，一般是以一个工厂为一个建设项目，如一个钢铁厂、一个汽车厂、一个机械制造厂等；在民用建设中，一般是以一个事业单位为一个建设项目，如一所学校、一所医院等；在交通运输建设中，是以一条铁路或一条公路等为一个建设项目。一个建设项目由一个或几个单项工程组成。

2）单项工程

单项工程称为工程项目，是建设项目的组成部分。一般是指具有独立的设计文件，并且单独编制综合预算，在竣工后可以独立发挥生产能力或效益的工程。如一个工厂的生产车间、办公楼；一所学校的教学楼、图书馆；一个建设项目中的独立大桥工程、公路工程。一个单项工程由一个或几个单位工程组成。

3）单位工程

单位工程是单项工程的组成部分。它通常是指具有单独设计的施工图纸、单独编制的施工图预算，可以独立施工并独立作为计算成本对象，但在建成后一般不能单独进行生产或投入使用的工程。一个单位工程，一般可以按投资构成划分为：建筑工程、安装工程、设备和工器具购置等四个方面。如属于单项工程生产车间的厂房修建、设备安装；一条公路的路线工程、桥涵工程等。

4）分部工程

分部工程是单位工程的组成部分。一般是按单位工程的各个部位、构件性质、使用材料、工种或设备的种类和型号等不同划分而成的。如一般土建工程的土石方工程、打桩工程、脚手架工程、砖石工程、混凝土和钢筋混凝土工程等；路线工程中的路基工程、路面工程、材料采集加工工程等。

5）分项工程

分项工程一般是指按照选用的施工方法、所使用的材料、结构构件规格等因素划分的，运用较为简单的施工过程就能完成，以适当的计量单位就可以计算工程量及其单价的建筑或设备安装工程的产品。分项工程是单位工程组成部分中最基本的构成要素。它一般没有独立存在的意义，只是为了编制建设预算时，人为确定的一种比较简单、可行的“假定”产品。

表1-1是《公路工程质量检验评定标准》（JTG F80/1—2004）中路基工程的划分，学习时可对照理解。

一般建设项目中的路基工程划分 表1-1

单位工程	分部工程	分项工程
路基工程（每10km或每标段）	路基土石方工程（1～3km路段）	土方路基，石方路基，软土地基，土工合成材料处治层等
	排水工程（1～3km路段）	管节预制，管道基础及管节安装，检查（雨水）井砌筑，土沟，浆砌排水沟，盲沟，跌水，急流槽，水簸箕，排水泵站等
	小桥及符合小桥标准的通道，人行天桥，渡槽（每座）	基础及下部构造，上部构造预制、安装或浇筑，桥面，栏杆，人行道等
	涵洞、通道（1～3km路段）	基础及下部构造，主要构件预制、安装或浇筑，填土等
	砌筑防护工程（1～3km路段）	挡土墙，墙背填土，抗滑桩，锚喷防护，锥、护坡，导流工程，石笼防护等
	大型挡土墙，组合式挡土墙（每处）	基础，墙身，墙背填土，构件预制、构件安装，筋带，锚杆、拉杆等

三、基本建设程序

基本建设项目在整个建设过程中各项工作的先后顺序，称为基本建设程序。公路建设应当按照国家规定的建设程序和有关规定进行。2006年8月1日起施行的《公路建设监督管理办法》对公路工程基本建设程序作了新的规定，政府投资公路建设项目实行审批制，企业投资公路建设项目实行核准制。县级以上人民政府交通主管部门应当按职责权限审批或核准公路建设项目，不得越权审批、核准项目或擅自简化建设程序。

政府投资公路建设项目的实施，应当按照下列程序进行。

1. 根据规划，编制项目建议书

根据发展国民经济的长远规划和公路网建设规划，提出项目建议书。项目建议书是进行各项准备工作的依据，项目建议书一般应包括以下内容：

（1）建设项目提出的必要性和依据。

（2）产品方案、拟建规模和建设地点的初步设想。

（3）资源情况、建设条件、协作关系和设备技术引进国别、厂商的初步分析。

（4）投资估算和资金筹措及还贷方案设想。

(5)项目的进度安排。

(6)经济效益和社会效益的估计,包括初步的财务评价和国民经济评价。

(7)环境影响的初步评价,包括治理"三废"措施、生态环境影响的分析。

(8)结论。

(9)附件。

2. 根据批准的项目建议书,进行工程可行性研究,编制可行性研究报告

根据发展国民经济的长远规划和公路网建设规划及项目建议书,对建设项目进行可行性研究,以减少项目决策的盲目性,使建设项目具有科学性和经济合理性。可行性研究是对项目建议书批准的建设项目在技术上是否可行和经济上是否合理进行的一系列分析和论证工作。公路可行性研究按其工作深度,可分为预可行性研究和工程可行性研究。编制可行性研究报告,一般包括以下内容:

(1)建设项目依据、历史背景。

(2)建设地区综合运输网的交通运输现状和建设项目在交通运输网中的地位及作用。

(3)原有公路的技术状况及适应程度。

(4)建设项目所在地区的经济特征,建设项目与经济发展的内在联系,预测交通量、运输量的发展水平。

(5)建设项目的地理位置、地形、地质、气候、水文等自然特征。

(6)筑路材料来源及运输条件。

(7)不同建设方案的路线起讫点和主要控制点、建设规模、标准及推荐意见。

(8)建设项目对环境的影响。

(9)主要工程数量、征地拆迁数量,估算投资金额,提出资金筹措方式。

(10)勘测、设计、施工计划安排。

(11)运输成本及有关经济参数,进行经济评价、敏感分析。

3. 根据批准的可行性研究报告,编制初步设计文件

初步设计文件应根据可行性研究的要求和初测资料,拟定修建原则,选定设计方案,计算主要工程数量,提出施工方案的意见,编制设计概算,提供文字说明及图表资料。初步设计文件经审查批准后,可作为建设项目投资及编制施工图设计文件或技术设计文件的依据。

4. 根据批准的初步设计文件,编制施工图设计文件

根据批准的初步设计文件(或技术设计)和定测(或补充定测)资料,进一步对所审定的修建原则、设计方案、技术设计加以具体和深化,最终确定工程数量,提出文字说明和适应施工需要的图表资料以及施工组织计划,编制施工图预算。施工图设计文件一般划分为三种类型,即一阶段设计、两阶段设计和三阶段设计,如表1-2所示。

施工图设计文件类型 表1-2

设计特点 设计类型	适用项目	设计依据	应提交的成果
一阶段设计	技术方案明了、投资不大的道路工程项目(尤其是地方投资的项目)	批准的项目建议书或工程可行性研究及定测资料	施工图设计和施工图预算

续上表

设计类型 \ 设计特点	适用项目	设计依据	应提交的成果
两阶段设计	一般工程项目	①初步设计:依据批准的项目建议书或工程可行性研究和初测资料 ②施工图设计:依据批准的初步设计和定测资料	①初步设计和工程概算 ②施工图设计和施工图预算
三阶段设计	重大工程项目或其中有技术难题的工程项目	①初步设计:依据批准的项目建议书或工程可行性研究和初测资料 ②技术设计:批准的初步设计和补充定测资料 ③施工图设计:批准的技术设计和定测资料	①初步设计和工程概算 ②技术设计和修正概算 ③施工图设计和施工图预算

5. 根据批准的施工图设计文件,组织项目招标

业主根据批准的施工图设计文件组织招投标,选择施工单位、监理单位、供货商等。为了把市场竞争机制引入投资体制改革,工程项目建设应该实行招投标制度。根据《中华人民共和国招投标法》规定,招标方式分为公开招标和邀请招标两种。不属于法律规定必须招标的项目,比如涉及国家安全、国家秘密、抢险救灾、利用扶贫资金以工代赈,以及低于国家规定必须招标标准的小型工程或投标单位较少的改扩建工程,可采用议标或直接委托的方式。公开招标应当发布招标公告,凡具备相应资质符合招标条件的法人或其他组织不受地域和行业限制,均可申请投标;邀请招标是招标人根据自己掌握的资料和信息预选择若干家具备承担招标项目能力、资信良好的法人或其他组织,并发出投标邀请函,将招标工程的概况,工作范围和实施条件等作出简要的说明,请其参加投标竞争。

6. 根据国家有关规定,进行征地拆迁等施工前准备工作,并向交通主管部门申报施工许可

为了保证施工顺利进行,在施工准备阶段,建设主管部门应根据计划要求的建设进度,指定一个企业或事业单位组织基建管理机构,办理登记及拆迁,做好施工沿线有关单位和部门的协调工作,抓紧配套工程项目的落实,组织分工范围内的技术资料、材料、设备的供应。勘测设计单位应该按照技术资料供应协议,按时提供各种图纸资料,做好施工图纸的会审及移交工作。施工单位应组织机具、人员进场,进行施工测量,修筑便道等临时设施,组织材料、物资采购、加工、运输、供应、储备,做好施工图纸的接收工作,熟悉图纸的要求,编制施工组织计划和施工预算,提出开工报告并交主管部门核准。

7. 根据批准的项目施工许可,组织项目施工

施工单位要按照施工程序合理组织施工,施工过程中应严格按照设计要求和施工规范,确保工程质量,安全施工,推广运用新工艺、新技术、努力缩短工期,降低造价,同时应注意做好施工记录,建立技术档案。监理单位严格监理,建设单位搞好投资与质量控制。

8. 项目完工后，编制竣工图表、工程决算和竣工财务决算，办理项目交、竣工验收和财产移交手续

当建设项目按设计文件规定内容全部施工完成后，按照规定的竣工验收标准、准备工作内容、验收程序和规定，对各单项工程进行验收，工程应符合设计要求，并具备竣工图表、竣工决算、工程总结等必要文件资料，由项目主管部门或建设单位向可行性研究报告的审批单位提出竣工验收申请报告。公路项目的竣工验收由交通部或批准初步设计文件的地方交通主管部门主持。

9. 竣工验收合格后，组织项目后评价

国务院对政府投资公路建设项目建设程序另有简化规定的，依照其规定执行。

企业投资公路建设项目的实施，应当按照下列程序进行：

(1)根据规划，编制工程可行性研究报告。

(2)组织投资人招标工作，依法确定投资人。

(3)投资人编制项目申请报告，按规定报项目审批部门核准。

(4)根据核准的项目申请报告，编制初步设计文件，其中涉及公共利益、公众安全、工程建设强制性标准的内容应当按项目隶属关系报交通主管部门审查。

(5)根据初步设计文件编制施工图设计文件。

(6)根据批准的施工图设计文件组织项目招标。

(7)根据国家有关规定，进行征地拆迁等施工前准备工作，并向交通主管部门申报施工许可。

(8)根据批准的项目施工许可，组织项目施工。

(9)项目完工后，编制竣工图表、工程决算和竣工财务决算，办理项目交、竣工验收。

(10)竣工验收合格后，组织项目后评价。

一个建设项目，特别是大中型工程项目从确定建设到建成运营，都要经历一个循序渐进的过程，不完成上一环节，就不能进入下一阶段。如没有可行性研究报告就不能设计，没有设计就不能施工，工程不经竣工验收合格就不能交付使用等等，否则就会造成不必要的经济损失，带来不良后果。几十年来我国基本建设工作的经验教训表明，只有严格按基本建设程序办事，才能快好省地进行基建工作。

课题三　公路施工组织学科研究的对象与任务

一、公路施工组织研究的对象

公路施工组织是研究公路建设项目施工过程中诸要素合理组织的学科。它研究的是如何根据公路建设的特点，对人力、资金、材料、机械和施工方法这五个主要因素进行科学合理的安排，使之在一定的时间和空间内，实现有组织、有计划、均衡地施工，使整个工程在施工中达到时间上耗费少、工期短；质量上精度高、功能好；经济上资金省、成本低的目的。

二、公路施工组织的任务

公路施工要有科学的施工组织，合理地解决好施工过程中出现的一系列问题。其主要任务是：

(1)确定开工的各项准备工作，安排时间进程。

(2)计算工程数量，根据工程量及合同总工期的要求合理地部署施工力量，确定人力、机

械、材料、构件等需要量和供应方案。

(3)确定施工方案,即确定施工方法、选择施工机具、安排施工顺序。施工方案的选择是施工组织设计中最重要的环节之一,是决定工程全局的关键。

(4)编制施工进度计划,科学安排施工进度是保证工程按期完成的有力保障。

(5)科学地规划施工场地,合理地布置生产、生活、交通等设施,最大限度地节约临时用地,保护环境,节约时间,方便生活,利于安全和管理,绘制施工场地平面图。

(6)制定确保工程质量及安全生产的有效技术措施,建立健全质量保证体系,安全生产体系,责任到人。

把上述各项问题加以综合考虑,通过合理筹划,形成指导施工生产的技术经济文件,即施工组织设计。进行施工组织本身也是在进行施工准备工作,而且是全面安排施工生产活动、控制施工进度、进行劳动力和机械调配的基本依据,对于能否更快、更好、更省地完成公路建筑工程的施工生产任务起着决定性的作用。

三、公路施工组织学科的发展特点及本课程的任务

现阶段公路施工组织学科的发展特点是:广泛地利用数学方法,网络技术和计算机技术的理论,进行公路施工组织,为管理者和业务领导者确定最佳施工方案创造必要条件。在公路施工中,已经广泛利用网络技术和计算机来编制施工进度计划和进行施工管理,在施工组织和计划中使用计算机技术,是与应用数学,首先是与各种数学规划(线性规划、非线性规划、动态规划)理论的发展密切联系着的,利用现代化的计算工具和应用数学有助于提高施工组织和管理的技术水平,缩短建设工期和降低工程造价。

采用数学方法和电子计算机解决施工问题时,可归纳为两个方面:一是选择组织工作与计划工作的最佳方案,编制最佳的物资运输计划,合理地安排建造各类施工项目时的施工机械及其负荷等;二是信息处理和编制施工进度计划与作业计划,计算所需的材料、劳动力和资金数量。

学习本课程的主要目的是使学生具备施工组织设计的基本知识,具备能用手工或电算程序编制施工组织设计的初步能力,能运用公路工程定额解决实际问题,学会概(预)算的编制方法,并具备手工和运用计算机软件编制公路工程概(预)算的初步能力。本课程是一门实用性很强的学科,书中有大量的例题,图表和工程实例,能增强学生的理解力,在教学中应注意理论联系实际,突出技能训练,在学习本课程时,要求结合以下方法进行:

(1)采用综合分析法学习。施工组织这门课程属于管理与技术相结合的学科,一项工程从决策到竣工过程非常复杂,涉及的领域非常广阔,只有将技术、经济、组织、数学及计算机等知识综合起来才能学会运用。在学习本课程时要注意理论和实践相结合,通过做习题,完成大量作业来消化和吸收理论知识,要进行大量填表训练,才能具备编制公路工程概(预)算的初步能力。

(2)采用调查学习法,参与实践,更新知识。编制施工组织文件时收集资料非常重要,要学会调查,比如必须了解施工单位和施工组织方式,当地气象资料、水文地质资料、技术经济情况、运输情况及生活品供应情况等。经常参与实践更能理解理论知识,由于施工方法、材料价格等经常有变化,因此要注重知识的更新。

(3)结合各类定额及概(预)算编制办法等资料学习。施工组织设计和概(预)算都要用到以上资料,因此它是学习本门课程必不可少的资料。同时也要注重资料的及时更新。

思考题

1. 公路建设的内容包括哪些?
2. 公路建设有何特点?
3. 公路施工组织与公路建设有何关系?
4. 公路工程基本建设可分为哪些内容?
5. 直接参与公路基本建设的基层单位有哪些?其主要工作任务是什么?
6. 公路基本建设项目是如何划分的?
7. 政府投资的公路建设项目基本建设程序是什么?
8. 施工图设计文件一般划分为哪三种?
9. 公路施工组织的主要工作是什么?
10. 学习本课程的目的是什么?

单元二　施工过程组织原理

知识点

1. 描述施工过程组织的原则、作业方式及特点；
2. 合理确定流水作业参数、最优施工次序的方法；
3. 计算网络图时间参数、找出关键线路的方法。

技能点

1. 绘制流水作业图；
2. 绘制双代号网络图。

课题一　施工过程的组织原则

一、公路施工过程的组成

1. 公路施工过程的概念

公路施工过程就是生产建筑产品的过程，是劳动者利用劳动工具作用于劳动对象，按照预定的目标完成社会所需的公路工程产品的过程。施工过程由一系列相联系的施工活动组成。

施工过程的基本内容主要是劳动过程，在某些情况下，还包含自然过程。如水泥混凝土硬化过程的养生、油漆的自然干燥，此时施工过程就是劳动过程和自然过程的结合，是互相联系的劳动过程和自然过程的全部生产活动的总和。

根据生产过程劳动的性质以及在基本建设中所起的作用不同，可将施工过程划分为：

(1)施工准备过程。是指产品在投入生产前所进行的全部生产技术准备工作，如可行性研究、勘测设计、施工准备等。

(2)基本施工过程。是指为完成产品而进行的生产活动，如路基、路面、桥涵等的施工。

(3)辅助施工过程。是指为保证基本施工过程的正常进行所必需的各种辅助生产活动，如机械设备维修、动力的生产、材料的加工等。

(4)施工服务过程。是指为基本施工过程和辅助施工过程服务的各种服务过程，如原材料、半成品、工具、燃料的供应与运输等。

2. 公路施工过程的组成

组织公路工程的施工，必须研究施工过程的组成，以适应施工组织、计划、管理等工作的需要。

按照现行的《公路工程质量检验评定标准》(JTG F80/1—2004)，将建设项目划分为路基工程、路面工程、桥梁工程、互通立交工程、隧道工程、环保工程、交通安全设施、机电工程、房屋建筑工程九种单位工程，每个单位工程又细分为若干个分部工程，每个分部工程细分为若干个分项工程。

施工组织与管理工作，按上述项目可以作总体安排，为使施工组织设计做得更科学、合理、详细，将基本施工过程进一步分解为操作过程、工序、操作、动作等层次。

1）操作过程

操作过程是由若干个技术相关联的工序组成，各工序由不同的工种或使用不同的机具依次地或平行地完成。

基本施工过程可由若干操作过程所组成。例如，路面施工可包括路肩、垫层、基层、面层等操作过程。

2）工序

工序是指一个或多个工人，在工作地利用工具或机械对同一劳动对象连续进行的生产活动。例如，水泥混凝土路面面层是由安装模板、安置钢筋、混凝土摊铺、切缝、养生等工序组成。工序是指施工技术相同，在劳动组织上不可分割的施工过程，工序由若干个操作组成。

3）操作

它是指生产工人为完成施工工序所进行的生产活动。例如，上述安装模板工序由制作模板、取运模板、拼装模板等操作组成。

4）动作

动作是指工人在劳动时一次完成的基本生产活动，若干个相互关联的动作组成操作。例如，上述取运模板操作由领取模板、运输到拼装处、将模板放到拼装位置上等动作组成。

若干个相互关联的动作组成操作，若干个操作组成工序，若干个工序则组成操作过程。由于产品或工程项目的复杂程度不同，并不一定所有的基本施工过程都能分解为上述各个层次，但至少能分解到工序，所以工序是施工组织的基本单元。研究施工过程中层次的划分目的在于，正确划分工序，确定合理的工序持续时间，以便编制切合实际的施工进度计划，科学地组织施工生产。

二、公路工程施工生产类型

施工生产类型不同，其生产组织和管理的特点也不相同，要正确地划分生产类型，对不同类型的施工生产过程应采取相应的、有效的施工和管理方法。

1. 按产品特点和工艺特点划分

（1）建筑施工性生产，也叫固定性产品施工生产。它的特点是劳动对象在生产活动中在工作地固定不动，劳动力（人、机械）按一定的次序对劳动对象进行施工生产活动。如路基、路面、桥梁墩台的施工，即属此类。

（2）加工装配性生产，也叫移动性产品生产。它的特点是劳动对象在生产活动中在工作地之间移动加工，劳动力在固定工作地进行加工装配性生产活动。如构件预制工厂中的构件预制生产线。

2. 按产品生产的重复性划分

（1）大量生产。即产品品种少而又相对稳定，每种产品的产量大，工地专业化技术程度较高，可连续地大量生产一种或少数几种产品。

（2）批量生产。即产品品种较多，产量较大，在工地可以连续地执行几道不同工序，周期性地批量生产，如专门预制构件厂。

（3）单件生产。即产品品种多，而且每一种产品仅制造一次，或偶然重复制作，工地施工生产需要较多的工种或工序，如大中型桥梁施工。

由于公路工程施工产品具有多样性的特点，所以就公路工程主体而言，其生产类型基本上属于固定性产品生产，但在一个建设项目中也可能同时存在加工装配性生产，如沥青混凝土拌和站、构件预制厂等。

从生产产品的重复性来看，公路工程施工主要是单件生产或少量成批生产。所以公路工程要采用不同的施工组织方法。

三、公路施工过程的组织原则

1. 公路施工过程的组织原则

影响施工过程组织的因素很多，如：施工地点、施工性质、建筑产品的结构、材料、机械设备条件、自然条件等等。这就使施工过程的组织灵活多样，复杂多变，没有完全相同的模式。但是不管施工过程的组织怎样变化，为了降低工程成本，缩短施工工期，保证工程质量，都应遵守以下组织原则：

1)施工过程的连续性

施工过程的连续性是指建筑产品施工过程中各阶段、各工序的进行在时间上是紧密衔接的，不发生各种不合理的中断现象，即在施工过程中，劳动对象始终处于被加工、检验状态，或处于自然过程中(如水泥混凝土的硬化)。保持和提高施工过程的连续性，可以缩短建设周期，节省流动资金，可以避免产品在停放等待时可能引起的损失，对提高劳动生产率，具有很大的经济意义。在施工过程中凡是能平行进行的生产活动，在条件许可的情况下，尽量组织平行作业。

2)施工过程的协调性

施工过程的协调性(也叫比例性)是指建筑产品施工过程中各阶段、各工序之间，在生产能力上要保持一定的比例关系，不发生脱节和比例失调的现象(如某专业队人数多，生产能力强，造成产品过剩；而另一专业队人数少，生产能力较差，产品供应跟不上，这就属于比例失调，施工过程中应当避免)。协调性在很大程度上取决于施工组织设计的正确性。在施工过程中，由于材料原因(如品种变化、货源改变等)、采用新工艺、自然因素的变化等的影响，都会使实际生产能力发生变化，造成产品比例失调。因此，施工组织工作必须根据变化的情况，采取措施，及时调整各种比例关系，保证施工过程的协调性。

3)施工过程的均衡性

施工过程的均衡性(也叫节奏性)是指施工过程的各个环节，都要按照施工计划的要求，在一定时间内，生产出相等或递增递减数量的产品，各生产班组或设备的任务量保持相对稳定，不发生时松时紧现象。均衡性能充分利用设备和工时，避免突击赶工造成的各种损失，有利于保证施工质量、降低成本，有利于劳动力和机械的调配。实现生产的均衡性，必须保持生产的比例性，加强计划管理，强化生产指挥系统，做好施工技术和物资准备等各项工作。

4)施工过程的经济性

施工过程的经济性是指施工过程除了满足技术要求外，还需讲求经济效益，要用最小的劳动消耗取得较大的生产成果。上述连续性、协调性和均衡性最终都要通过经济效果集中反映出来。

上述施工过程组织的四个方面是相互制约，互为条件的。在进行施工组织时，必须保证全面符合上述四个方面的要求，不可偏重某一方。

2. 施工组织注意事项

施工过程应符合施工过程组织原则，根据我国多年来公路工程项目施工经验及教训，施工组织时必须注意以下事项：

(1)严格遵守公路工程基本建设程序和施工程序，依照国家建设项目计划及设计要求，合理配置资源，最经济地完成预定的建设项目。

(2)科学地安排施工顺序，采取合理的施工组织方法，在保证工程质量的前提下，充分利用空间，争取时间，使人尽其力，物尽其用，达到高效、优质、低耗的目的。

(3)执行工业化建筑的方针，充分利用机械设备，扩大机械施工范围，提高施工机械化水平，减轻劳动强度，提高劳动生产率。

(4)合理安排冬、雨季施工进度计划，保证全年连续均衡施工，提高设备利用率。

(5)尽量采用先进合理的流水作业施工组织方法，实现连续、均衡、节奏性地生产。

(6)积极推广并应用科学的网络计划技术施工组织方法，寻求最佳施工组织方案，并对进度工期、资源、空间等进行最优的施工统筹安排。

(7)合理地规划设计辅助工程、临时工程及施工现场临时设施，节约施工用地，做到统筹规划、合理布局。

(8)尽可能就地取材，利用当地资源，减少物资的运输量。

课题二　施工过程的空间组织与时间组织

一、施工过程的空间组织

公路施工过程的组织，主要是解决空间组织和时间组织两个方面的问题。施工过程的空间组织主要是解决生产作业单位的设置问题和具体工程项目的各种生产、生活、运输、行政等临时设施的空间分布问题(即施工平面图设计)，本节主要介绍生产作业单位的设置问题，关于平面图设计的问题将在单元四论述。

一个建设项目的施工作业单位如施工队(项目经理部)、工段(工区)、班组等的设置，通常按以下原则进行。

1. 工艺原则

工艺原则也叫工艺专业化形式。它是按照生产工艺性质的不同来设置施工作业单位的。在工艺专业化的作业单位里，集中着同工种的工人和同工种所需的工具、机械和设备，对工程项目的各组成部分或其他有关工程项目，进行同类工艺的施工。如木工班、钢筋班、混凝土作业队、汽车队、开山爆破组等，都是按工艺原则建立的生产作业单位。这种设置形式的特点是能充分发挥技术、机具、设备的潜力，设备投资少，便于专业化的技术管理，在一定程度上能适应多规格品种生产的要求。但是，由于工艺专业化的生产作业单位不能独立地生产产品，所以增加了生产单位之间协作配合的难度，组织与管理也比较复杂。

2. 对象原则

对象原则也叫产品专业化形式。它是按照产品(如构件、分项工程、分部工程等)的不同而分别设置生产作业单位。在产品专业化的作业单位里，集中着为生产某种产品所需的各工种工人和各种工具、机械和设备，对相同产品进行不同工艺的施工生产，其工艺过程基本上是封闭的，能够独立地生产出成品或半成品。如大桥施工中的基础工程、上部构造工程，又如构件预制厂中的主梁车间、涵管车间等都是按对象原则设置的生产作业单位。这种设置形式有利于采用流水作业法等先进的施工组织方法来组织生产，简化施工作业单位之间的协调配合关系，也便于施工现场管理。但是它需要较多的设备投资，同时，由于技术工人和机械设备分散使用，一般不能充分发挥工人和设备的生产潜力，对产品品种变化适应能力差。

3. 混合原则

通常在一个建设项目中，上述两种形式的生产作业单位都有，根据工程特点，混合建立生产作业单位。

在施工过程的空间组织中，究竟按哪一种原则来组建生产作业单位，要从实际需要出发，通过全面分析比较，择优而定。

二、施工过程的时间组织

1. 施工过程时间组织的任务及类型

施工过程的时间组织主要是解决工程项目的施工作业方式，以及施工作业项目的排序和衔接问题。

进行施工过程时间组织的目的，是在时间上使各生产作业单位之间、各工序之间按设计和施工工艺顺序紧密衔接，在充分利用人力、工时和设备条件下，达到缩短生产周期的目的。

1）施工过程时间组织的任务

施工过程时间组织的主要任务是：

（1）对于建筑施工性生产类型，主要是解决具体工程项目施工过程的时间组织方式问题，其中包括各工程项目（各施工段）之间的施工次序的排序问题。

（2）对于加工装配性生产类型，一方面要解决劳动对象在工序之间的移动方式问题，另一方面要解决加工任务在关键设备上的排序问题。

本节主要研究建筑施工性生产类型的时间组织问题。

2）施工过程时间组织的类型

建筑施工性生产的施工过程时间组织类型主要有以下三种：

（1）单段多工序型。指工程项目只有一个施工段，而且在该施工段中包括有若干道工序的施工过程。这种类型的施工过程时间组织比较简单，一般只需解决各工序生产力的配置，按工艺顺序确定施工工期。

（2）多段多工序型。指工程项目包含或划分为若干个施工段，而每一个施工段又包含有多道工序的施工过程。这种类型的施工过程时间组织较复杂，可以采用多种方法进行组织。

（3）混合型。指在工程项目中有多个施工段，其中既包含有单段多工序型又包含有多段多工序型的施工过程。这种类型实质上是立体交叉作业。

2. 施工过程时间组织的基本作业法

公路工程常见的施工过程时间组织方法有顺序作业法、平行作业法、流水作业法和网络计划法，这些作业方法在实际施工中既可单独运用，也可综合运用。特别是网络计划法，由于它是一种比较先进的计划管理方法，所以，近年来在一些高等级公路工程的施工中得到广泛的应用，并且取得了巨大的经济效益。本课题只介绍前三种基本组织方法，有关网络技术的基本原理将在课题四详细讲述。下面举例讲解三种基本作业方法：

修建跨径6.0m的同类型钢筋混凝土矩形板桥4座，假定4座桥的劳动量相等，施工条件、技术配备、工程数量完全相等，因而4座桥梁上每一工序所需的工作日数固定不变，在此条件下仅比较施工期限和劳动力数量之间的相互关系，图2-1即为三种施工方法的施工进度图。

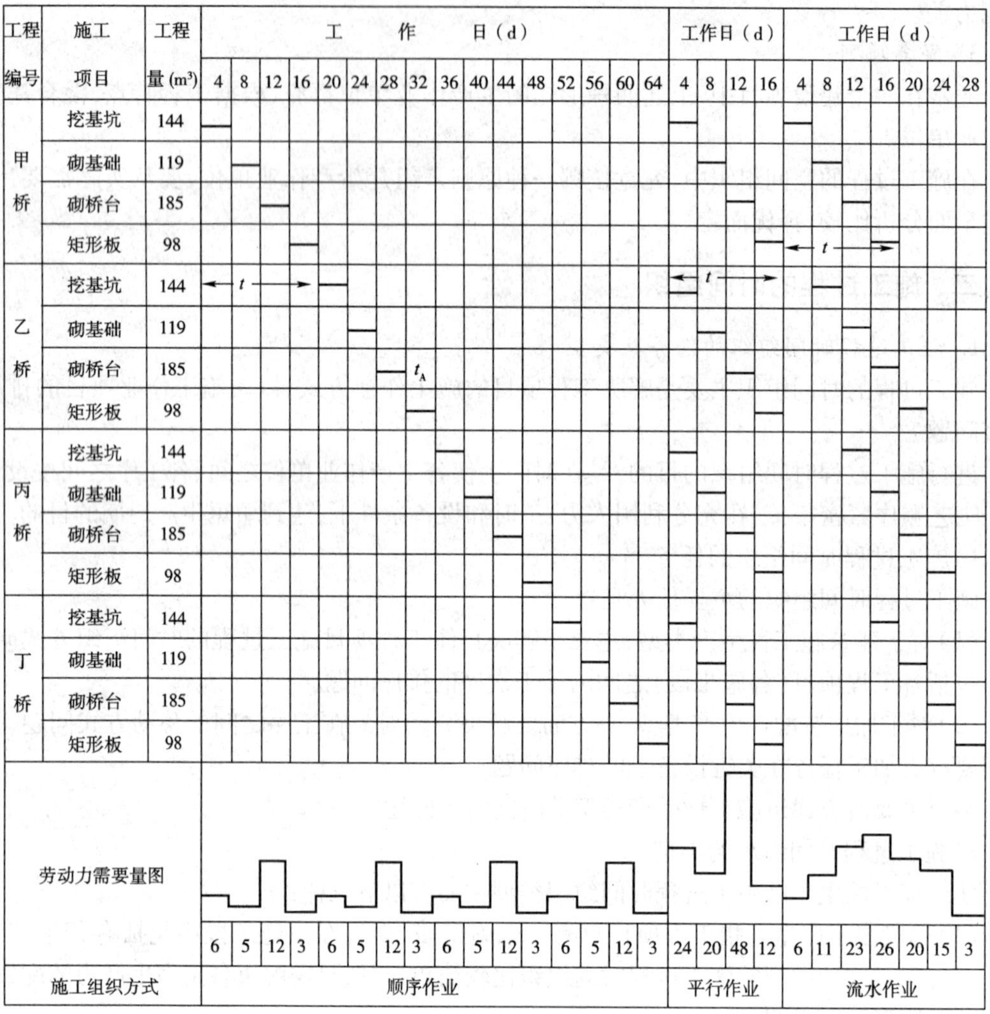

图2-1　工程进度横道图

1）顺序作业法

当施工任务含有若干个施工段时，按工艺流程和施工程序的先后顺序，完成一个施工段后，再接着去干另一个施工段，依次按顺序进行，直至完成全部施工任务的作业方法。很明显由图2-1可以看出顺序作业法的特点是：

（1）没有充分利用工作面进行施工，工期长。

（2）若按工艺专业化原则成立作业队，各专业队不能连续作业，有时间间歇，劳动力和材料的使用不均衡。

（3）若由一个作业队完成全部施工任务，则不能实现专业化生产，不利于提高劳动生产率和工程质量。

(4)每天投入施工的劳动力、材料和机具的种类比较少,有利于资源供应的组织工作。

(5)施工现场的组织、管理比较简单。

由此可见,在大规模的现代化施工条件下,顺序作业法只能作为一种辅助的施工组织方法。对于规模很小,施工技术单一的工程,或对工期要求不严格的小型工程,才可以考虑采用顺序作业法组织施工。

2)平行作业法

当施工任务含有若干个施工段时,组织若干个施工队,各个任务同时开工,平行生产,同时完成的作业方法。由图 2-1 可以看出平行作业法的特点是:

(1)充分利用了工作面进行施工,工期短。

(2)若按工艺专业化原则成立作业队,则需组织多个同一工种的专业队,劳动力和材料的使用不均衡。

(3)若每个施工段由一个作业队完成全部施工任务,则不能实现专业化生产,不利于提高劳动生产率和工程质量。

(4)每天投入施工的劳动力、材料和机具数量成倍增加,不利于资源供应的组织工作。

(5)施工现场的组织、管理比较复杂。

由此可见,只有当施工任务十分紧迫,抢工期突击施工、工作面允许及资源充分保证供应的条件下,才能用平行作业法组织施工。

3)流水作业法

当施工任务含有若干个施工段时,其各个施工段相隔一定时间依次投入生产,相同的工序依次进行,不同的工序则平行进行的一种作业方法。

通过图 2-1 可以看出,流水作业是顺序作业法和平行作业法相结合的一种搭接施工方法,即相同的工序顺序作业,不同的工序平行作业。它保留了平行施工和顺序施工的优点,消除了它们的缺点。在工序相同的多个施工段的施工安排中,其优越性显而易见。其特点是:

(1)科学地利用工作面,争取了施工时间,工期比较合理。

(2)按工艺专业化原则成立作业队,实现了专业化生产,有利于提高技术水平和改进使用的机具,劳动生产率高,工程质量好。

(3)专业队能够连续作业,相邻专业施工队之间的搭接紧凑。

(4)每天投入施工的资源量较为均衡,有利于资源供应的组织工作。

(5)施工有节奏,为文明施工和进行施工现场的科学管理创造了有利条件。

采用流水作业法组织施工,应该是工程规模大、技术复杂的大型工程。因为,施工段的数量和工作面的大小必须满足一定的要求,流水作业法才能更好地发挥它的优越性,这一点只有大型工程项目才有条件做到。

以上是假定在施工条件、技术水平、工程数量等完全相同的条件下,仅就三种施工组织方法的施工工期和劳动力需要量比较,但实际情况要复杂得多。之所以进行上述比较,主要是为了说明这三种基本作业方法的基本概念,同时也因为任何工程的工程数量和施工方法确定之后,施工组织设计的首要任务是正确地解决施工期限和劳动力(以及相应的技术物资供应)需要量之间的关系问题。

综合应用上述三种方法,可以组成平行流水作业法、平行顺序作业法等。某些技术复杂的大型集中性的工程,还可以组成立体交叉平行流水作业法等,以进一步缩短工期。

课题三　流水作业法

一、流水作业的组织

1. 划分施工段

将拟建的工程对象，依据已选择的施工方案和工程结构特点、空间位置及施工工艺流程，按自然或人为因素划分为劳动量大致相等的若干个施工段。

2. 划分工序并建立专业班组

按施工对象的工艺过程及其施工的先后顺序，将各施工段的施工过程划分为若干道工序，每道工序按工艺原则建立专业班组。

3. 确定施工顺序

确定施工顺序就是确定各施工段施工的先后顺序，各个专业班组按照一定的施工顺序，依次地、连续地由一个施工段转移到下一个施工段，不断地完成同类施工。

4. 计算流水节拍、流水步距等流水作业参数

5. 施工段之间、工序之间尽可能连续

为了缩短工期，提高经济效益，减少施工工人和施工机械不必要的闲置时间，施工段上各相邻工序之间或同工序在相邻施工段之间进行作业的时间，应尽可能地相互衔接，但应满足工艺要求或自然过程产生的间断。

通过下例可以更好的理解流水作业的组织。

一个工程项目有 5 道涵洞，对其基础采用流水作业法。5 道涵洞，自然形成 5 个施工段，将基础分成三道工序：施工放样，挖基坑，砌基础。分别组成三个专业施工队即：施工放样 3 人工作 1d，挖基坑 4 人工作 2d，砌基础 8 人工作 2d。施工顺序是：施工放样→挖基坑→砌基础。具体组织成果见图 2-2。由图 2-2 可见，当涵洞 1 的施工放样工序完成后，涵洞 1 的挖基坑作业可以进行；同时，涵洞 2 的施工放样和涵洞 1 的挖基坑作业平行地进行施工；依次进行下去，形成流水作业。

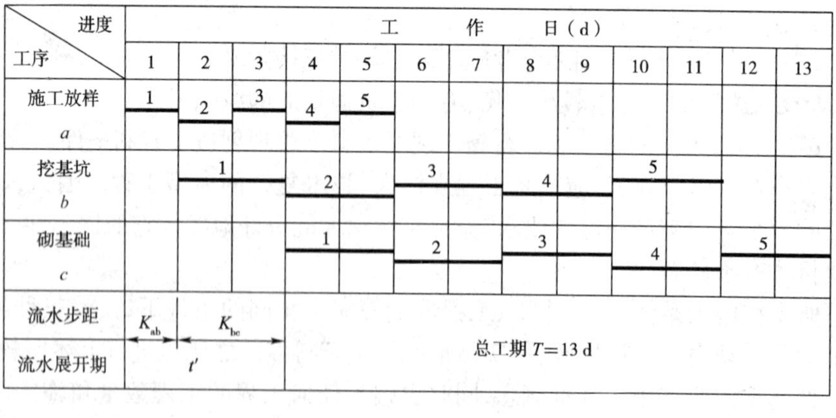

图 2-2　流水作业组织

二、流水作业法的主要参数

为了说明流水施工在时间和空间上的开展情况，必须引入一些量的描述。这些量称为流

水参数。按参数性质不同,可分为以下三类:

1. 空间参数

1)施工段数(m)

为了合理地组织流水作业,通常把施工对象划分为劳动量大致相等的若干个小任务,这些小任务就叫施工段。每一施工段在某一时间内只供一个施工队完成其承担的施工过程。施工段是专业队的施工作业空间范围,它保证了各专业队在不同的空间范围同时施工而又互不干扰。施工段的数目通常用 m 表示。

施工段是组织流水作业的基础条件,划分施工段时应着重考虑以下几点:

(1)施工段的劳动量要基本相等,相差不要太大。

(2)每段要有足够的作业面,既方便人、机械操作,有利于提高工效,又保证安全施工。

(3)应考虑施工对象的结构整体完整性,大型人工构造物以伸缩缝、沉降缝为界分段,一般的工程应选在对结构整体影响较小的位置上分段。

(4)分段数的多少,应考虑机械使用效能、工人的劳动组合、材料供应情况、施工规模大小等因素。

施工段数目一般的确定原则为,施工段数最好与工序数或专业队数相等,或者比专业队数稍多。这样有利于安排流水作业,可使专业队在同一时间都进入工作面施工,不至于造成窝工现象。决不可把施工段数划分得比工序数或专业队数少,这会造成专业队不能同时进入工作面,会发生窝工现象。

施工段数与工序数、专业队数的关系可用公式表示如下:

$$m_{\text{mim}} \geqslant n \quad \text{或} \quad m_{\text{mim}} \geqslant b$$

式中:m_{mim}——最少施工段数;

n——工序数;

b——专业队数。

2)工作面(A)

工作面是指工人或机械进行操作时所需的工作空间。它的大小决定了在施工对象可能安置的工人数或施工机械数。在确定一个施工过程必要的工作面时,不仅要考虑前一施工过程为本施工过程可能提供的工作面大小,还要为下一个施工过程开创条件,也要遵守安全规程和施工技术规范的要求。

2. 工艺参数

1)工序数(n)

工序数也叫施工过程数,一般等于专业队数。施工过程数要根据构造物的复杂程度和施工方法来确定,太多或太细都会给计算增添麻烦,在施工进度计划上也会显得主次不分;太少则会使计划过于笼统,而失去指导施工的作用。工序划分应使各道工序的持续时间大致相等以便于安排流水作业。

2)流水强度(V)

流水强度又称流水能力或生产能力,每一施工过程在单位时间内所完成的工程量(如浇筑混凝土时,每工作班浇筑混凝土的数量)叫流水强度。

(1)机械施工过程的流水强度按式(2-1)计算。

$$V_{\mathrm{i}} = \sum_{i=1}^{x} R_{\mathrm{i}} C_{\mathrm{i}} \tag{2-1}$$

式中：V_i——工序 i 的机械作业流水强度；

R_i——投入工序 i 某种施工机械台数；

C_i——投入工序 i 该种施工机械的台班生产率（即台班产量定额）；

x——用于同一施工过程的主导施工机械种类。

（2）手工操作过程的流水强度按式（2-2）计算。

$$V_i = R_i C_i \tag{2-2}$$

式中：V_i——工序 i 的人工作业流水强度；

R_i——投入工序 i 每一工作队人数（R_i 应小于工作面上允许容纳的最多人数）；

C_i——投入工序 i 平均每一工人每班产量（即人工产量定额）。

3. 时间参数

1）流水节拍 t_i

流水节拍 t_i，是指从事某一工序的专业队在一个施工段上工作的延续时间。它的大小直接关系到投入劳动力、机械、材料的数量，决定着施工进度和施工总工期，即施工速度和施工的节奏性。流水节拍的计算方法通常有两种：

（1）在实际工程中，根据实有工人和机械数量确定流水节拍 t_i。

$$t_i = \frac{Q_i S}{Rn} = \frac{Q_i}{RCn} \tag{2-3}$$

式中：t_i——流水节拍；

Q_i——某施工段的工程数量；

S——某工序的时间定额；

C——某工序的产量定额；

n——作业班数。

（2）根据施工工期要求确定流水节拍 t_i。

如果施工任务紧迫，必须在规定日期内完成施工任务，可采用倒排进度的方法确定流水节拍。首先根据要求的总工期 T 倒排进度，确定某工序（施工过程）的施工作业总持续时间 T_i，再根据施工段数 m 反求流水节拍 t_i。

$$t_i = \frac{T_i}{m} \tag{2-4}$$

然后检查反求的流水节拍 t_i 是否大于最小流水节拍 t_{min}，t_{min} 计算公式为：

$$t_{min} = \frac{A_{min} Q_i S}{A} \tag{2-5}$$

式中：A_{min}——每个人或每台机械所需的最小工作面；

A——一个施工段实际具有的工作面数值；

Q_i——某施工段的工程数量；

S——某工序的时间定额。

当施工段数确定后，若流水节拍大，工期就相应延长。从理论上讲，希望流水节拍越小越好。但由于施工作业时受工作面的限制，流水节拍过小将使施工无法进行。因此，根据工期反算的流水节拍，必须大于最小流水节拍，如不满足，可通过调整施工段数和专业队人数，再综合考虑其他因素重新确定。

2）流水步距

流水步距是指两相邻不同工序相继投入同一施工段开始工作的时间间隔，即开始时间之差，通常用 K 表示。在图 2-2 中施工放样专业队第一天开始作业，挖基坑专业队从第二天开始作业，则这两支专业队之间的流水步距 $K=1$。

流水步距 K 的大小，对总工期有很大影响。在施工段数目和流水节拍确定的条件下，流水步距越大，工期就越长，否则，工期越短。在考虑正确的的施工顺序、合理的技术间歇、适当的工作面和施工均衡性的同时，一般还应遵循以下原则：

（1）始终保持两施工过程的先后工艺顺序。

（2）保持各施工过程的连续作业。

（3）确保相邻两施工过程，在开工时间上最大限度地、合理地搭接。

（4）确定流水步距要保证工程质量，满足安全施工的要求。例如，钻孔灌注桩工程，必须保证钻孔与灌注混凝土两道工序紧密衔接（防止塌孔）。

3）流水展开期

从第一施工专业队开始作业起，到最后一个施工专业队开始作业止，其时间间隔叫流水展开期，常用 t' 表示。显然，流水展开期之后，全部专业队都进入流水作业（当 $m>n$ 时），每天的各种资源需要量保持不变，各专业队每天完成相应的工作量，开始了连续、均衡而紧凑的流水作业阶段。由图 2-2 可见，流水展开期 t' 的数值等于各流水步距 K 值之和。

4）平行搭接时间

为了缩短总工期，在工作面允许的条件下，在专业施工队完成部分任务后，能够提前为后一个专业施工队提供工作面，使后者提前进入该施工段，两支专业队在同一施工段上平行搭接施工，这段搭接施工时间称为平行搭接时间。例如，高边坡开挖后立即支护，地质条件差的隧道衬砌提前介入等，都可按平行搭接考虑。

5）技术间歇时间

在组织流水作业时，不仅要考虑专业队之间的协调配合、施工质量和施工安全等，有时根据材料特点和工艺要求，还要考虑合理的工艺等待时间，以便下一个专业队能被允许进入施工，这个等待时间称为技术间歇时间。如水泥混凝土的养生、砂浆抹面和油漆的干燥需用时间都是技术间歇时间。

6）组织间歇时间

在流水作业中，由于施工技术或施工组织的原因，造成流水步距以外增加的间歇时间叫组织间歇时间。如：施工进行中的检查、校正，施工人员和机械的转移等需用的时间都是组织间歇时间。

三、流水施工类型及总工期

由于路桥工程构造物的复杂程度不同，施工现场所处的具体位置多变，以及工程性质等因素的影响，流水作业的施工组织，按其作业参数的特性，可分为有节拍流水和无节拍流水两大类。其中有节拍流水又可分为稳定流水、分别流水和成倍节拍流水。

1. 有节拍流水作业

1）全等节拍流水

全等节拍流水是指所有施工段上的所有工序的流水节拍 t_i 均相等，并且流水节拍与流水

步距也相等（$t_i = K =$ 常数）

（1）工序之间无工艺间歇时间。

当工序之间没有工序间歇时间时，其施工进度安排如图 2-3。

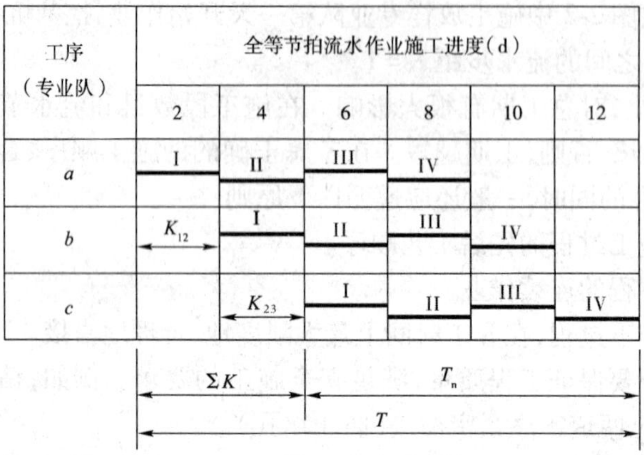

图 2-3 全等节拍流水施工进度图

施工总工期的计算公式为：

$$T = \sum K + T_n = (n-1)t_i + mt_i = (m+n-1)t_i \tag{2-6}$$

式中：T——施工总工期；

$\sum K$——流水步距之和；

t_i——流水节拍；

T_n——末道工序完成各施工段上的操作时间。

（2）工序之间有工艺间歇时间。

在公路施工过程中，经常会遇到某一工序的前道工序完成后，本工序由于自然或者人为因素的影响，造成工艺间歇，即不能连续施工，其施工安排如图 2-4。

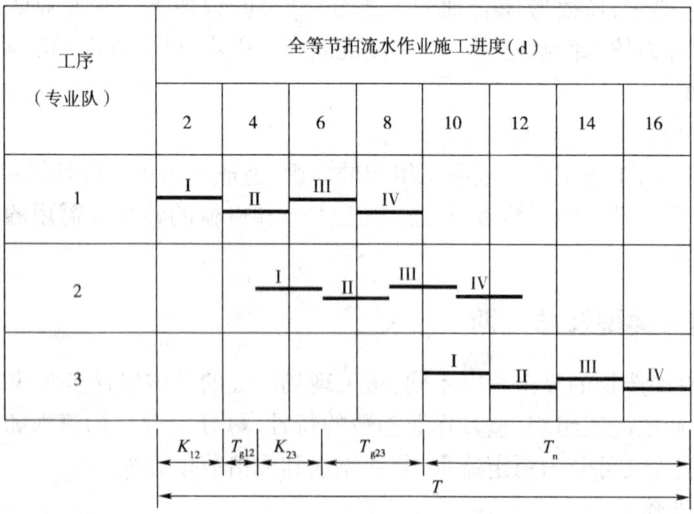

图 2-4 有工艺间歇的全等节拍流水作业施工进度图

施工总工期为：

$$T = K_{12} + K_{23} + T_{g12} + T_{g23} + T_n = \sum K + \sum T_g + T_n \tag{2-7}$$

式中：T_{ij}——指工序 i 与紧后工序 j(即 $i+1$)之间的工艺间歇时间；

其余符号意义同前。

(3)为缩短工程的施工工期，有时采用平行搭接流水施工方法。

平行搭接是指在一个施工段上，前一道工序完成以前，允许后一道工序开始施工，于是相邻两工序之间就出现了平行施工，这种后一道工序提前开始的作业，就称平行搭接。平行搭接时间用符号 $\sum C$ 表示，在公路施工过程中，这种现象也常见。例如：在混凝土构件预制工作中，有时在支模工作完成前，在模内绑扎钢筋或焊接钢筋。若等支模完成后，模内空间小，不可能在模内绑扎钢筋或焊接钢筋，故必须采用平行搭接施工。

假设预制 4 个混凝土梁，预制每片梁可分解为以下四道工序：支模、扎筋、浇注混凝土、拆模横移堆放。现把支模，扎筋组织成平行搭接施工，同时因浇注混凝土后不能进行下道工序——拆移，一定要等到混凝土强度达到要求后，拆移这道工序才能开始，因此还要考虑这两道工序间的工艺间歇。预制混凝土梁的施工进度安排如图 2-5 所示。每道工序的持续作业时间 $t_i = 2d$。总工期用式(2-8)计算。

$$T = \sum K + \sum T_g - \sum C + T_n \tag{2-8}$$

式中：$\sum C$——平行搭接时间；

其余符号意义同前。

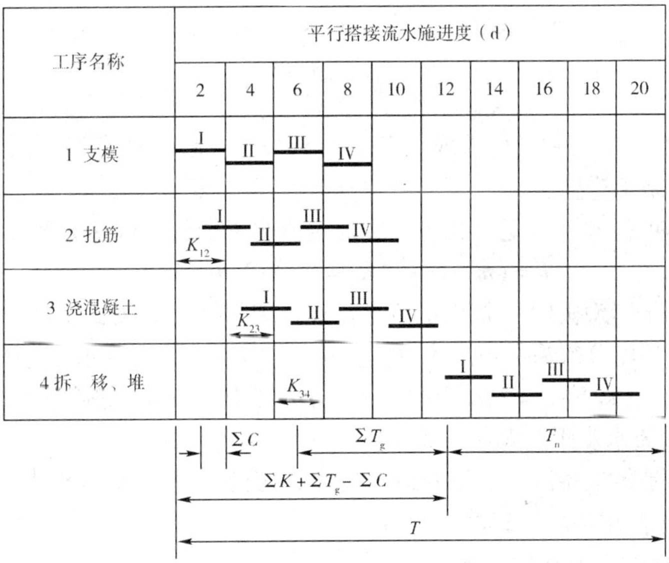

图 2-5 平行搭接流水施工进度

2)分别流水作业

在组织流水作业时，各工序之间，往往由于工程量、机械化程度、工作面的差异等原因，使各工序之间的流水节拍不完全相等，而各道工序本身的流水节拍 t_i 在各施工段上相等，即 $t_i =$ 常数，同时流水步距也是一个变数，这种流水作业我们称为分别流水作业。

组织分别流水作业时，首先要保证各工序的施工专业队能连续、均衡地施工，又要避免各工序之间发生矛盾，尽量减少作业面上的空闲时间，使各个施工专业队均无窝工现象，保持工序之间最大程度的紧凑，以达到缩短工期的目的。图2-6所示为分别流水作业图，分别流水作业的施工总工期，一般采用作图法确定。

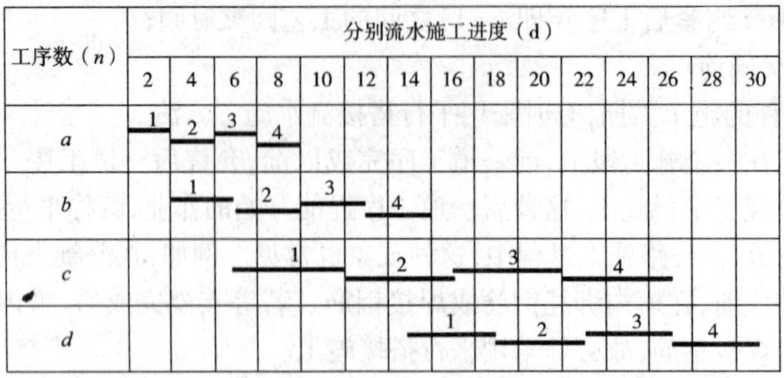

图2-6　分别流水施工进度图

3）成倍节拍流水作业

成倍节拍流水作业也称节奏性流水作业，是指工序本身的流水节拍在各施工段上完全相等，且工序之间的流水节拍互成倍数，从而形成成倍节拍流水作业。显然，这种成倍节拍流水作业是分别流水作业的特例。

成倍节拍流水作业的具体步骤是：

（1）求出各流水节拍的最大公约数 K_k，K_k 是作为按成倍流水节拍组织流水作业的一个参数，是各道工序都共同遵守的“公共流水步距”，与原流水步距 K 意义不同。

（2）求出各工序的施工专业队数目 b_i。每道工序的流水节拍 t_i 是 K_k 的几倍，就相应地安排几个专业队，这样才能保证均衡施工。专业队数目可按式(2-9)计算。

$$b_i = \frac{t_i}{K_k} \tag{2-9}$$

（3）把专业队数目的总和 $\sum b_i$ 看成是工序数 n，即 $n = \sum b_i$，将 K_k 看成是流水步距后，按稳定流水的方法安排施工进度。

（4）计算总工期 T。将 $n = \sum b_i$ 代入计算稳定流水工期公式(2-6)，得

$$T = (m + n - 1)K_k = (m + \sum b_i - 1)K_k$$

【例2-1】　某挡土墙施工中，拟组织流水作业。现将挡土墙按长度分为六个施工段，每处施工段按工艺先后顺序分解为三道工序：挖基、砌墙、回填。假定三道工序在各施工段上持续时间相等，其流水节拍如下：$t_1 = 2$，$t_2 = 6$，$t_3 = 4$。组织成倍节拍流水施工的步骤如下：

（1）确定“公共流水步距”（K_k）。

因为流水步距是各工序流水节拍的最大公约数，而各工序流水节拍为2、6、4，其最大公约数是2，所以公共流水步距 $K_k = 2$。

（2）确定各工序的专业队数（b_i）。

由式(2-9)知，各工序所需建立的专业队数分别为：

挖基坑工序1：$b_i = t_1/K_k = 2/2 = 1$（队）

砌墙身工序2：$b_i = t_1/K_k = 6/2 = 3$（队）

回填土工序3：$b_i = t_1/K_k = 4/2 = 2$（队）

（3）检查施工段数是否等于或大于专业队数之和。

因为 $m = 6$，$n = 1 + 2 + 3 = 6$。

所以 $m = n$ 满足条件。

(4)根据已确定的流水施工参数，绘制施工进度图，如图 2-7 所示。

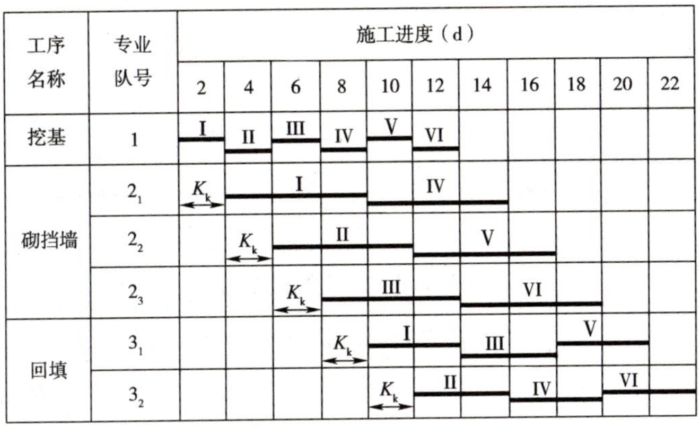

图 2-7　挡土墙工程成倍节拍流水施工进度图

挡土墙工程施工总工期为：

$$T=(m+\sum b_i-1)K_k=(6+6-1)\times 2=22(\mathrm{d})$$

由此可见，组织成倍节拍流水施工，可以使各专业队投入施工的步调一致，衔接紧密，各施工段的工作面也得到合理利用。但是这种方式组织流水施工时，专业队数不宜过多，否则会造成施工组织管理复杂化。

2. 无节拍流水作业

在公路路线工程施工中，沿线工程量的分布都是不均匀的，而大、中型桥梁或路基土、石方的高填深挖等又为集中型工程，由于路桥工程各部分构造、工程内容、工程数量及施工条件都存在较大的差异，导致相同工序在各施工段上的流水节拍 t_i 不相等，各道工序之间的流水节拍也不一定成比例关系，不可能组织成全等流水节拍和分别流水，这时可按无节拍流水方式组织施工，如图 2-8 所示。

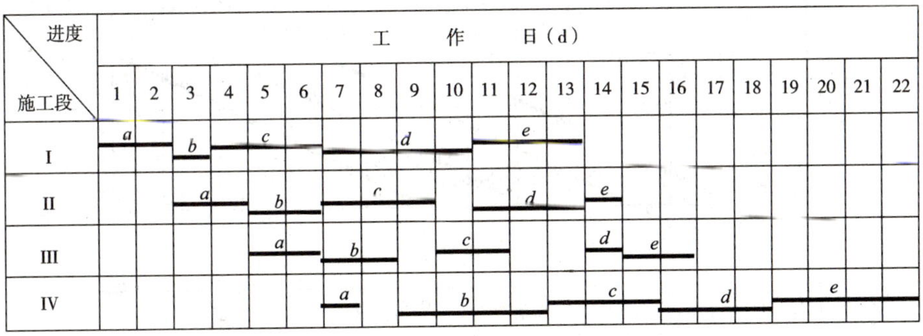

图 2-8　无节拍流水作业

无节拍流水组织施工的基本方法是统一控制整个工程的总平均速度，按分别流水的原则处理各工序的衔接关系。无节拍流水的各个参数以及工期的确定，都必须通过对专业施工队逐个落实，反复调整，才能得到满意结果。无节拍流水作业的总工期，一般采用作图法确定。

四、流水作业的作图

1. 流水作业图的形式

按流水作业图线条的形态及其所表达的内容可分为如下几种形式：

(1)横线工段式(图 2-9)。
(2)横线工序式(图 2-10)。
(3)斜线工段式(图 2-11)。
(4)斜线工序式(图 2-12)。

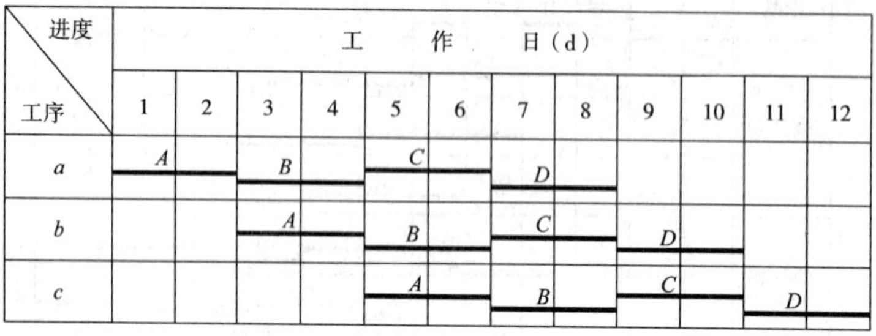

图 2-9　横线工段式进度图

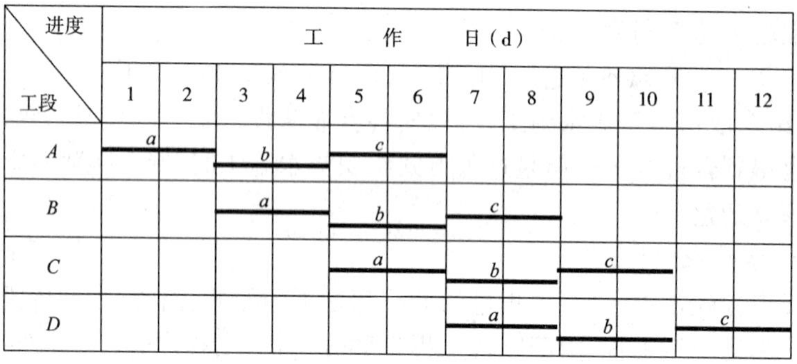

图 2-10　横线工序式进度图

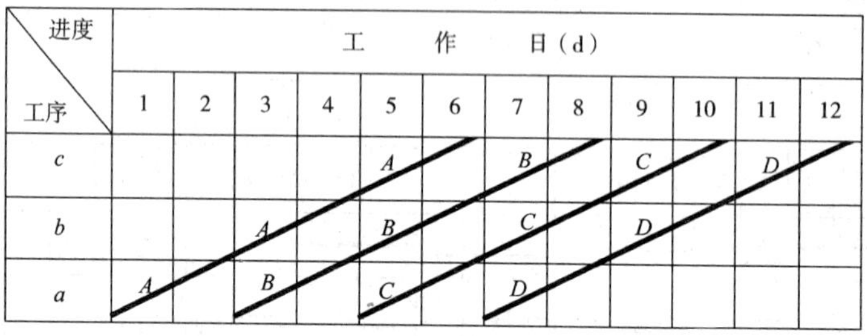

图 2-11　斜线工段式进度图

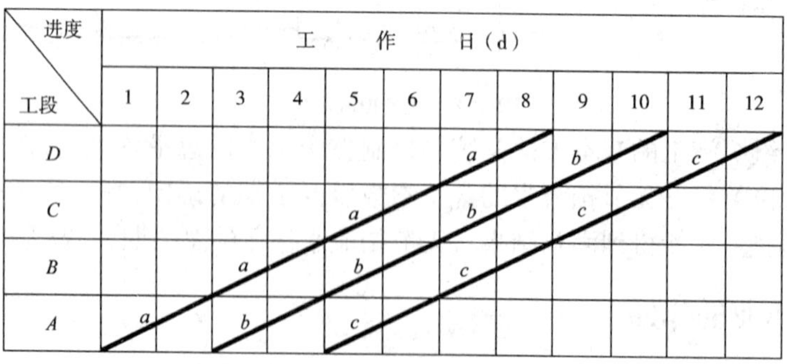

图 2-12　斜线工序式进度图

2. 流水作业的作图

流水作业作图的过程，是施工组织的设计过程，需综合考虑各种因素，然后才能作出比较理想的作业图。有关作图要点如下。

1）开工要素

任何一道工序开工时，都必须具备工作面和生产力，两要素缺一不可。

2）工序衔接的原则

（1）工序衔接在满足工艺要求和自然过程需要的前提下，以取得最短施工总工期为目的。

（2）尽量使同工序在各施工段上能连续作业；相邻不同工序在同一施工段上能连续作业。

（3）根据实际需要，有些工序的作业可采用连续式、搭接式或间歇作业。

3）合理确定流水参数

用流水法组织同一工序在各施工段上连续作业，可以取得特定的经济效益，能防止“停工待面”和“干干停停”。需要说明的是，实现了连续作业，不等于总工期短；总工期长不等于不能实现连续作业。如果在资源条件相对稳定、总工期尽可能短的情况下，各施工专业队在各施工段间能连续作业，必须确定相邻各专业队（相邻工序）间最小流水步距 K_{min}。最小流水步距 K_{min} 可以用潘特考夫斯基法（又称累加数列错位相减取大差法）确定。步骤如下：

（1）根据专业施工队在各施工段上完成某施工过程的流水节拍，求累加数列。

（2）根据施工顺序，相邻两施工过程的累加数列错位相减。

（3）相减结果中的最大差值即为所求的流水节拍 K。

【例 2-2】 根据工序工期表 2-1，求出下列任务中每相邻两不同工序间的最小流水步距，并按照求出的最小流水步距画出流水作业图。

工序工期表（单位：d） 表 2-1

施工段 / 工序	*A*	*B*	*C*	*D*
a	2	2	2	1
b	1	2	2	4
c	3	3	2	3
d	4	3	1	3

解： 根据题意，求本任务中相邻工序间的最小流水步距，即要求出 K_{ab}、K_{bc}、K_{cd} 三个值。

（1）求出各工序在每个施工段上流水节拍的累加数列。

工序 a：2，4，6，7

工序 b：1，3，5，9

工序 c：3，6，8，11

工序 d：4，7，8，11

（2）相邻两累加数列错位相减，计算流水步距。

①K_{ab}：

$$\begin{array}{rl} a: & \ \ 2,\ 4,\ 6,\ 7 \\ b: & -)\ 1,\ 3,\ 5,\ 9 \\ \hline & \ \ 2,\ 3,\ 3,\ 2,-9 \end{array}$$

则 $K_{ab}=\max\{2,3,3,2,-9\}=3\text{d}$

②K_{bc}：

b：1，3， 5，9

c：－）3， 6，8， 11

1，0，－1，1，－11

则 $K_{bc}=\max\{1,0,-1,1,-11\}=1\text{d}$

③K_{cd}：

c：3，6，8， 1

d：－）4，7， 8， 11

3，2，1，－7，－11

则 $K_{cd}=\max\{3,2,1,-7,-11\}=3\text{d}$

(3)根据最小流水步距绘制作业图，如图 2-13 所示。

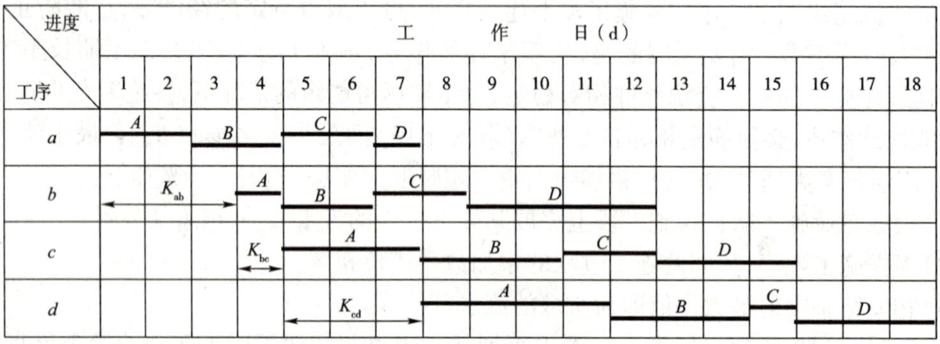

图 2-13　最小流水步距作业进度图

【例 2-3】　某项工程施工划分为 A、B、C、D、E 等五道工序，平面上划分成五个施工段。每道工序在各施工段上的流水节拍见表 2-2，按施工工艺要求，工序 B 完成后，该施工段上至少养护 2d，工序 D 完成后，该施工段需要 1d 的准备时间。为尽早完工，允许在工序 A 与 B 之间搭接施工 1d，试按潘特考夫斯基法组织流水施工。

工序工期表(单位:d)　　　　表 2-2

工序＼施工段	1	2	3	4	5
A	3	2	2	4	3
B	1	3	5	3	4
C	2	1	3	5	2
D	4	2	3	3	1
E	3	4	2	1	2

解：根据本题条件，按无节拍流水作业法组织施工，每道工序组织一个专业施工队，有 $m=5$，$n=5$。

(1)求各工序在每个施工段上的流水节拍的累加数列。

工序 A：3，5，7，11，14

工序 B：1，4，9，12，16

工序 C：2，3，6，11，13

工序 D：4，6，9，12，13

工序 E：3，7，9，10，12

(2)相邻两累加数列错位相减，计算流水步距。

①K_{AB}：

A： 3，5，7，11，14

B：－）1，4， 9， 12 ，16

3，4，3，2， 2，－16

则 $K_{AB}=\max\{3,4,3,,2,2,-16\}=4\text{d}$

②K_{BC}：

B： 1，4，9，12，16

C：－）2，3， 6， 11 ，13

1，2，6，6， 5，－13

则 $K_{BC}=\max\{1,2,6,6,5,-13\}=6\text{d}$

③K_{CD}：

C： 2， 3，6，11，13

D：－） 4，6， 9， 12 ，13

2， －1，0，2， 1，－13

则 $K_{CD}=\max\{2,-1,0,2,1,-13\}=2\text{d}$

④K_{DE}：

D： 4，6，9，12，13

E：－）3，7， 9， 10 ，12

4，3，2，3， 3，－12

则 $K_{DE}=\max\{4,3,2,3,3,-12\}=4\text{d}$

(3)绘制流水作业施工进度图如图 2-14 所示。

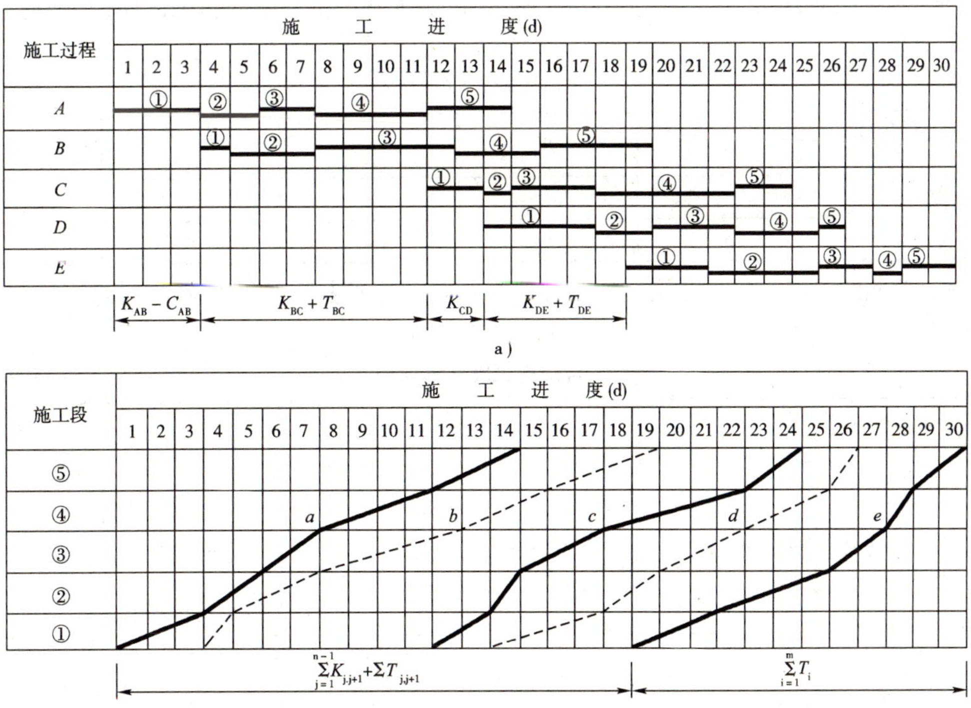

图 2-14 无节拍流水作业图

a)水平图表；b)垂直图表

绘制流水作业图,应注意以下几点:

①因工序 A、B 平行搭接 1d,即 $C_{AB}=1$,则在第 1 施工段上,A、B 工序进入施工的实际间隔时间为 $K_{AB}-C_{AB}=4-1=3$d。

②因工序 B 完成后应至少养护 2d,即 $T_{BC}=2$d,则工序 B、C 进入第 1 施工段作业的间隔时间为 $K_{BC}+T_{BC}=6+2=8$d。

③因工序 D 完成后有组织间歇时间 $T_{DE}=1$d,则工序 E 进入第 1 施工段的实际间隔时间为 $K_{DE}+T_{DE}=4+1=5$d。

五、工程项目合理施工次序的确定

对于无节拍流水作业的施工总工期,必须通过工程项目的合理排序才能解决其最短总工期的问题。下面研究如果有 m 个施工段,每个施工段都有 n 道工艺相同的工序的排序问题。

这里所指的 m 个施工段,是指那些施工内容相同的单位工程、分部、分项工程。n 道工序是指在 m 个施工段中,受某种客观条件(如关键设备、自然条件)制约的工序,或指经过人为合并的工序。

1. m 个施工段 2 道工序时,施工次序的确定

对于这类问题可以用约翰逊－贝尔曼法则来解决。这个法则的基本原则是:先行工序施工工期短的要排在前面施工;而后续工序施工工期短的排在后面施工。即先列出 m 项任务的工序工期表,然后在表中依次选取最小数,且每列只选一次,若此数对应的是先行工序,则该施工段排在前面施工,若此数对应的是后续工序,则该施工段排在后面施工。

【例 2-4】 某工程队拟对相邻的五座小桥基础施工进行流水作业,经计算求出各座小桥基础的挖基和砌筑两道工序工期如表 2-3 所示,试确定各小桥基础的施工次序,并确定完成全部任务的总工期。

工序工期表(单位:d) 表 2-3

工序 \ 桥号	A	B	C	D	E
挖　基	4	4	8	6	2
基　础	5	1	4	8	3

解:按照约翰逊—贝尔曼法则绘制合理施工次序排列表见表 2-4(熟练后可不绘制此表,直接排序)。

合理施工次序排列表 表 2-4

填表次序 \ 施工次序	1	2	3	4	5
1					B
2	E				
3		A			
4				C	
5			D		
列中最小数	2	4	6	4	1
施工段号	E	A	D	C	B

填表方法:在工序工期表中选取最小数,第一个最小数为 1,在第二行第二列,属后续工

序，所对应的 B 任务填在表 2-4 的最后一格，即排在最后施工，同时将工序工期表中该项任务 B 划去。

以此类推，最后将表 2-4 完成，可确定各小桥基础的最优次序为 E、A、D、C、B。

最优施工次序确定后，即可按确定的次序作流水作业图，确定总工期。如图 2-15 所示，其总工期为 25d。为了使各工序能连续作业，也可采用潘特考夫斯基法进行计算绘图，结果总工期不变。

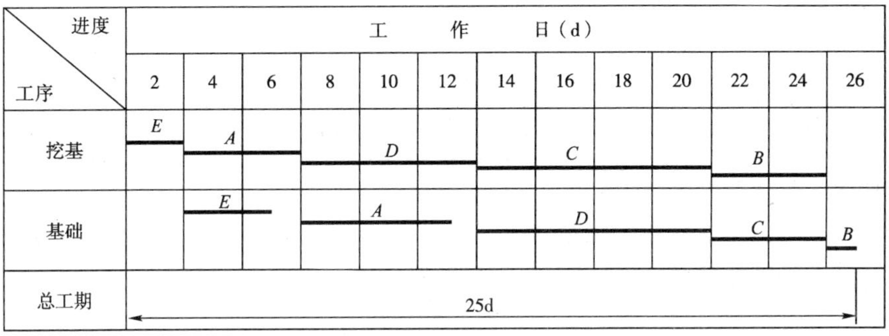

图 2-15 小桥基础施工进度图

若不是按约翰逊－贝尔曼法则来确定施工顺序，而按表 2-3 中的 A、B、C、D、E 顺序排列，则其总工期为 33d，比翰逊－贝尔慢法则所确定的工期多 8d。

2. m 项任务，3 道工序时施工次序的确定

对于这类问题，如果符合下面两种情形中的一种，就可以采用约翰逊-贝尔曼法则。

(1) 第 1 道工序中最小作业工期 a_{min} 大于或等于第 2 道工序的最大作业工期 b_{max}，即 $a_{min} \geqslant b_{max}$。

(2) 第 3 道工序中最小作业工期 c_{min} 大于或等于第 2 道工序的最大作业工期 b_{max}，即 $c_{min} \geqslant b_{max}$。

对于 m 项任务 3 道工序的排序，只要符合上述两条中的一条，即可按下面步骤求最优施工次序。

第一步，将各项任务中第 1 道工序和第 2 道工序的施工工期依次加在一起；

第二步，将各项任务中第 2 道工序和第 3 道工序的施工工期依次加在一起；

第三步，将上两步中得到的工期序列，看作 2 道虚拟工序 $(a+b, b+c)$ 的施工工期；

第四步，按约翰逊-贝尔曼法则，求出最优施工次序；

第五步，按确定的施工次序，以原 3 道工序绘制施工进度图，确定总工期。

【例 2-5】 根据下列工序工期表（表 2-5），排出五个任务的最优施工次序，并确定总工期。

工序工期表（单位：d） 表 2-5

工 序	施 工 段				
	A	B	C	D	E
a	3	2	8	10	5
b	5	2	3	3	4
c	5	6	7	9	7

解：①符合两种情况中的(2)，即 $c_{min} \geqslant b_{max}$，完成表 2-6。

合并工序工期表(单位:d) 表 2-6

工 序	施 工 段				
	A	*B*	*C*	*D*	*E*
a	3	2	8	10	5
b	5	2	3	3	4
c	5	6	7	9	7
a + *b*	8	4	11	13	9
b + *c*	10	8	10	12	11

②绘制施工次序排列表,如表 2-7。

③按约翰逊—贝尔曼法则填出表 2-7,从而可将各项任务的施工次序排列出来。

④绘制施工进度作业图,如图 2-16,总工期 $T = 39$d。

施工次序排列表 表 2-7

填表次序	1	2	3	4	5
①	*B*				
②		*A*			
③			*E*		
④					*C*
⑤				*D*	
列中最小数	4	8	9	12	10
任务号	*B*	*A*	*E*	*D*	*C*

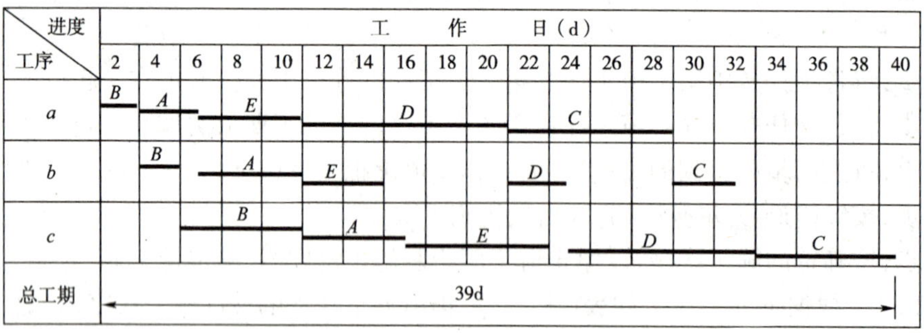

图 2-16 最优施工次序进度图

若按 *A*、*B*、*C*、*D*、*E* 顺序施工,则总工期为 42d,显然不是最短工期。

对于不符合上述两种特定条件的用约翰逊—贝尔曼法则的,仍可采用上述方法确定最优次序,但必须经过反复比较和调整后才能确定。

3. *m* 项任务,工序多于 3 道时施工次序的确定

对于这类问题,确定最优次序比较复杂,但原则上仍可采用工序合并法变为 2 道工序,再用约翰逊—贝尔曼法则,求出相应的总工期,从中选取总工期的最小值,即可确定最优施工次

序。求解最优次序的过程比较繁琐，通常工序较多时，要借助于计算机来确定。

课题四　网络计划技术

道路工程施工管理中，工程进度是各项管理的中心环节。工程进度计划应符合合同要求，应保证施工速度既快又科学，降低工程成本，保证工程质量。工程进度计划的编制是工程实施过程进行计划控制的前提。传统进度计划的表达方式是横道图，它的优点是易编制、简单、明了、直观、易懂，且各项工作的开工和完工时间、作业持续时间、施工进度、总工期，以及流水作业情况等一目了然，便于检查和计算资源需求状况。它的缺点是不能全面反映各项工作之间的相互关系，不能反映整个计划(或工程)中的主次部分，即其中的关键工作，也不能发现施工潜力，不能电算及优化，这对于改进和加强施工的组织及管理工作是极为不利的。近年来，在公路施工进度管理中开始采用一种新的进度计划管理方法，即网络计划技术。

网络计划技术是20世纪50年代国外出现的计划管理的新方法。这些方法将计划的工作关系建立在网络模型上，把计划的编制、协调、优化和控制有机地结合起来，因此称之为网络计划技术。其基本原理是：首先根据工作间的相互关系及其先后顺序绘制工程项目施工进度计划网络图；其次通过计算找出计划中的关键工作及关键线路；最后通过不断调整、改善网络计划，选择最优的方案付诸实施。在网络计划实施过程中要进行有效地监督与控制，确保工程项目按合同顺利完成。

我国在工程管理上应用网络技术已取得显著效果，如缩短工期、降低成本、提高效率、节约资源等。

一、网络图的基本概念

工程的施工需要进行多项工作，各项工作之间相互联系、相互制约和相互影响。把一项工程的所有施工过程，根据施工顺序和相互关系用箭线和节点连接起来，构成的有向网状图形称为施工网络图，简称网络图。

根据箭线和节点表达的含义不同，网络图可分为双代号网络图和单代号网络图。目前我国工程进度计划的网络图普遍用双代号网络图。这种网络图是由若干表示施工过程(工序)的箭线和表示事件的节点(圆圈)以及以开始节点至结束节点连通的有向线路所组成。如图2-17所示。单代号网络图用节点表示一道工序，节点以一个圆圈表示，圆内注上工序的编号、

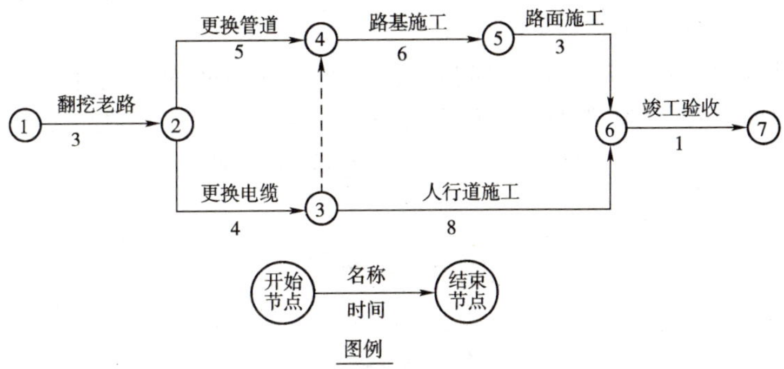

图2-17　双代号道路翻修工程网络图

名称和持续时间;用箭线表示工序之间的逻辑关系,如图 2-18 所示。单代号网络图绘制比较简单,国外应用较普遍,在我国应用较少。针对公路工程施工生产实际情况,本节主要介绍双代号网络图的绘制。

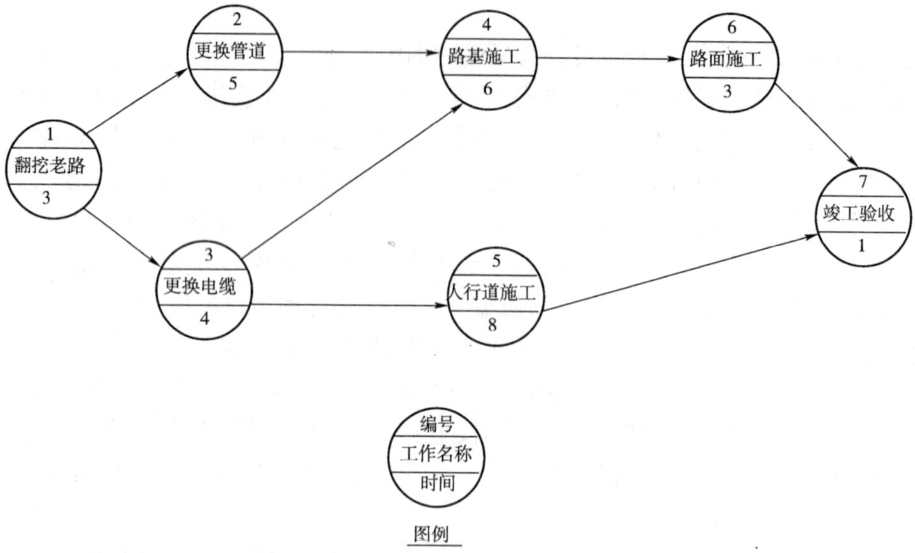

图 2-18　单代号道路翻修工程网络图

二、双代号网络计划图的绘制

1. 双代号网络图的组成

双代号网络图由工作、节点、线路三个基本要素组成。

1)工作(也称过程、活动、工序)

工作就是计划任务按需要或粗细程度划分而成的若干个消耗时间和消耗资源的子项目或子任务。它是网络图的组成要素之一,它用一根箭线和两个圆圈来表示。工作的名称写在箭线的上面,完成工作所需的时间写在箭线的下面,箭线所指的方向表示工作的进行方向,箭尾表示工作的开始,箭头表示工作的结束。圆圈中的两个号码表示这项工作的名称,由于是两个号表示一项工作,故称为双代号表示法,如图 2-19 所示。由双代号表示法构成的网络图称为双代号网络图,如图 2-20 所示。

工作通常可分为三种:需要消耗时间和资源;只消耗时间而不消耗资源(如混凝土的养生);既不消耗时间,也不消耗资源。前两种是实际存在的工作,用实箭线表示。后一种是人为的虚设工作,只表达相邻前后工作之间的逻辑关系,通常称为"虚工作",以虚箭线表示,如图 2-21 所示。

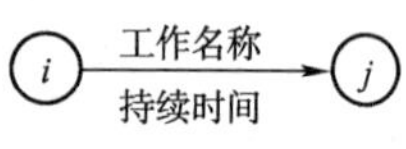

图 2-19　双代号表示法

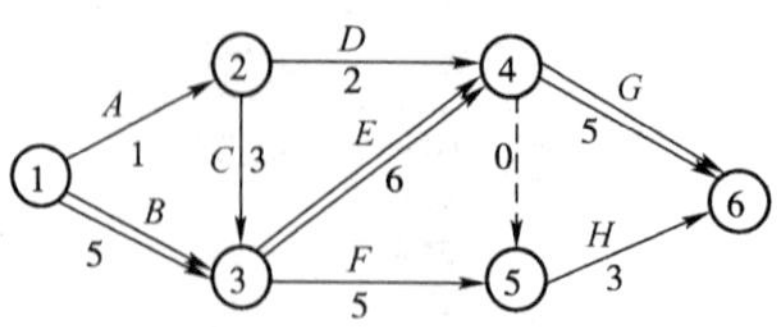

图 2-20　双代号网络计划图

图 2-21　虚工作表示法

工作的内容是由一项计划(或工程)的规模及其划分的粗细程度、大小、范围所决定的。对于一个规模较大的建设项目来说,一项工作可能代表一个单位工程或一个建筑物;对于一个单位工程,一项工作代表一个分部或分项工程;也可以一直细分到支模板、扎钢筋等具体施工过程(或工序)。

工作箭线的长度、形状和粗细,在无时标网络图中原则上可以任意画,但在同一网络图中,箭线的画法要统一,要求整齐醒目,最好画成水平直线或折线。

2)节点

在网络图中的圆圈称为节点,它表示前项工作结束到后项工作开始的一种衔接关系,节点具有瞬时性,即节点既不占用时间,也不消耗资源。

一条箭线与它两端的节点共同表示一项工作,与箭尾衔接的节点叫工作始节点,与箭头衔接的节点叫工作终节点。其他工作的箭头如与某项工作的始节点衔接时,这些工作就是该项工作的紧前工作,同样,箭尾与工作的终节点衔接的那些工作就叫该项工作的紧后工作,如图 2-22 所示。

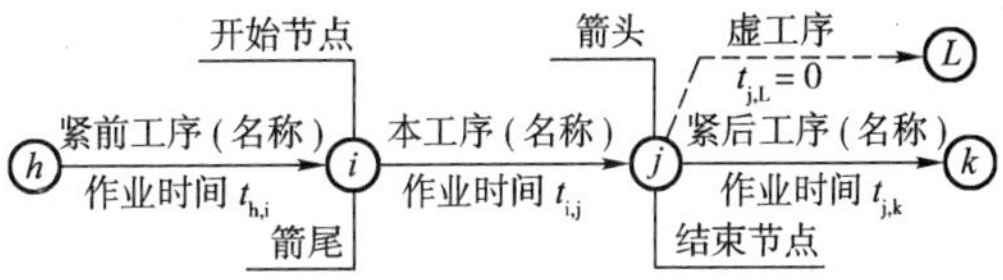

图 2-22　工作、节点名称及其关系

整个网络图的第一个节点叫网络始节点,最后一个节点叫网络终节点。它们分别表示网络计划的开始与结束,其他节点叫中间节点,中间节点有双重含义,既是前面工作的完成节点,又是后面工作的开始节点。

在一个网络图中,每一个节点都有自己的编号,以便计算网络图的时间参数和检查网络图是否准确。节点编号的要求是:由小到大、自左向右,箭头的编号一定要大于箭尾的编号,编号不允许重复。为了修改、调整、补充扩展网络图时的需要,在节点编号时,可预留备用的节点号,即可采用不连续编号。

根据节点编号的方向不同可分为两种:一种是沿着水平方向进行编号,如图 2-23 所示;另一种是沿着垂直方向进行编号如图 2-24 所示。

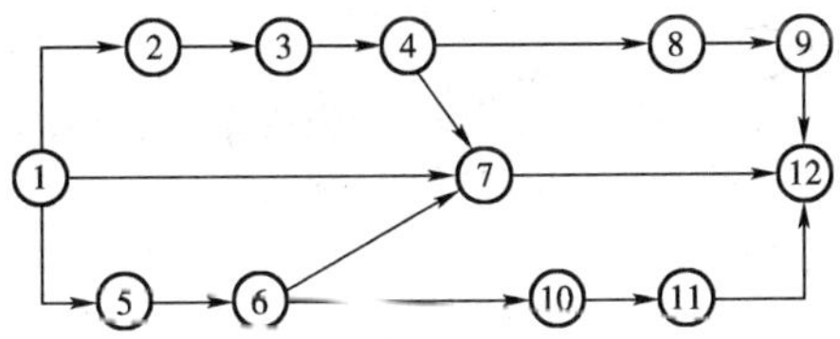

图 2-23　水平编号法

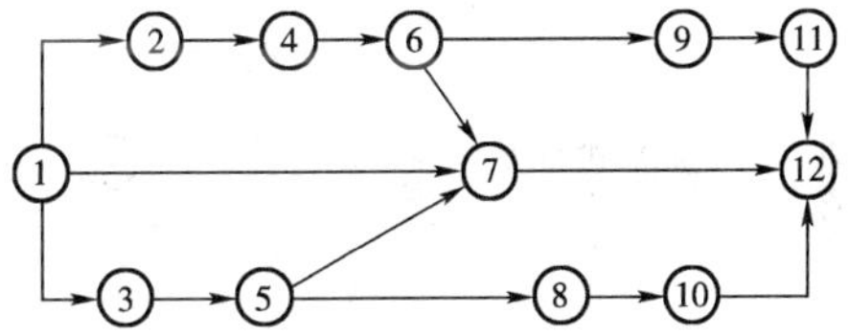

图 2-24　垂直编号法

3)线路

从网络始节点沿箭线方向到网络终节点之间的通路称为线路。

在一个网络图中一般有若干条线路,每条线路都有自己的确定时间,它等于该线路上各项工作持续时间总和。在网络图中所有线路中总持续时间最长的线路称为关键线路,常用粗箭线或双箭线表示如图 2-20 所示。网络图中总持续时间小于关键线路总持续时间的所有线路均称为非关键线路。一张网络图至少有一条关键线路。

位于关键线路上的工作称为关键工作,它没有机动时间(即无时差)。关键工作完成的快慢直接影响整个计划工期的实现。

关键线路不是一成不变的,在一定条件下,关键线路和非关键线路可以互相转化。当采用了一定的技术措施,缩短了关键线路上各工作的持续时间,就有可能使关键线路发生转移,使原来的关键线路变成非关键线路,而原来的非关键线路却变成关键线路。

位于非关键线路的工作除关键工作外，其余称为非关键工作。非关键工作有若干机动时间，称为时差，它意味着工作的开工和完成日期的适当调整不会影响整个计划(或工程)的按期结束。

2．双代号网络图的绘制规则

(1)正确反映各工作之间的先后顺序和相互逻辑关系。在网络图中根据施工顺序和施工组织要求，正确地反映各工作之间的相互制约和相互依赖关系，这些关系是多种多样的，常见逻辑关系表示方法见表2-8。

常见逻辑关系表示方法　　表2-8

1	A 完成后进行 B	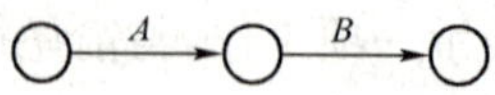	B 工序依赖 A 工序 A 工序约束 B 工序的开始
2	A、B、C 同时开始	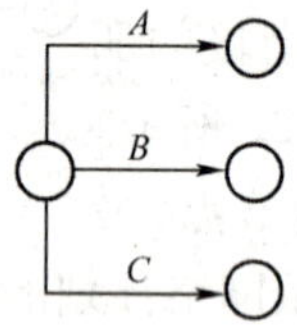	A、B、C 三道工序称为平行工序
3	A、B、C 同时结束	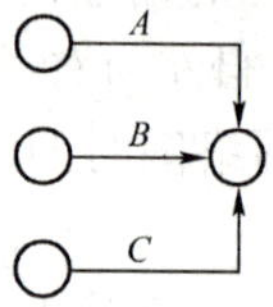	A、B、C 三道工序称为平行工序
4	A 完成后进行 B、C	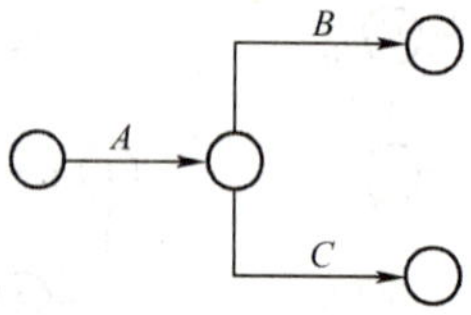	A 工序制约 B、C 工序的开始，B、C 工序为平行工序
5	A、B 均完成后同时进行 C、D	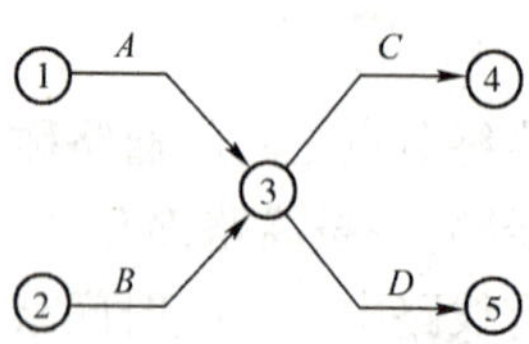	通过中间节点③正确地表达了 A、B 约束 C、D 的关系
6	A 完成后进行 C A、B 完成后进行 D	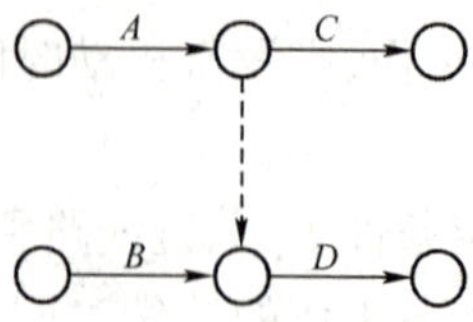	通过引入虚工序，才能正确表达 D 与 A 之间的逻辑关系

续上表

7	A、B、C 均完成后进行 D B、C 均完成后进行 E	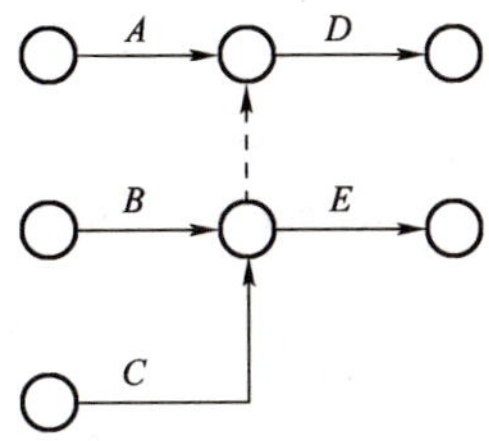	虚工序表示 D 工序受到 B、C 工序制约
8	A 完成后进行 C A、B 均完成后进行 D B 完成后进行 E	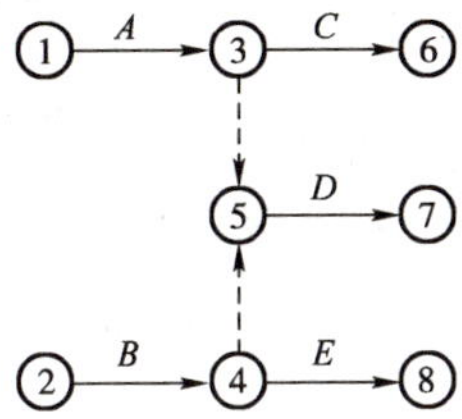	虚工序③－－→⑤和④－－→⑤反映出 C 工序只受 A 工序制约，E 工序只受 B 工序制约，D 工序同时受 A、B 工序制约
9	有三个施工段 1、2、3，每个施工段有 A、B 两道工序，进行流水施工	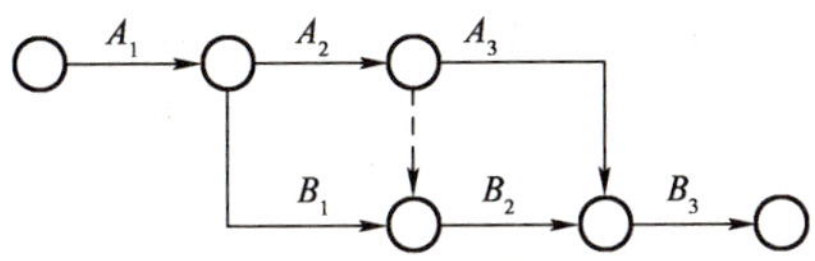	每道工序建立一个专业施工队伍，在每个施工段上进行流水作业，不同工序之间用逻辑搭接关系表示

（2）在一个网络图中只允许有一个网络始节点和一个网络终节点。图 2-25a）、图 2-26a）是错误的，图 2-25b）、图 2-26b）是正确的。

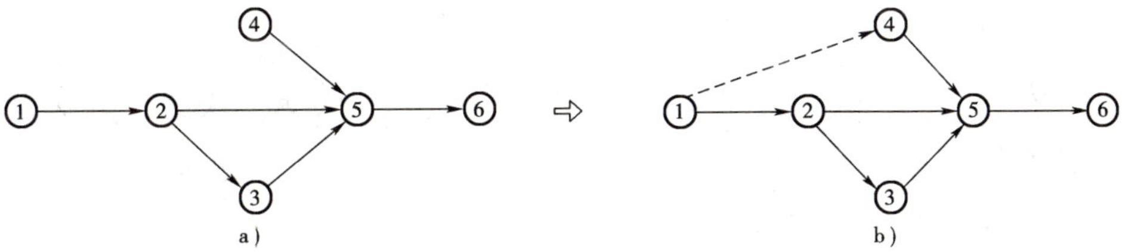

图 2-25　网络始节点

a）错误表示；b）正确表示

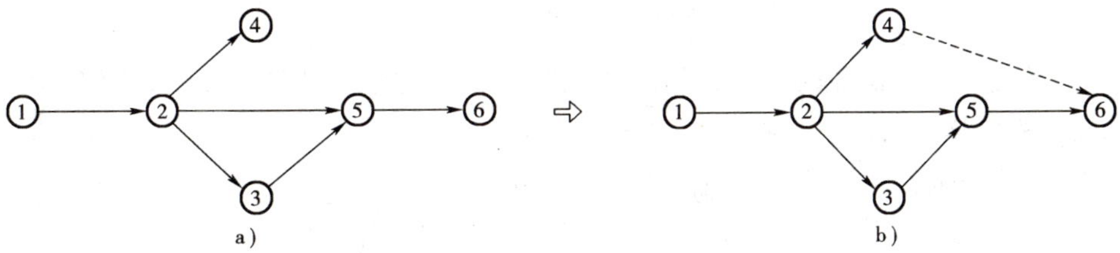

图 2-26　网络终节点

a）错误表示；b）正确表示

（3）一对节点之间只能有一条箭线。这是因为双代号网络图中，两个代号代表着一项工作，如果一对节点之间有两条或更多的箭线存在，就无法分清这两个代号究竟代表哪一项工作，如图 2-27 所示，a）图是错误的，b）图是正确的。

(4)网络图中不允许出现闭合回路。“闭合回路”又叫循环线路,如图2-28所示。它在施工工艺上是矛盾的,逻辑关系上是混乱的,实际施工中不可能出现这样的情况。

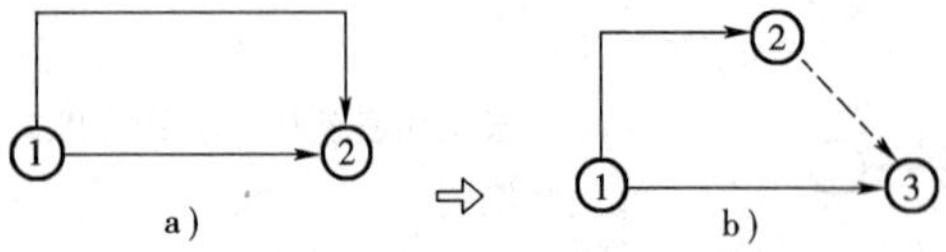

图2-27 引入虚箭线

a)错误表示;b)正确表示

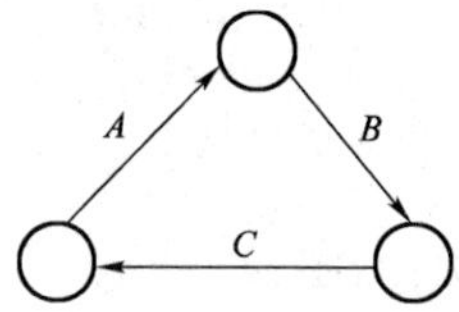

图2-28 闭合回路

(5)网络图中不允许出现相同编号的节点或相同代码的工作。如图2-29a)图是错误的,b)图是正确的。

(6)不允许出现双向箭头或无箭头的线段。

(7) 箭线只能在节点处交接。若工序A_2进行的途中,工序B开始与工序A_2平行施工,正确的表示方法为图2-30b)所示,若按图2-30a)所示,则违反了网络图的基本规定。

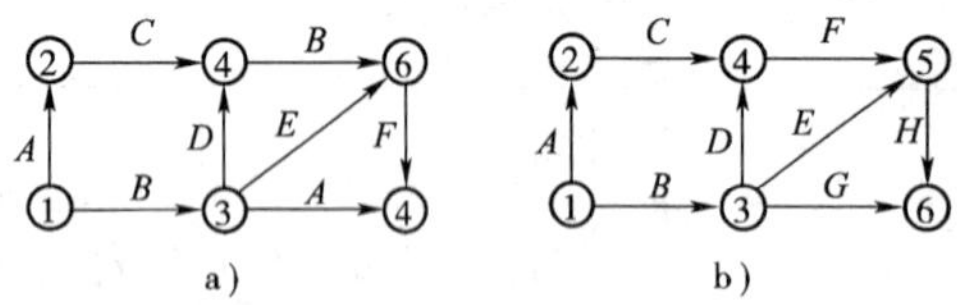

图2-29 相同节点

a)错误表示;b)正确表示

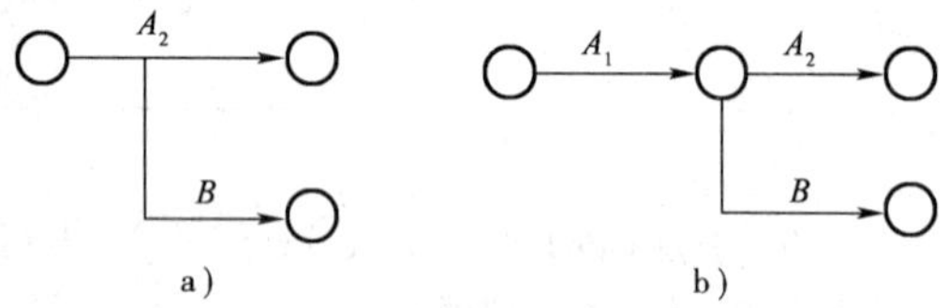

图2-30 工作的衔接

a)错误表示;b)正确表示

(8)网络计划图的布局应合理,不仅要使工作关系正确,而且要尽量避免箭线交叉。如图2-31a)应调整为图2-31b)。

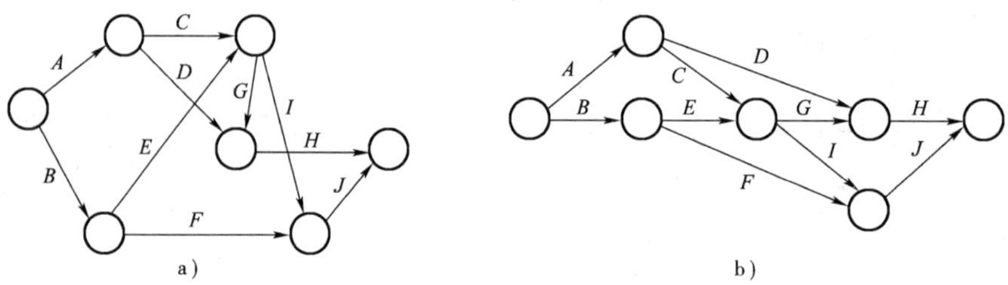

图2-31 避免箭线交叉

a)错误表示;b)正确表示

当箭线的交叉不可避免时,可采用“暗桥”、“断线”等方法来处理。如图2-32所示。

3. 双代号网络计划图绘制的步骤

绘制双代号网络计划图可依据以下步骤来进行:

(1)工程任务分解。首先应清楚地显示计划内容,将工程任务分为若干个单项工作。

(2)确定各单项工作的相互关系。即明确指出各工作在开始之前应完成哪些紧前工作,或者工作结束之后有哪些紧后工作。

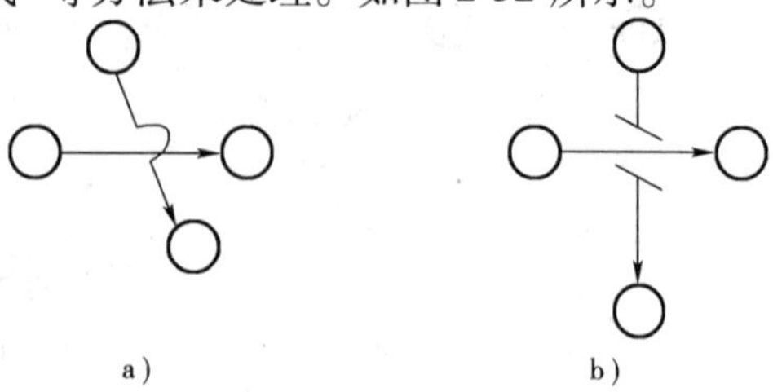

图2-32 箭线交叉处理方法

a)暗桥法;b)断线法

(3)确定各单项工作的持续时间。

(4)资料列表。通常工作关系表的基本内容应包括:工作代号、工作名称、紧后工作(或紧前工作)、持续时间等。

(5)绘制双代号网络计划草图。网络图草图应按施工过程之间的逻辑关系绘制,并遵循绘图规则。若给定的是紧前工作关系,可按后退法绘制,所谓后退法即指从终结点开始绘制到始节点的方法;若给定的是紧后工作关系,可按前进法绘制,所谓前进法即指从始节点开始绘制到终节点的方法。当然紧前工作关系和紧后工作关系也可相互转换,比如说 B 的紧前工作是 A,换句话说即 B 是 A 的紧后工作,这两句话意思是一样的,只是表达方式不同。

(6)整理成图。由于绘制草图时,主要目的是表明工作关系,因此布局上可能不是十分合理,难免会有多余的虚工作等。整理草图的工作主要有,去掉多余的虚箭线,尽量避免交叉,调整位置,合理布局,保持图面清晰,检查工作关系,检查是否符合绘图规则,最后给各节点编号。

4. 双代号网络图的绘制方法

1)简单网络图的绘制

在绘制双代号网络图时,对于那些工序数目少,工序之间关系不复杂的,可以根据逻辑关系,直接绘出网络图。

【例 2-6】 制定一段城市道路更新工程的网络计划图。

解: 先分解该项目:城市道路更新工程可分解为:测量、土方工程、路基施工、安装排水设施、清除杂物、路面施工、路肩施工、清理场地等八项,分别用代号 A、B、C、D、E、F、G、H 表示各工作;然后确定各单项工作之间的约束关系,并根据各自的工程量确定持续时间,如表 2-9 所示。

工作时间表　　表 2-9

工作代号	A	B	C	D	E	F	G	H
工作名称	测量	土方工程	路基施工	安装排水设施	清除杂物	路面施工	路肩施工	清场
紧后工作	B	C、D、E	F、G	F	G	H	H	—
持续时间	1	10	2	5	1	3	2	1

绘图前,先找出常见的工作关系。该例中,C、D、F 构成半约束关系,且 C、E、G 亦为半约束关系。采取前进法首先绘制草图,然后整理成图,图 2-33 为整理后的网络图。

2)利用"断路法"绘制网络图

绘制双代号网络图时,最容易产生的错误是把本来不该发生逻辑关系的工序联系起来,使网络图发生与实际不相符的逻辑关系,这时就必须用虚工序隔断不应有的工序联系。用虚工序隔断网络图中无逻辑关系的各道工序,这种方法称为"断路法"。

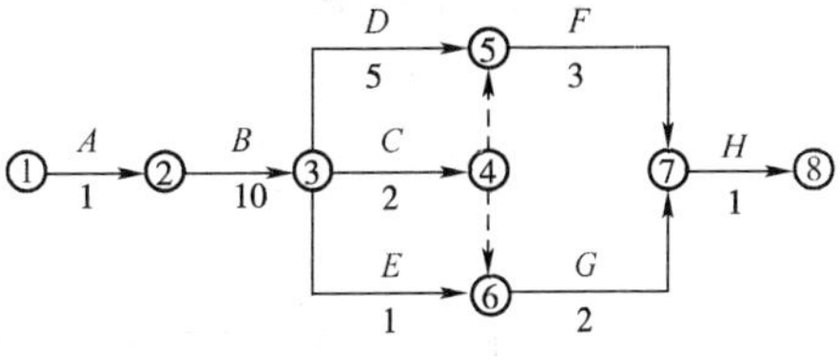

图 2-33　双代号网络图

例如绘制某三座管涵施工的网络图,管涵工序划分为挖槽、基础、安涵管、做洞口。如果绘制成图 2-34 的形式就是错误的。例如挖槽 3 只需在挖槽 2 完成后进行,而在图 2-34 中还需待基础 1 完工后才能开始,这显然是错误的;又如基础 3 的紧前工作只有基础 2 和挖槽 3 两项,而与安涵管 1 无关,但在图 2-34 中安涵管 1 也是基础 3 的紧前工作,正确的网络图应如图2-35 所示,图中的虚箭线 4 - - -→5“割断”了基础 1 和挖槽 3 之间的联系而又保持了挖槽 2 与挖槽 3 之间的联系,虚箭线 6 - - -→8 和 10 - - -→11 也具有同样的作用。

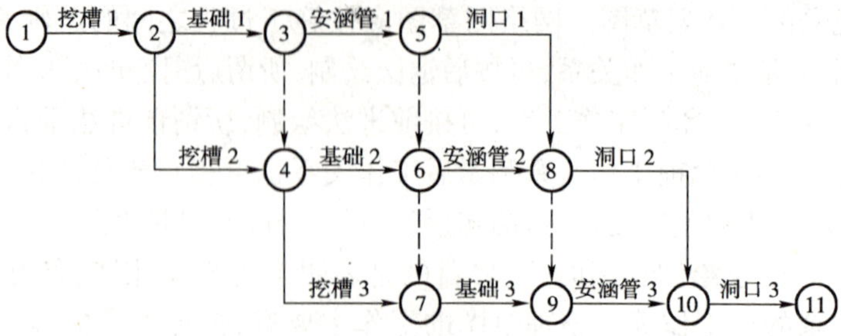

图 2-34 错误的网络图

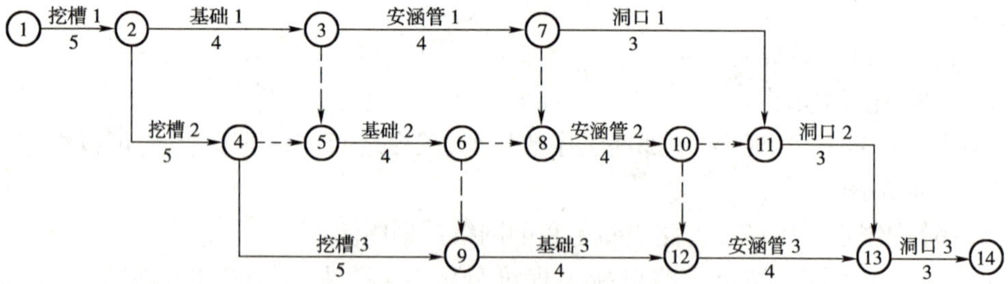

图 2-35 三段流水作业网络图

3)综合施工网络图

一个工程建设项目常由若干单项工程组成,各单项工程的施工方案不尽相同,施工方法和施工组织方式各异。若用一个网络图表示一个工程项目的施工,则该网络图称为综合施工网络图。如表示独立大中桥施工、一个合同段的公路或一座隧道施工等网络图都属于综合施工网络图。

图 2-36 是一座两孔钢筋混凝土梁式桥的综合施工网络图,该图主要说明各项工作之间的逻辑关系,因而工序划分较粗,略去了若干辅助性工作。

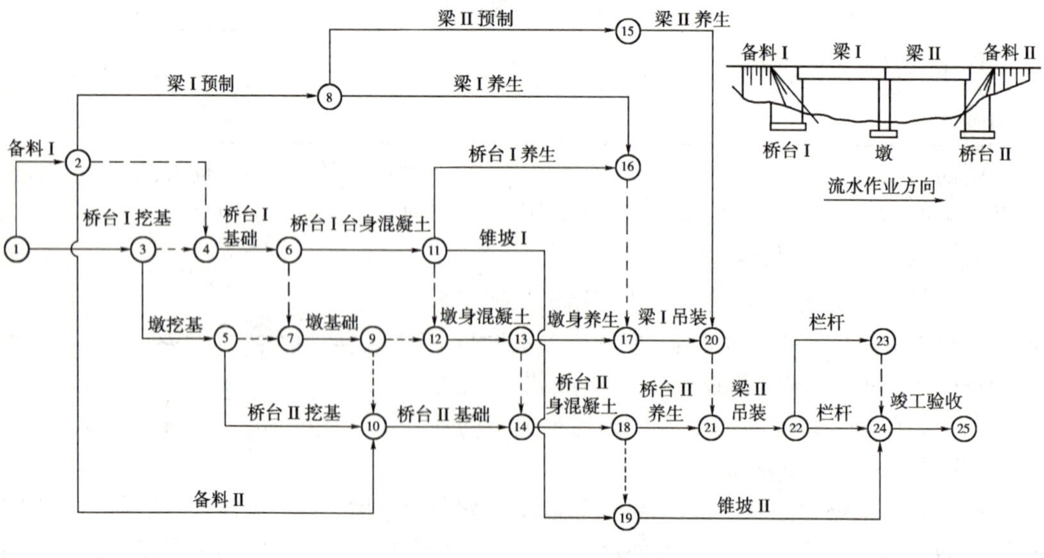

图 2-36 两孔梁式桥施工网络图

图 2-36 所示桥梁采用的施工方案为：

①桥梁下部施工和上部施工分别组织专业队进行流水作业。

②上部为预制安装。

③桥台两端场地均备料，备料 II 仅供桥台 II 使用。

④未考虑预制场地及其他辅助工作。另外，为使网络图重点突出，图中未绘出每一片梁的流水作业图，只用每孔表示，下部结构施工按每个墩、台的主要工序绘制。

三、网络图时间参数的计算

网络图的时间参数，是确定关键线路和机动时间的基础，是进行网络计划调整和优化的前提。计算内容包括节点时间参数计算，工序时间参数计算和总工期计算。

1. 工作持续时间的计算

1）定额法

定额法主要是根据劳动定额、预算定额、施工方法、投入劳动力、机具和资源量等资料进行确定。计算公式如式（2-10）。

$$T_{ij} = \frac{Q_{ij}}{C_{ij}R_{ij}n} = \frac{Q_{ij}S_{ij}}{R_{ij}n} \tag{2-10}$$

式中：T_{ij}——完成 i-j 项工作的持续时间；

Q_{ij}——工作 i-j 的工程数量；

C_{ij}——工作 i-j 的产量定额；

S_{ij}——工作 i-j 的时间定额；

R_{ij}——工作 i-j 的施工人数或机械台数；

n——工作的班次。

2）三时估计法

组成网络计划的各项工作可变因素多，不具备一定的时间消耗统计资料，因而不能确定出一个肯定的单一时间值。首先估计三个时间值，即最短、最长和最可能持续时间，再加权平均算出一个期望值作为工作的持续时间。这种计算方法叫做“三时估计法”。其计算公式如公式（2-11）：

$$m = \frac{a + 4c + b}{6} \tag{2-11}$$

式中：m——工作的平均持续时间；

a——最短估计时间（亦称乐观估计时间）：是按最顺利条件估计完成某项工作所需的持续时间；

b——最长估计时间（亦称悲观估计时间）：是按最不利条件估计完成某项工作所需的持续时间；

c——最可能估计时间：是按正常条件估计完成某项工作所需的持续时间。

2. 节点时间计算

节点本身并不占用时间，节点时间只表示某项工作在某一时刻开始或结束。节点时间有两个，一是最早开始时间，一是最迟结束时间。

1）节点的最早开始时间

节点的最早开始时间是指双代号网络图中，以该节点为开始节点的各项工作的最早开始时间。工作 i-j 的 i 节点的最早开始时间用 ET_i 表示。

节点 i 的最早开始时间 ET_i 应从网络图的起始节点开始，顺着箭线方向依次逐项计算，并应符合下列规定：

(1)起始节点 i 未规定最早开始时间 ET_1，其值应等于零，即：

$$ET_1 = 0 \tag{2-12}$$

(2) 当节点 j 只有一条内向箭线时，其最早开始时间 ET_j 为：

$$ET_j = ET_i + T_{ij} \tag{2-13}$$

(3)当节点 j 有多条内向箭线时，其最早开始时间 ET_j 为：

$$ET_j = \max\{ET_i + T_{ij}\} \tag{2-14}$$

2)节点的最迟结束时间

节点的最迟结束时间是指双代号网络图中，以该节点为结束节点的各项工作的最迟完成时间。工作 i-j 的 j 节点的最迟结束时间用 LT_j 表示。

节点 j 的最迟结束时间是从网络图终点开始，逆着箭线方向逐个计算至网络图始节点。其计算应符合下列规定：

(1)网络终节点表示网络计划的完成，它的最迟结束时间一般就是总工期，也就是该节点的最早开始时间，如总工期另有规定应取规定值。

(2)其他节点 i 的最迟结束时间 LT_i 应为：

$$LT_i = \min\{LT_j - T_{ij}\} \tag{2-15}$$

3. 工作时间的计算

1)工作最早开始时间的计算

工作的最早开始时间是指各紧前工作全部完成后，本工作有可能开始的最早时刻。工作 i-j 的最早开始时间用 ES_{ij} 表示，工作 ij 的最早开始时间，等于其箭尾节点的最早开始时间，即：

$$ES_{ij} = ET_i \tag{2-16}$$

2)工作最早完成时间的计算

工作的最早完成时间是指该项工作按最早开始时间开工后，本工作有可能完成的最早时刻。工作 i-j 的最早完成时间用 EF_{ij} 表示，工作 i-j 的最早完成时间，等于该工作最早开始时间加上该工作的作业时间，即：

$$EF_{ij} = ES_{ij} + T_{ij} \tag{2-17}$$

3)工作最迟完成时间的计算

工作最迟完成时间是指在不影响整个任务按期完成的前提下，工作必须完成的最迟时刻。工作 i-j 的最迟完成时间用 LF_{ij} 表示，工作 i-j 的最迟完成时间，等于其箭头节点的最迟结束时间，即：

$$LF_{ij} = LT_j \tag{2-18}$$

4)工作最迟开始时间的计算

工作最迟开始时间是指在不影响整个任务按期完成的前提下，工作必须开始的最迟时刻。工作 i-j 的最迟开始时间用 LS_{ij} 表示，工作 i-j 的最迟开始时间，等于该工作的最迟完成时间减去该工作的作业时间，即：

$$LS_{ij} = LF_{ij} - T_{ij} \tag{2-19}$$

4. 时差和关键线路

1）工作时差

（1）工作总时差

当工期一定时，有些工作的最早可能开工时间与最迟必须开工时间不相等，两者之间有一个差值，这表明该工作的实际开工时间可以有一个机动范围。将各工作在不影响计划总工期的条件下拥有的机动时间的极限值称为该工作的总时差，用 TF_{ij} 表示，其计算公式为：

$$TF_{ij} = LT_j - ET_i - T_{ij} = LS_{ij} - ES_{ij} = LF_{ij} - EF_{ij} \tag{2-20}$$

式中：TF_{ij}——工作 i-j 的总时差；

其余符号意义同前。

一般来说，总时差越大的工序，其开工时间的机动余地也越大，该工作存在施工潜力。在组织施工时，可以在总时差范围内调整开工时间，或者在保证最小劳动组织的前提下，抽调人力、物力加强其他工作，只要能保证本工作的完成时间不影响紧后工作的施工即可。

总时差为零的工作，说明它只有一个确定的开工时间，没有任何机动的余地，这些工作也就是关键工作。

（2）自由时差

自由时差也称局部时差，是指在不影响其任何一项紧后工作最早可能开工时间的条件下可以机动灵活使用的时间，用 FF_{ij} 表示。自由时差是总时差的一部分，工作自由活动的时间范围被限制在本身的最早可能开始时间 ES_{ij} 与其紧后工作的最早可能开工时间 ES_{jk} 之间，从这段时间扣除本工作作业持续时间 t_{ij} 之后，剩余的时间即为该工作的自由时差 FF_{ij}。其计算公式为：

$$FF_{ij} = ES_{jk} - ES_{ij} - T_{ij} \tag{2-21}$$

2）关键线路

网络图的各条线路中，持续时间之和最长的线路即为关键线路，关键线路上的工作称为关键工作。网络计划图中除关键线路以外的线路，称为非关键线路。

关键线路的确定方法很多，一般采用关键工作法。在工作时间参数计算中，总时差为零的工作为关键工作，自始至终全部由关键工作组成的线路为关键线路。为了醒目，关键线路用粗线、双线或彩色线标注。

关键线路在网络图中不一定只有一条，有时存在多条，关键工作所占比重并不大。这样可以使工程项目的管理者能集中精力抓住主要矛盾，搞好计划管理工作。

非关键工作如果将总时差全部用完，就会转化为关键工作。当非关键线路延长的时间超过它的总时差，关键线路就转化为非关键线路。

为进一步理解网络图时间参数计算和关键线路的确定方法，现举例说明各个步骤。时间参数的计算方法一般采用列式计算法和图上计算法，图上计算法与列式计算法的计算方法相同，只是不需要列计算式，计算结果直接标在网络图上，一目了然，同时也便于检查和修改，故比较常用。各种时间参数在图上的表示方法见图 2-37。

【例 2-7】 如图 2-38 所示计算网络图各时间参数，并指出关键线路。

解：（1）计算各节点的时间参数

①节点最早开始时间。

$$ET_1 = 0$$

$$ET_2 = ET_1 + T_{12} = 0 + 1 = 1$$

$$ET_3 = ET_1 + T_{13} = 0 + 5 = 5$$

$$ET_4 = \max\begin{Bmatrix} ET_2 + T_{24} = 1 + 4 = 5 \\ ET_3 + T_{34} = 5 + 3 = 8 \end{Bmatrix} = 8$$

$$ET_5 = \max\begin{Bmatrix} ET_3 + T_{35} = 5 + 4 = 9 \\ ET_4 + T_{45} = 8 + 0 = 8 \end{Bmatrix} = 9$$

$$ET_6 = \max\begin{Bmatrix} ET_4 + T_{46} = 8 + 5 = 13 \\ ET_5 + T_{56} = 9 + 2 = 11 \end{Bmatrix} = 13$$

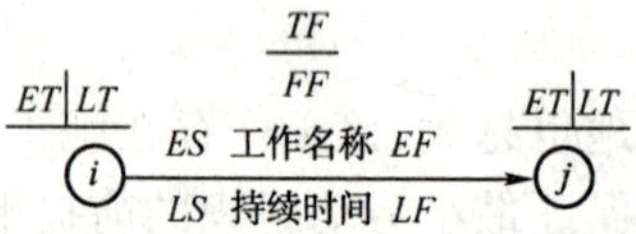

图 2-37 时间参数在图上的表示方法

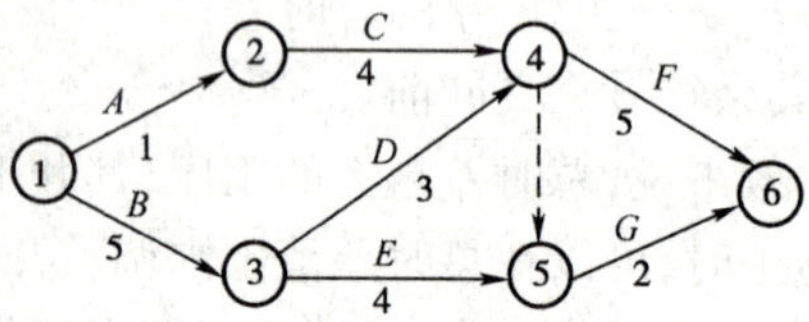

图 2-38 网络图

②节点最迟结束时间。

设

$$LT_6 = ET_6 = 13$$

$$LT_5 = LT_6 - T_{56} = 13 - 2 = 11$$

$$LT_4 = \min\begin{Bmatrix} LT_6 - T_{46} = 13 - 5 = 8 \\ LT_5 - T_{45} = 11 - 0 = 11 \end{Bmatrix} = 8$$

$$LT_3 = \min\begin{Bmatrix} LT_5 - T_{35} = 11 - 4 = 7 \\ LT_4 - T_{45} = 8 - 3 = 5 \end{Bmatrix} = 5$$

$$LT_2 = LT_4 - T_{24} = 8 - 4 = 4$$

$$LT_1 = \min\begin{Bmatrix} LT_3 - T_{31} = 5 - 5 = 0 \\ LT_2 - T_{21} = 4 - 1 = 3 \end{Bmatrix} = 0$$

(2)计算各工作时间参数

①最早开始时间与最早完成时间。

$$ES_{12} = ET_1 = 0$$

$$EF_{12} = ES_{12} + T_{12} = 0 + 1 = 1$$

$$ES_{13} = ET_1 = 0$$

$$EF_{13} = ES_{13} + T_{13} = 0 + 5 = 5$$

$$ES_{24} = ET_2 = 1$$

$$EF_{24} = ES_{24} + T_{24} = 1 + 4 = 5$$

$$ES_{34} = ET_3 = 5$$

$$EF_{34} = ES_{34} + T_{34} = 5 + 3 = 8$$

$$ES_{35} = ET_3 = 5$$

$$EF_{35} = ES_{35} + T_{35} = 5 + 4 = 9$$

$$ES_{46} = ET_4 = 8$$

$$EF_{46} = ES_{46} + T_{46} = 8 + 5 = 13$$

$$ES_{56} = ET_5 = 9$$

$$EF_{12} = ES_{56} + T_{56} = 9 + 2 = 11$$

②最迟完成时间与最迟开始时间。

$$LF_{56} = LT_6 = 13$$

$$LS_{56} = LF_{56} - T_{56} = 13 - 2 = 11$$

$$LF_{46} = LT_6 = 13$$

$$LS_{46} = LF_{46} - T_{46} = 13 - 5 = 8$$

$$LF_{35} = LT_5 = 11$$

$$LS_{35} = LF_{35} - T_{35} = 11 - 4 = 7$$

$$LF_{34} = LT_4 = 8$$

$$LS_{34} = LF_{34} - T_{34} = 8 - 3 = 5$$

$$LF_{24} = LT_4 = 8$$

$$LS_{24} = LF_{24} - T_{24} = 8 - 4 = 4$$

$$LF_{13} = LT_3 = 5$$

$$LS_{13} = LF_{13} - T_{13} = 5 - 5 = 0$$

$$LF_{12} = LT_2 = 4$$

$$LS_{12} = LF_{12} - T_{12} = 4 - 1 = 3$$

(3)计算时差

①各项工作的总时差。

$$TF_{12} = LS_{12} - ES_{12} = 3 - 0 = 3$$

$$TF_{13} = LS_{13} - ES_{13} = 0 - 0 = 0$$

$$TF_{24} = LS_{24} - ES_{24} = 4 - 1 = 3$$

$$TF_{34} = LS_{34} - ES_{34} = 5 - 5 = 0$$

$$TF_{35} = LS_{35} - ES_{35} = 7 - 5 = 2$$

$$TF_{46} = LS_{46} - ES_{46} = 8 - 8 = 0$$

$$TF_{56} = LS_{56} - ES_{56} = 11 - 9 = 2$$

②各项工作的自由时差。

$$FF_{12} = ET_2 - ET_1 - T_{12} = 1 - 0 - 1 = 0$$

$$FF_{13} = ET_3 - ET_1 - T_{13} = 5 - 0 - 5 = 0$$

$$FF_{24} = ET_4 - ET_2 - T_{24} = 8 - 1 - 4 = 3$$

$$FF_{34} = ET_4 - ET_3 - T_{34} = 8 - 5 - 3 = 0$$

$$FF_{35} = ET_5 - ET_3 - T_{35} = 9 - 5 - 4 = 0$$

$$FF_{46} = ET_6 - ET_4 - T_{46} = 13 - 8 - 5 = 0$$

$$FF_{56} = ET_6 - ET_5 - T_{56} = 13 - 9 - 2 = 2$$

(4)判断关键工作和关键线路

根据工作总时差 $TF_{ij} = 0$ 得知,工作①→③、③→④、④→⑥为关键工作,所组成的线路①→③→④→⑥为关键线路。

用图算法将时间参数标于网络图中各相应的位置，即如图2-39所示。

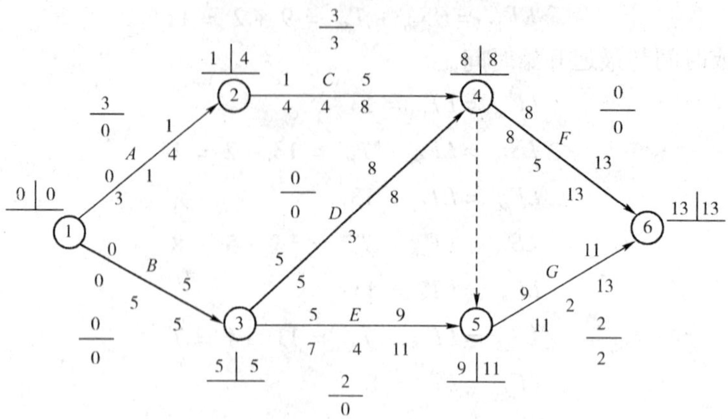

图2-39　图算法计算时间参数

四、时标网络图

1. 时标网络图的概念

时标网络图是以时间坐标为尺度的网络图。时标的时间单位是根据需要，在绘制时标网络图之前确定的，可以是小时、天、周、旬、月或季等。时间可标注在时标网络图的顶部，也可标注在底部，必要时还可以在顶部和底部同时标注，为了更直观可在顶部时标之上或底部时标之下加注日历对应的时间。

时标网络图比较接近常用的横道计划图，它能直观地反映出整个计划的时间进程。图上可以直接显示出各工序的开始和完成时间，显示出工序时差和整个网络计划的关键线路；可以在图上计算劳动力、材料和机械等资源的需要量，绘出资源动态曲线，并根据显示出的时差对其进行调整。

时标网络图一般用于编制工序较少、且工艺过程较简单的工程。对于大型的复杂的工程，可以先用时标网络图绘制各分部工程进度计划图，然后再综合绘制出比较简单的总网络计划图；在执行过程中，如果时间变化，不必改动整个网络计划图，只需对分部工程的子网络计划进行修订就可以了。

2. 时标网络图的绘制

绘制时标网络图之前，应先绘制一般网络图，计算各工序的时间参数，作为绘制时标网络图的依据。在图纸的水平方向画出时间坐标，然后绘制网络图，时标网络图可以按节点最早开始时间绘制，也可按节点最迟结束时间绘制。

1）按节点最早开始时间绘制时标网络图

（1）在有横向时间坐标的表格上根据节点的最早开始时间确定节点的位置。

（2）将各工作的作业持续时间从节点开始用实线沿水平方向绘出，用水平波形线把实线部分与其紧后工作的始节点连接，波形线的水平投影长度就是该工作的自由时差。

（3）虚工作在图上的垂直部分用虚箭线连接，水平部分因占用时间用波形线表示。

（4）把时差为零的工序箭线加粗，这条线路就是关键线路。

2）按节点最迟结束时间绘制时标网络图

（1）在有横向时间坐标的表格上根据节点的最迟结束时间确定节点位置。

（2）按工序的持续时间长短沿水平方向绘制相应工序的实线部分，但箭头必须与工序的终点相连。即从工作终节点开始反向绘出与作业持续时间相等的实线长度。

(3)用波形线把实线部分(即箭尾)与该工作的始节点连接起来。

(4)虚工序的连接与关键线路的确定方法,与按节点最早开始时间绘制的时标网络图相同。

需要注意的是,按节点最迟结束时间绘制的时标网络图中,波形线的长度不是工作的自由时差。比较上述两种时标网络图的相同工作,其波形长度较大值就是该工作的总时差。

图2-40是时标网络图的一个例子。从图2-40b)可以根据波形线的水平投影长度读出各工序的自由时差。比较图2-40b)和c)可以得到各工作的总时差,如工作②→④,波形线在图2-40b)中的长度为8,即自由时差等于8,在图c)中的长度为7,取较大值,总时差亦为8。

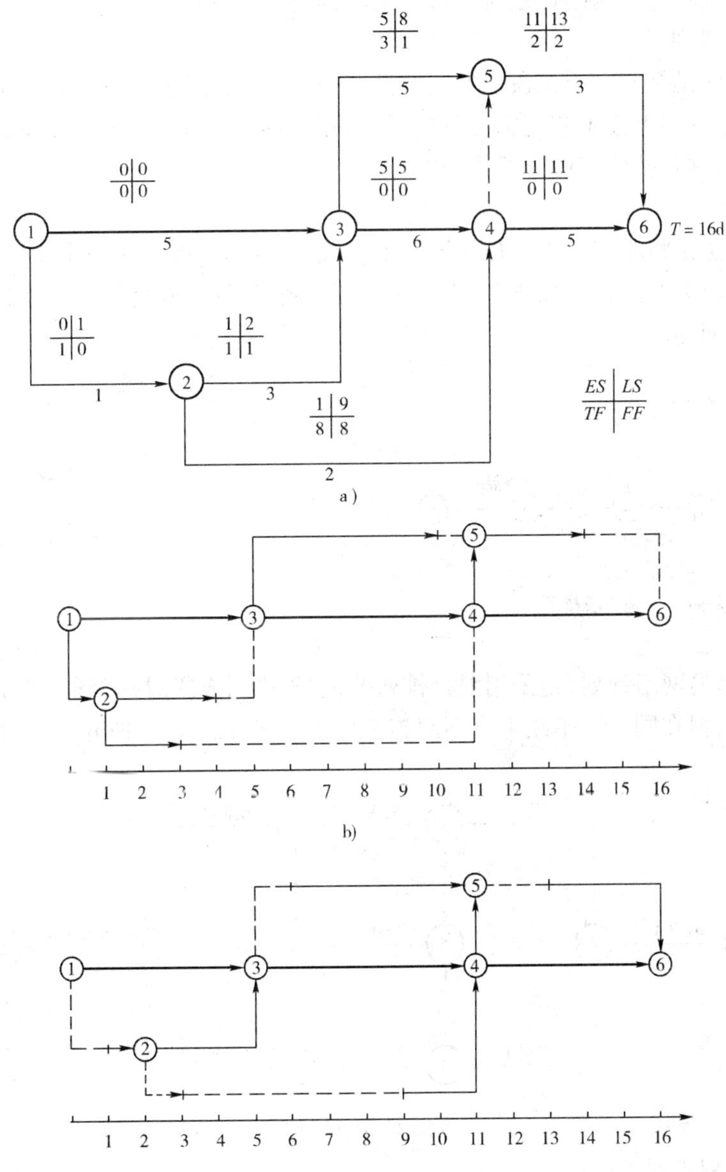

图2-40 时标网络图

a)双代号网络图;b)最早时间时标网络图;c)最迟时间时标网络图

五、网络图绘制示例

在公路工程建设过程中,网络计划是表现施工进度计划的一种较好形式,网络计划可以编制施工总进度计划、单位工程施工进度计划、分部(分项)工程施工进度计划。

1. 网络计划的排列方法

为了使公路工程网络计划条理化和形象化,在编制网络计划时,应根据不同情况灵活选用排列方法,要保证各工作之间在工艺上及组织上的逻辑关系准确、清楚,并要便于对网络计划进行检查和调整。

在编制公路工程施工网络计划时可按施工段排列,也可按工序排列。

1)按施工段排列

这种排列方法是把同一施工段上的工序排在同一水平线上,反映公路工程分段施工的特点,也就是说在水平线上按工艺逻辑关系排列。如图2-41所示为两个施工段的现浇混凝土梁的施工网络计划,这是按施工段方式排列的。

2)按工序排列

这种排列方法是将相同的工序排在同一水平线上,突出不同工序的作业情况,也就是说水平线上按组织逻辑关系排列。如图2-42所示为两个施工段的现浇混凝土梁的施工网络计划,是按工序方式排列的。

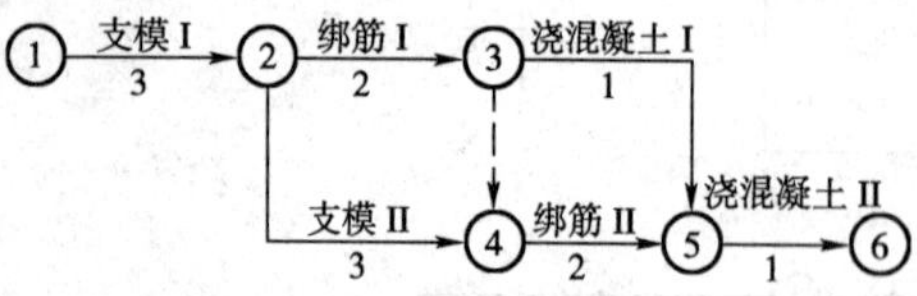

图2-41　按施工段排列

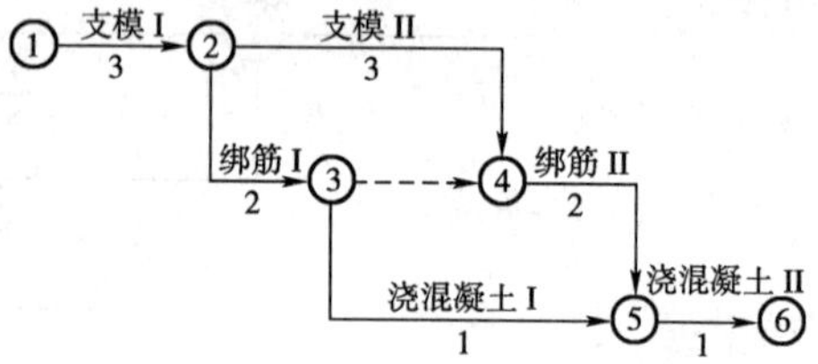

图2-42　按工序排列

3)混合排列

图2-43所示的网络计划,是采用混合排列的,这种排列方式对称美观,可以突出工序之间的平行作业关系,但在同一水平线上有不同施工段的各种工序。这种方法一般应用于简单网络图。

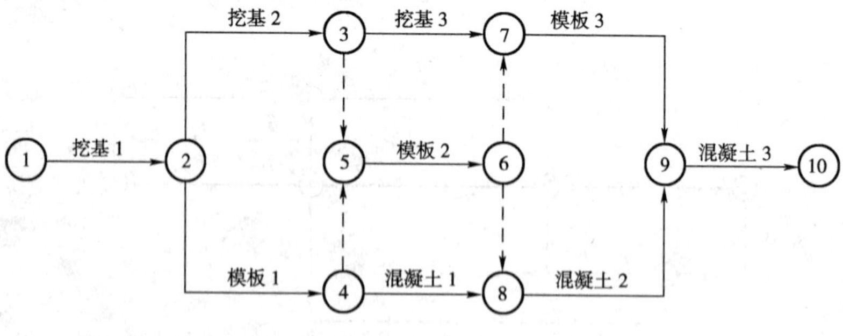

图2-43　混合排列

4)按单位工程排列

当一个施工企业同时承担几个性质各异的工程施工任务时,各单位工程之间可能还有某些具体的联系。比如需共用某些机械设备、统一安排劳动力、由专人负责施工放样等,这样每个单位工程安排的网络计划是相互关联的,为了使网络计划清楚明了,可以把同一单位工程的施工网络图画在同一水平线上。各单位工程之间需要衔接的工序用虚箭线表示，各单位工程内部仍按原定的施工方案编制施工网络计划。

这种排列方法从总体到局部条理都十分清楚，相关工序的逻辑关系明确，这种方法有利于不同单位工程之间的协调施工，并能充分利用人工和提高设备的利用率。图2-44是三个单位工程由一个施工企业承担施工时的网络图，各个单位工程中的混凝土工程、桥台、栏杆是由相应的同一专业施工队完成的。

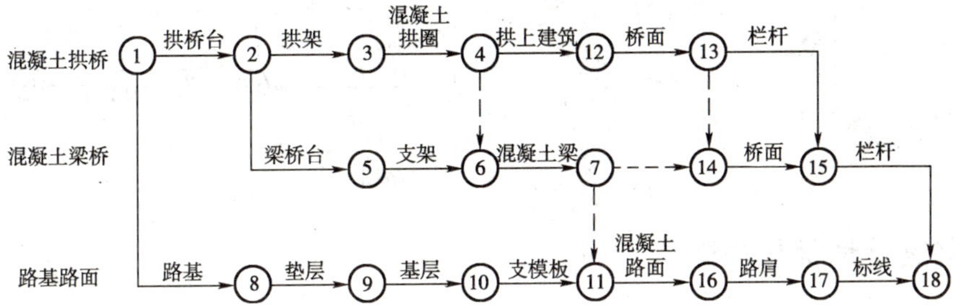

图2-44　按单位工程排列

2. 绘制示例

下面以某钢筋混凝土桥梁工程为例，来说明利用网络计划技术编制单位工程进度计划的过程。此桥梁形式如图2-45所示。

该桥梁工程的施工方案如下：

此桥工程分有挖基坑（土方工程）、基础工程、墩台工程、桥梁上部吊装四个分部（分项）工程。其施工工艺顺序为土方工程—基础工程—墩台工程—上部吊装工程。组建5个专业施工队伍完成上述工程施工，它们分别为土方施工队、打桩施工队、基础工程施工队、桥墩台施工队、上部安装施工队。其施工组织顺序下部为甲—乙—丙—丁；上部为I-II-III。根据以上施工方案，可以列出该桥梁工程工序一览表，见表2-10。

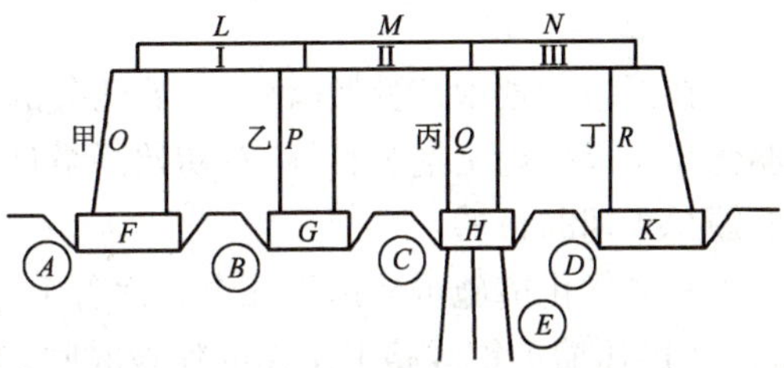

图2-45　三孔钢筋混凝土桥梁工程

桥梁工程工序一览表　　表2-10

序号	工序名称	工序代号	紧前工序	持续时间(d)	序号	工序名称	工序代号	紧前工序	持续时间(d)
1	挖土甲	A	—	4	9	基础丁	K	D、H	10
2	挖土乙	B	A	2	10	桥台甲	O	F	16
3	挖土丙	C	B	2	11	桥墩乙	P	G、O	8
4	挖土丁	D	C	5	12	桥墩丙	Q	H、P	8
5	打桩丙	E	C	12	13	桥台丁	R	K、Q	20
6	基础甲	F	A	8	14	上部I	L	P	12
7	基础乙	G	B、F	4	15	上部II	M	L、Q	12
8	基础丙	H	E、G	4	16	上部III	N	M、R	12

假定此工程各相邻工序之间没有技术间歇时间，用一般双代号网络计划表达其施工进度计划如图2-46所示。

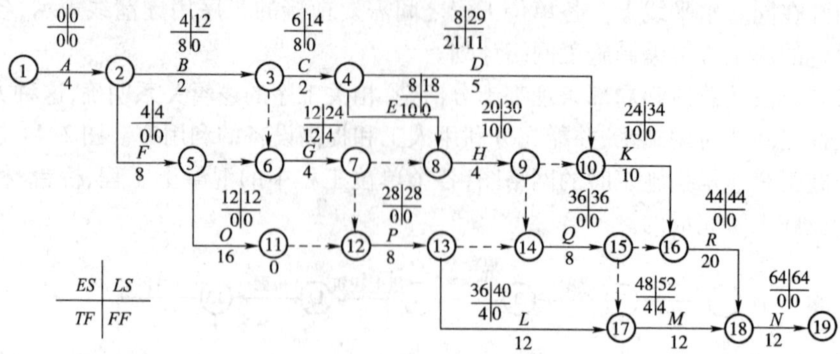

图 2-46　双代号网络图

六、网络计划优化的概念

网络计划的优化是指通过不断改善网络计划的初始方案，在满足给定网络计划的约束条件下，按照某一衡量指标（如时间、成本、资源等）来寻求一个最优的计划方案。也就是使工期最佳，成本最低，各种资源得到最有效利用。通常的网络计划优化有工期优化，成本优化和资源优化。

1. 工期优化

在网络计划中，关键线路控制着任务的总工期，因此，缩短工期的着眼点是关键线路。工期优化是以缩短工期为目标，对初始网络计划加以调整，通过缩短关键线路工期的方法来达到缩短总工期的目的。

具体优化措施可从以下几个方面着手：

（1）压缩关键线路上工作的作业时间，相应延长非关键工作的持续时间。

（2）在不压缩作业时间的条件下，可以改变工序的衔接关系，用组织平行流水作业、交叉作业等方法来缩短生产总工期。

（3）从计划外增加资源，加速关键工作的完成。

（4）改革工艺，实行多班制，压缩作业时间。

2. 时间—费用优化

工程成本由直接费用和间接费用两部分组成。正常情况下，工期延长，直接费用降低，间接费用增加，而工期缩短，直接费用增加，间接费用降低。然而，由于工程施工有一定的条件要求（如工作面，工人的劳动组合等），当工期缩短到某一界限时，无论再增加多少直接费用工期也不可能再缩短；反之工期延长到某一限度后，再延长工期不但不能减少直接费用，有时反而会增加，这是因为过长的工期会影响人工和机具的生产效率。

工期与直接费用、间接费用、工程成本三者的关系如图 2-47 所示。网络优化的目的，是追求工程成本（即直接费用和间接费用之和）最低（图 2-47 中的 B 点），及与最低工程成本相对应的工期，即最优的合理工期。

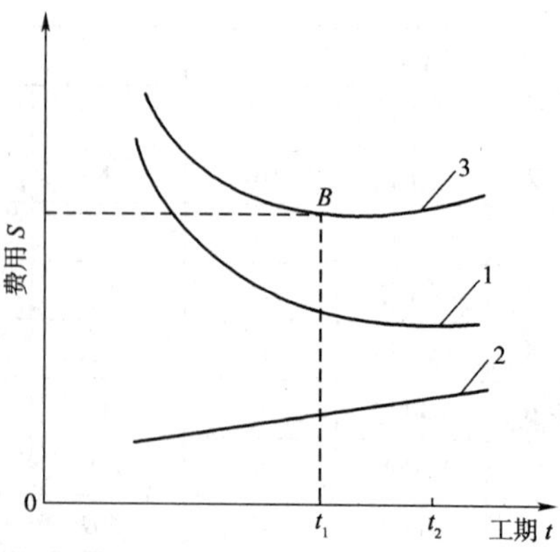

图 2-47　工期—费用曲线

1-直接费用；2-间接费用；3-费用总和

t_1-费用最低工期；t_2-规定工期

3. 资源优化

这里所说的资源是指为完成任务所需的劳动力、材料、机械设备和资金的统称。前面对网络计划的计算和调整，一般都假定资源供应是完全充分的。然而，在大多数情况下，在一定时间内所能提供的各种资源有一定限额。一项好的工程计划安排，一定要合理使用现有的资源。如果工作进度安排不恰当，就会在计划的某些阶段出现对资源需求的“高峰”，而在另一阶段出现对资源需求的“低谷”。这种高峰与低谷的存在，会使劳动管理复杂，管理费用增加，给施工企业带来不必要的经济损失。因此，需要根据资源情况对网络计划进行调整，在保证规定工期和资源供应之间寻求相互协调和相互适应的途径，这就是资源优化。

资源优化可采用“削峰填谷”法，其基本原理是将计划中的所有工作按最早时间安排，根据资源的逐日需要量，作出资源曲线图如图 2-48a)，在此基础上，找出整个计划中的资源高峰时段(t_a-t_b)，选择位于该高峰时段能推迟到高峰之后的非关键工作，将其推迟到 t_b 之后的某时刻开始，这样使得整个计划中资源高峰得到一次削低，如图 2-48b) 所示。该高峰之后的资源低谷也相应地得到一次填补，重复上述步骤，找出新的资源高峰，选择适当的非关键工作，进行下一次调整。这样逐步的“削峰填谷”，直到整个计划的资源高峰再也不能削低为止。

最理想的资源均衡图是一个矩形图，如图 2-48c) 所示，也就是说整个计划在每个单位时间的资源需求量保持不变，当然要得到这种理想的计划是不可能的，但是如果求出每单位时间内资源的平均需求量，将对整个资源的均衡调整有所帮助。事实上，资源的优化就是要近似地达到这个平均值。

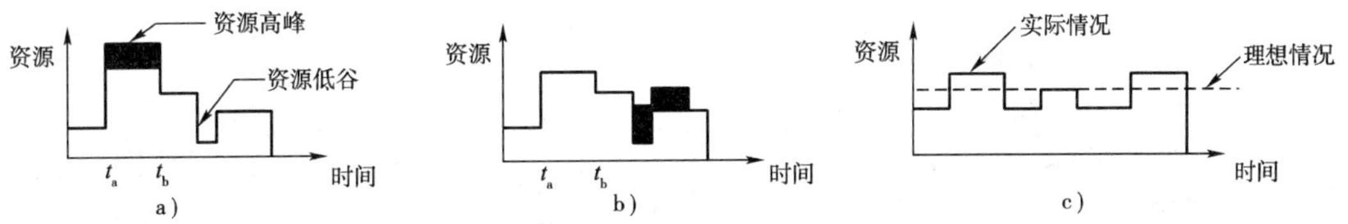

图 2-48　资源分布图

a) 最初情况；b) 调整情况；c) 优化结果

思考题

1. 施工过程如何划分？它包括哪些基本内容？
2. 施工过程由哪几部分组成？
3. 公路工程施工生产类型有哪些？
4. 公路施工过程的组织原则是什么？为什么要遵循这些原则？
5. 作业单位设置原则有哪些？
6. 施工过程时间组织有哪些类型？
7. 施工过程时间作业的基本作业方法有哪几种？各种作业方法的概念及其特点是什么？
8. 简述流水作业组织的原则和步骤。
9. 流水作业法的主要参数有哪些？如何确定？
10. 流水作业法施工类型有哪些？如何组织？
11. 什么是开工要素？工序衔接原则有哪些？
12. 简述约翰逊—贝尔曼法则的要点及其应用范围。

13. 叙述网络计划的概念,网络图由哪几部分组成?

14. 绘制网络图的原则有哪些?

15. 叙述绘制网络图的步骤。

16. 什么是工作总时差?什么是工作自由时差?

17. 什么是关键线路?如何求关键线路?

18. 什么叫网络优化?通常有哪几方面的优化?

单元三　公路工程定额

知识点

1. 解释出定额的含义，描述定额的作用及分类；
2. 描述公路工程定额的组成。

技能点

1. 正确查取定额；
2. 运用公路工程定额进行工程项目工、料、机消耗量的分析统计；
3. 计算公路工程机械台班单价。

课题一　定额的概念及其分类

一、定额的概念

在建筑工程施工过程中，完成任何一件产品，都需要消耗一定数量的人工，材料和机械台班，而这些资源的消耗是随着生产中各种因素的不同而变化的。定额就是在正常生产条件、合理地组织施工、合理地使用材料和机械的情况下，完成单位合格产品所必需的人工、材料、机械及资金的数量标准。它一般是经过国家或主管部门科学地测定、分析、计算，而加以合理确定的消耗标准。同时在定额中还规定了相应的工作内容和要达到的质量标准以及安全要求。

二、公路工程定额的分类

定额是计算工程造价的基础资料之一，按作用不同，一般分为两部分：工程定额和费用定额。公路工程定额指《公路工程预算定额》（JTG/T B06-02—2007）（下文简称《预算定额》）、《公路工程概算定额》（JTG/T B06- 01—2007）（下文简称《概算定额》）、《公路工程施工定额》中规定的实物量消耗定额；公路费用定额指《公路工程机械台班费用定额》（JTG/T B06-03—2007）、《公路工程基本建设项目概算预算编制办法》（JTG B06—2007）（下文简称《编制办法》）中规定的各项费用定额或费率。

下面分别介绍按不同的分类法进行分类的定额。

1. 按生产要素分类（表 3-1）

在施工生产中起主要作用的有三大要素，即劳动力、材料和机械。公路工程定额是建立在实物法的编制基础上，所以工、料、机三要素在公路工程定额中是主要内容。

2. 按使用要求分类（表 3-2）

在公路基本建设活动中，工程建设工作所处的阶段不同，编制造价文件的主要依据是不同的。按定额的用途分为施工定额、预算定额、概算定额、投资估算指标等。

生产要素分类表 表 3-1

项目	表现形式	内 容	计量单位	备 注
劳动定额	时间定额	生产单位数量合格产品所消耗的劳动量标准	劳动量单位/产品单位; 如:工日/m^3	时间定额与产量定额互为倒数
	产量定额	劳动者在单位劳动量内完成合格产品的数量	产品单位/劳动量单位; 如: m^3/工日	
材料定额	材料消耗定额	在合理地使用材料条件下,生产单位合格产品所消耗的建筑材料、半成品、配件、构件的数量标准	实物量单位/产品单位; 如:m^3/m^3 等	材料消耗量 = (1 + 材料损耗率) × 完成单位产品的材料净用量
	产品废料定额	在施工过程中发生的自然和工艺性的损耗量标准	实物量单位/产品单位; 如:m^3/m^3 等	公路工程定额中不使用
	材料产品定额	一定规格的原材料,在合理的操作前提下,规定完成合格产品的数量	产品单位/实物量单位; 如:m^3/m^3 等	公路工程定额中不使用
	材料周转定额	周转性材料(如模板、支架的材料)在施工中合理使用的次数和用量标准	表达为一次使用量和摊销量,其单位可用实物计量单位来表示	影响因素有:一次使用量;每周转使用一次材料的损耗;周转使用次数;最终回收折价
机械台班定额	时间定额	在一定的操作内容、质量和安全要求的前提下,规定完成单位数量产品或任务所需作业量(如台时、台班等)的数量标准	作业量单位/产品单位; 如:台班/ m^3	机械时间定额与机械产量定额互为倒数
	产量定额	在一定的操作内容、质量和安全要求的前提下,规定每单位作业量(如台时、台班等)完成的产品或任务的数量标准	产品单位/作业量单位; 如:m^3/台班	
	费用定额	以机械的一个台班为单位,规定其所消耗的工时、燃料及费用等数量标准并可折算为货币形式表现的定额	金额/台班; 如:334.8 元/台班	334.8 元中包括每台班所消耗的不变费用和可变费用

3. 按颁发部门及适用地区分类(表 3-3)

定额按编制单位和执行定额的范围不同,分为全国统一定额、行业统一定额、地区统一定额、企业定额和补充定额。

使用要求分类表 表3-2

名 称	内 容	适用阶段	作 用	特 点	定额水平
施工定额	施工企业为组织生产和加强管理在企业内部使用的一种定额	施工阶段	是施工单位组织生产、编制施工组织设计、签发任务单、计算计件工资，进行经济核算等的依据	项目划分很细，是定额中分项最细、定额子目最多的一种定额，是工程建设中的基础性定额	平均先进定额
预算定额	计算工程造价和计算工程中劳动量、机械台班、材料使用量而使用的一种定额	施工图设计阶段	编制施工图预算的依据；也是编制概算定额的基础；是进行设计方案技术经济比较、技术经济分析的依据；是工程结算的依据；是合理编制标底、投标的基础	产品计量单位比施工定额大	社会平均
概算定额	计算和确定工程概算造价、计算劳动量、机械台班、材料需要量所使用的定额	初步设计阶段	编制项目概算、修正概算的依据；设计方案比较的依据；编制主要材料需要量的计算基础	是在预算定额基础上加以综合而成的，定额中的工程项目单位都比较大	
投资估算指标	在编制项目建议书、可行性研究报告和编制设计任务书阶段进行投资估算、计算投资需要量时使用的一种定额	项目建议书、可行性研究	综合指标是编制建设项目建议书投资估算的依据，主要用于在经济上研究建设项目的选择、建设的合理性、编制长远发展规划等。分项指标是编制可行性研究报告投资估算的依据，用于在经济上确定方案的成本，以便研究经济是否可行	综合指标其项目按全国省区、公路等级、地质地貌区划的类型划分，它是以公里为单位编制的实物量指标 分项指标是以各项工程的人工、材料、其他材料费、机械使用费及施工管理指标为表现形式的指标。其项目的划分与概算十分接近	

颁发部门及地区分类表 表3-3

名 称	编制单位	适用范围	内 容
全国统一定额	国家建设行政主管部门	全国范围	分为两类：一类是通用性较强的；一类是专业性较强的，如房屋建筑工程定额
地区统一定额	省、自治区、直辖市	地区内	如市政工程预算定额定额、房屋修缮定额等结合各地区特点编制的定额
行业统一定额	各行业部门	在本行业和相同专业性质的范围内使用	是考虑到各行业部门专业工程技术特点，以及施工生产和管理水平编制的专业定额，如公路工程定额、矿井建设工程定额、铁路建设工程定额等

续上表

名 称	编 制 单 位	适 用 范 围	内 容
企业定额	企业自行编制	企业内部	如施工企业附属的加工厂、车间为了内部核算便利而编制的定额。企业定额水平一般应高于国家现行定额，才能满足生产技术发展、企业管理和市场竞争的需要
补充定额	一般由施工企业提出测定资料，与建设单位或设计部门协商确定	在指定的范围内使用，只作为一次使用，并同时报主管部门备查	是指随着设计、施工技术的发展在现行定额不能满足需要的情况下，为了补充缺项所编制的定额。经过总结和分析，往往成为补充或修订正式统一定额的基本资料

三、定额的作用及特点

1．定额的作用

1）定额有利于节约社会劳动和提高生产效率

首先，施工定额直接用于施工生产过程管理，企业以定额作为促使工人节约社会劳动（工作时间、原料等）和提高劳动效率、加快进度的手段，以增加市场竞争能力，获取更多利润；其次，作为工程造价计算依据的各类定额，又促使企业加强管理，把社会劳动的消耗控制在合理的限度范围内；第三，作为项目决策的定额指标，又在更高层次上促使项目投资者合理而有效地利用和分配社会劳动。所有这些都说明，定额在工程建设中节约社会劳动和优化资源配置方面起着十分重要作用。

2）定额有利于规范市场行为，促进竞争

定额既是投资决策的依据，又是价格决策的依据。对投资者来说，他可以利用定额权衡自己的财务状况和支付能力、预测资金投入和预期回报，还可以充分利用有关定额的大量信息，有效地提高其项目决策的科学性，优化其投资行为，对于建筑企业来说，可以利用定额权衡资金投入，做出价格决策，在竞争中取得优势。

3）定额有利于国家对工程项目进行宏观调控，价格管理

主要表现在对工程造价进行管理和控制，对资源配置和流向进行预测和平衡，对经济结构，包括企业结构和所有制结构进行合理的调控，也包括对技术结构和产品结构的调整。

4）定额有利于推广先进的施工技术和工艺

定额水平中包括了某些已成熟的先进的施工技术和经验，工人要达到和超过定额，就必须掌握和应用这些先进技术，如果工人要大幅度超过定额水平，他就必须有创造性的劳动。首先，在自己的工作中注意改进工具和改进技术操作方法，注意原材料的节约，避免原材料和能源的浪费。其次，企业或主管部门为了推行施工工艺和施工方法，必须运用定额进行管理，贯彻定额也就意味着推广先进技术。第三，企业或主管部门为了在定额范围内完成施工任务，往往要组织技术培训，以帮助工人能达到或超过定额。这样，新技术、新工艺、新材料、新经验就很容易推广，从而大大提高全社会的劳动生产率。

5）定额有利于完善市场的信息系统

定额管理是对大量市场信息的加工，也是对大量信息进行市场传递，同时也是市场信息的

反馈。信息是市场体系中不可缺少的要素。它的可靠性、完备性和灵敏性是市场成熟和市场效率的标志。

2. 定额的特点

1)定额的法令性

由国家主管机关或被授权机关编制和颁发的定额,是一种法令性的指标,只要是属于定额规定范围内的,任何单位都必须严格执行,不得任意改变定额的结构形式和内容,不得任意降低定额水平,只有这样才能保证国家对企业和工程项目有一个统一的核算尺度,国家才能够实行统一的比较和考核,实行有效的监督和管理。定额的法令性还表现在定额的修改、补充必须经授权编制部门批准,并报上级主管部门备案。定额具有经济法规的性质。

2)定额的科学性和群众性

科学性表现在定额数据的确定必须有可靠的科学依据,定额的制定工作是在认真研究和总结广大工人生产实践经验基础上,实事求是地广泛搜集资料经过科学的分析研究而确定的,它能正确反映生产单位产品所需要的资源量。定额的群众性反映在定额的制定和执行过程中,都是在工人群众直接参与下进行的,定额的产生来源于群众,定额的执行要依靠群众,定额水平既要反映国家和集体的整体利益,也要反映群众的要求和愿望,这样群众才能乐于接受,定额才能顺利地得以贯彻执行。

3)定额的相对稳定性

定额水平的高低,是根据一定时期社会生产力水平而确定的,它反映一定时期内施工技术和生产工艺的水平。当生产条件发生变化,技术水平提高,原有定额不适应时,被授权部门应根据生产力水平制定,修订或补充定额。但有一个相对稳定时期。不能朝定夕改,或一有突破就提高定额水平,否则将损害群众的积极性。

4)定额的针对性

定额的针对性很强,实行做什么工程,用什么定额,不得乱套,必须严格按照定额的项目、工作内容、质量标准、安全要求执行定额;不得随意增减工时消耗、材料消耗或其他资源消耗;不得随意减少工作内容,降低质量标准等。

课题二　概(预)算定额的组成

公路工程概(预)算的工程费用是按实物量编制的,即按概(预)算定额规定的人工、材料、机械的消耗量乘以工程所在地的预算单价确定的。概(预)算定额比较齐全地列出了工料机的品种、规格,因此概(预)算定额主要以工料机消耗量表组成。内容包括:总说明,章、节说明,工程定额表及定额附录,下面分别介绍概(预)算定额的组成。

现行公路工程概(预)算定额的组成部分主要包括:颁发定额的文件、目录、总说明、各类工程的章说明、节说明、定额表和附录。

一、颁发定额的文件

是指刊印在现行《公路工程概算定额》和《公路工程预算定额》前一部分的政府主管部门(交通部)关于发布定额、施行日期、阐明定额性质、适用范围、负责解释的部门等的法令性文件。

二、总说明

定额的总说明综合阐述定额的编制原则、指导思想、编制依据和适用范围，以及涉及定额使用方面的全面性的规定和解释。是各章节说明的总纲，具有统管全局的作用。在使用定额时必须认真阅读总说明及各章节说明，正确理解各条说明的含义，以防出错。

1. 概算总说明的内容

(1)概算定额的适用范围及包括的内容。

(2)对各章、节都适用的统一规定。

(3)概算定额所采用的标准及抽换的统一规定。

(4)概算定额的材料名称在预算定额的基础上综合情况的说明，以及对应于预算定额材料名称的统一规定。

(5)概算定额中未包括的内容

(6)概算定额中未包括的项目，须编制补充定额的规定。

2. 预算总说明的内容

(1)预算定额的适用范围、指导思想及作用。

(2)预算定额的编制原则、主要依据及上级下达的有关定额修编文件。

(3)对各章、节都适用的统一规定。

(4)定额所采用的标准及允许抽换定额的原则。

(5)定额中包括的内容。

(6)对定额中未包括的项目需编制补充定额的规定。

三、目录

目录位于总说明之后，分为总目录和上、下册目录。它反映定额的全部内容及相应的页码，对查用定额起索引作用。

四、章(节)说明

《概算定额》包括路基工程、路面工程、隧道工程、涵洞工程、桥梁工程、交通工程及沿线设施、临时工程等七章。

《预算定额》包括路基工程、路面工程、隧道工程、桥涵工程、防护工程、交通工程及沿线设施、临时工程、材料采集及加工、材料运输等九章及附录。附录包括：路面材料计算基础数据、基本定额、材料周转及摊销以及定额基价人工、材料单位质量、单价表等四部分内容。

无论是《概算定额》还是《预算定额》，在每章(节)的首页都有章(节)说明，章(节)说明主要讲述本章(节)的工程内容、工程量计算规则、计算单位及尺寸的起讫范围，以及计算的附表。

五、定额表

定额表是各种定额的最主要的组成部分，是定额指标数量的具体表示。概算定额和预算定额的定额表格式基本相同。现将定额表的构成和主要栏目说明如下：

(1)表号及定额表名称，如《预算定额》(下册)960 页中“8 - 1 - 5 采砂砾、碎(砾)石土、砾石、卵石”，见表 3-4。

8-1-5 采砂砾、碎(砾)石土、砾石、卵石 表 3-4

工程内容:1)挖松;2)过筛;3)洗石;4)成品堆码方。 单位:$100m^3$ 堆方及码方

<table>
<tr><td rowspan="3">顺序号</td><td rowspan="3">项目</td><td rowspan="3">单位</td><td rowspan="3">代号</td><td colspan="2">采　堆</td><td>采码卵石</td><td colspan="3">采、筛、堆砾石</td><td colspan="3">采、筛、洗、堆砾石</td></tr>
<tr><td>砂砾、天然级配料</td><td>碎石土砾石土</td><td>粒径 8cm 以上</td><td colspan="6">成品率(%)</td></tr>
<tr><td></td><td></td><td></td><td>30~50</td><td>51~70</td><td>70 以上</td><td>30~50</td><td>51~70</td><td>70 以上</td></tr>
<tr><td></td><td></td><td></td><td></td><td>1</td><td>2</td><td>3</td><td>4</td><td>5</td><td>6</td><td>7</td><td>8</td><td>9</td></tr>
<tr><td>1</td><td>人 工</td><td>工日</td><td>1</td><td>24.5</td><td>25.7</td><td>49.0</td><td>73.5</td><td>51.6</td><td>40.2</td><td>98.1</td><td>76.1</td><td>64.8</td></tr>
<tr><td>2</td><td>基 价</td><td>元</td><td>1999</td><td>1205</td><td>1264</td><td>2411</td><td>3616</td><td>2539</td><td>1978</td><td>4827</td><td>3744</td><td>3188</td></tr>
</table>

注:如需备水洗石时,每 $1m^3$ 石料用水量按 $0.3m^3$ 用水量计,运水工另行计算。

(2)工程内容。主要说明本定额表所包括的操作内容。查定额时,必须将实际发生的项目操作内容与表中的工程内容进行比较,若不一致时,应进行抽换或采取其他措施。

(3)工程项目计量单位。如 $10m^3$、$1000m^2$、1km、1 道涵长及每增减 1m 等。

(4)顺序号。表征人、料、机及费用的顺序号,起简化说明的作用。

(5)项目。即本定额表的工程所需人工、材料、机具、费用的名称、规格。

(6)代号。当采用电算方法来编制公路工程概、预算时,可引用表中代号代为对工、料、机名称的识别符号。不可随意变动。编制补充定额时,遇有新增材料或机械名称,可取相近品种材料或机械代号间的空号。

(7)工程细目。表征本定额表所包括的工程细目,如《预算定额》的表[8-1-5]中的"采堆"、"采、筛、堆砾石"等。

(8)栏号。指工程细目编号,如表[8-1-5]所示定额中"采堆砂砾、天然级配"栏号为 1,"采码卵石"栏号为 3。

(9)定额值。即定额表中各种资源的消耗量数值。其中括号内的数值,一般是指所需半成品的数量(定额值),在编制概、预算文件时不可直接列入。

(10)基价。亦称定额基价。它是指该工程细目的工程价格。即定额人工费、材料费、机械使用费的合计价值,其中人工费、材料费是按《预算定额》附录四中取定的人工、材料预算价格计算的,机械使用费是按《公路工程机械台班费用定额》(JTG/T B06-03—2007)计算的。

(11)注。有些定额表列有"注",使用定额时,必须仔细阅读小注,以免发生错误。

六、定额附录

预算定额的附录是配合定额使用不可缺少的一个重要组成部分。其作用为:

(1)了解定额编制时采用的各种统一规定,如路面材料计算基础数据,预制构件混凝土与模板的接触面积,每 $10m^2$ 接触面积的模板所需的人工、机械及材料的周转使用量。

(2)供抽换定额中混凝土、砂浆强度等级时使用的混凝土,砂浆配合比表。

(3)编制补充预算定额所需的统一规定,如材料周转次数、规格、单位重、代号、基价等。

(4)使用单位经过施工实践核定定额水平,并对定额水平提出意见,作为修订定额的重要

资料。

由于现行各种定额刚印刷出版，难免会有一些印刷错误，在使用时应注意随时查询交通部颁布的定额勘误表。

课题三　定额运用的基本知识

一、定额运用的基本知识

在公路建设生产活动中，正确地使用定额是非常重要的。为了正确使用定额，必须全面了解定额，深刻理解定额，熟练地掌握定额。要掌握定额，最好通过编制概（预）算等工程实践活动去运用定额，也可以通过做课程设计的方法掌握定额。现在以公路工程常用的《公路工程预算定额》和《概算定额》为主，介绍运用方法。

1. 引用定额的编号

在编制概预算时，在计算表格中均要列出所用定额的编号。一般采用［页号—表号—栏号］的编号方法。例如《概算定额》中［27—1—1—15—2］就是指引用第 27 页的表 1—1—15（即第一章第一节之 15 表）中的第 2 栏，即机械碾压路基之填方路基，18 ~ 20t 光轮压路机的概算定额。又如《预算定额》［276—4—1—1—7］，是指第 276 页表 4—1—1 中的第 7 栏，即人工挖基坑土、石方之石方的预算定额。这种编号方法容易查找，检查方便，不易出错。但书写字码较多，在概预算表中占格较宽。

另一种编号方法是省去页号，按［章-节-表-栏］四符号法。例如《概算定额》中，路拌法水泥稳定土基层，拖拉机带铧犁拌和之水泥土（剂量为 10%）压实厚度为 15cm 的定额编号为［2—1—2—1］，而《预算定额》中先张法预应力钢筋、钢丝及钢绞线（直径 16mm 的预应力钢筋）的定额号为［4—7—21—1］，即第四章第七节第 21 表第 1 栏。

定额编号在概预算文件中十分重要。一方面是保证复核、审查人员利用编号快速查找，核对所用定额的准确性；另一方面，对如此繁多的工程细目的工作内容以编号形式建立一一对应的模式，便于计算机处理及修编定额人员的统计工作。第三，在概算文件的 08-2 表中，“定额代号”一栏必须填上对应的定额细目代号。不论手工计算，还是计算机处理，都必须保证该栏目的准确性。

2. 定额单位与工程数量

工程量的正确与否直接影响概预算造价，怎样正确地确定工程数量是造价人员注意的一个重要环节。由于设计图纸上的工程量或工程量清单上的工程量，它们的单位和内容与所用定额的单位和工程内容并不完全一致，往往需要造价人员根据定额的需要进行换算或调整，即将工程量计量单位采用定额计量单位，以便于查用定额，达到计算造价与实际造价相符的目的。设计图纸中一些工程项目的计量单位，仅从设计、计算、列表等方便出发统计数量，与定额的计量单位有一定的出入，怎样统一单位，怎样正确计算，就此类问题介绍几个典型处理方法。

1）体积与面积单位调整

计算中应该特别注意面积与体积的不一致，这一点容易被紧张的节奏和粗心的编制人员疏忽。在预算定额中有很多这样的情况。

如人工挖土质台阶普通土，《预算定额》编号为［1—1—4—2］，定额单位 1 000m^2，设计图纸或施工图工程量一般都以 m^3 为单位列出。要换算为统一的面积单位，先把设计图纸上的开挖深度、宽度分析统计出来，计算平均开挖深度（或加权平均深度），然后用设计体积除以平均深度，从而求得平均面积。当然，当挖台阶的工程量较小，而且开挖地点集中于 1 ~2 处，就不必如此计算了。又如沥青混合料路面，定额单位为 $100m^3$，设计图纸一般以 km^2 为单位，与此类似的还有填前夯实土的回填、清除场地的砍树挖根、回填等都存在换算问题。

2）体积与个数的调整

在编制概预算文件时，如果遇到个数与体积的不一致，其换算不是简单的数学计算，必须在手头上准备大量计算方面的基础资料。而这些基础资料的获得必须与厂商、政府管理部门取得联系，从任何教科书或参考书上是难以获得的。如支座与伸缩缝，设计都一般提供各种型号及对应的个数，而定额单位却是 t 或 dm^3，必须找到有关生产厂家及型号，取得标准图纸和基本数据等，才能换算出定额单位所需的 t 或 dm^3。

这一类定额的单位及工程量有很多，在桥梁工程部分，如锚具、钢护筒、金属设备等工程数量的计算就应该注意换算，在平时应注意收集有关的基础数据。

3）工程数量的自定方法

一个完整项目的概预算造价除包括施工图纸上的工程数量以外，还应考虑与施工方案及施工组织措施相关的其他工程内容涉及的工程量。

（1）临时工程范围。临时电力、电讯线路，临时便道的里程，应按实际需要确定（现场调查）。这一部分工程量原则上一般不超过总长度的 1/3，但也要充分考虑各种构造物运输不便、引用地方电网不便所造成的临时工程的增加。临时用电中构造物的动力用电如果没有临时工程项目，则应在自发电的电价中考虑。临时道路要考虑仓库、加工厂、预制场、弃土及借土的便道距离。另一方面，临时仓库、加工场地、临时建筑物等筹建过程中的一系列的相关工程内容的工程量必须考虑进去。

（2）很容易遗忘但牵涉工程量较大的一部分内容通常在土石方工程上。清除场地后回填土石方体积，填前夯实后增加的土石方体积，自然沉降引起的增加的土石方体积，都是与地基有关但必须增补计算的工程量。而这部分工程量既无图纸，又无规范可查，只有造价人员根据地基及施工组织的详细资料具体问题具体分析，按现场实际情况作具体计算。

4）工程量与定额单位相同但存在一定的换算关系。定额单位与工程量一致，但有时不能直接使用，必须提供一定的换算关系后才能正确使用。这种情况发生在如路基土石方体积单位的天然密实方与压实方之间的差值，及混凝土、砂浆考虑损耗的体积。

（1）土石方工程数量与定额单位。定额考虑在挖方及运输两种条件下均是按天然密实方施工考虑，填方按压（夯）实后的体积计算；石方爆破按天然密实体积计算。根据《概算定额》第一章第一节说明第一条，《概算定额》第一章第一节说明第八条，均有换算系数，使用定额时，该系数能否正确运用将极大影响造价。一般来说，在单位工程内（或一标段内），主要考虑纵横向利用方法是否能平衡。如果纵横向利用方能够绝对平衡，表列系数实际上是无用的；当挖方远大于填方，即存在一定弃方时，该表列系数也无用；只有在填方大于挖方时，即需借土填筑时，表列系数才有用。当挖方总体积利用完后，剩下的需继续填筑的体积（剩余填筑体积）即可计算出来，这部分工程量是压实方体积，当利用取土点借土填筑时，其挖土的工程量、运土的工程量就要考虑天然密实方与压实方之间的换算系数。即挖土体积按借土体积乘以挖方系数计算，运土体积按借土体积乘以运土系数计算。值得注意的是：运输时仅考虑其本身的系数（如1.19），不能与挖方系数连乘，即不能同时两次乘以挖土及运土的系数。

(2)混凝土及砂浆在体积的意义方面,要特别注意成品的混凝土体积与搅拌中的混凝土体积的含义不同;砌体中的砂浆与搅拌中的砂浆含义不同。因为搅拌中的混凝土、砂浆要包括正常的损耗数量,但配比调整时应按搅拌时的混凝土、砂浆计算、而成品混凝土、砂浆则不能直接参与调整计算,这在抽换计算中应区分清楚。

3. 定额的直接套用

如果设计的要求、工作内容及确定的工程项目完全与相应定额的工程项目符合,则可直接套用定额。这一部分定额在编制概预算文件时占总定额量的50%以上,因此准确使用这些简单定额,可以节约大量的编制时间,应该保证这一部分定额100%的正确。但要特别注意各定额的总说明、章节说明及定额表中小注的要求,应细心阅读,以免以生错误。

4. 复杂定额的套用

复杂定额是指一个定额的工程内容与设计图纸不符,为了加以完善而需进行另外相关定额的补充的定额。即必须由多个定额才能完成一道工艺流程的组合定额,这一部分定额占总定额量的比重不大,但对总造价的影响有时是很大的。

如果设计的要求、工作内容及确定的工程项目不完全与相应定额的工程项目符合,则不能直接套用简单定额。这些工艺流程必需几个定额联合起来才能完成。一般在编制时,设计的工艺流程与定额的工程内容是否一致;定额值中的"项目"与工艺过程中的消耗是否有差别,如多出一种材料或机械或少掉一种材料或机械等。遇到这些矛盾首先要看定额表小注,再看节说明、章说明。但也要特别注意定额总说明及使用要求,应细心阅读,以免以生错误。

5. 定额的补充

随着科学技术的发展,新结构、新工艺、新材料、新设备在公路工程上推广使用很快,但是定额的制定必须有一定的周期,在新定额未颁布以前,为了正确合理地反映工程造价和经济效益,在现行使用的概、预算定额基础上,已编制有部颁补充定额、地区补充定额和部分工程项目的一次性补充定额等。所以在查用现行定额时,应注意该定额表"工程内容"所包含的项目与实际工程项目是否完全一致,结构形式、施工工艺是否相同,以便正确选用补充定额,防止重漏。

二、定额运用的步骤

所谓运用定额,就是平时所说的"查定额",是根据编制造价文件的具体条件和目的正确地确定定额值的过程。为了正确地运用定额,首先,必须反复学习定额,熟练地掌握定额,其次,必须收集并熟悉中央及地方交通主管部门有关定额运用方面的文件和规定。在此前提下,运用定额的基本步骤如下:

(1)根据运用定额的目的,确定所用定额的种类。

(2)根据项目表,依次按目、节、细目确定预查定额的项目名称,在定额目录中找到其所在的页次,并找到所需定额表。

(3)查到定额表后进行:

①检查表中"工程内容"与设计要求,施工组织要求有没有出入,若无出入,则可在表中找到相应的细目,并进一步确定子目。

②检查定额表的计量单位与工程项目的计量单位是否一致,是否符合规定的工程量计算规则。

③看定额的总说明、章说明、节说明以及表下的小注是否与所查子目的定额查取有关,若有关则采取相应措施。

④根据设计图纸和施工组织设计检查子目中有无需要抽换的定额,是否允许抽换,若应抽换,则进行具体抽换计算。

⑤依子目各序号确定各项定额值,可直接应用的就直接抄录,需计算的则在计算后抄录。

⑥重新按上述步骤复核。

⑦一个细目定额查完后再依次查另一项目。

三、定额运用要点

(1)选择子目,不多不漏。

(2)子目名称简练直观。

(3)核对工作内容,防止漏列、重列。

(4)看清计量单位。

(5)详细阅读说明和小注。

(6)图纸要求与定额子目或序号项目要一致,否则可能要抽换。

(7)施工方法要依据施工组织设计而定。

(8)多实践,多练习,熟能生巧。

四、定额运用注意事项

(1)计量单位要表与项目之间一致,特别是在抽换、增量计算时更应注意。

(2)当项目中任何项(工、料、机)定额值变化时,不要忘记其相应基价也要作相应的变化。

(3)当查定额时,首先要鉴别工程项目是属于哪类工程,以免盲目随意确定而在表中找不到栏目、无法计算或错误应用定额。

(4)定额表中对某些物品规定按成品价格编制预算,而对某些物品规定按半成品价格编制预算,查定额时要注意此问题。

五、定额运用示例

【例 3-1】 定额的直接套用。

试确定挖掘机挖装普通土(斗容量 1.0m^3 以内)的概算定额。

解: 由《概算定额》目录可知该定额在第 10 页,定额编号为[1—1—6—5]。

查定额表可知每 1 000m^3 普通土的概算定额如下:

人工:14.7 工日。

75kW 以内履带式推土机:0.44 台班。

1.0m^3 以内履带式单斗挖掘机:2.06 台班。

基价 =2694 元。

【例 3-2】 施工图设计阶段,某石拱桥计算跨径 13m,M7.5 水泥砂浆砌粗料石拱圈工程数量为 222.24m^3,试确定拱圈的工、料、机数量。

解: 查《预算定额》,定额编号[4—5—4—4],如表 3-5。

4 -5 -4　浆砌料石　表 3-5

工程内容：1）选、修、洗石料；2）搭、拆脚手架、踏步或井字架；3）配、拌、运砂浆；4）砌筑；5）勾缝；6）养生。

单位：$10m^3$

顺序号	项　目	单位	代号	墩、台、墙粗料石镶面		轻型墩台、拱上横墙、墩上横墙	粗料石拱圈		粗料石帽石、缘石	粗料石栏杆	细料石栏杆	细料石索塔、立柱
				高度（m）			跨径（m）					
				10 以内	20 以内		20 以内	50 以内				
				1	2	3	4	5	6	7	8	9
1	人工	工日	1	20.1	21.9	21.0	19.7	22.0	24.1	27.1	33.0	34.1
2	M7.5 水泥砂浆	m^3	66	(2.00)	(2.00)	(2.00)	(2.00)	(2.00)	(2.00)	(2.00)	(1.30)	—
3	M10 水泥砂浆	m^3	67	(0.09)	(0.09)	(0.07)	(0.07)	(0.05)	(0.13)	(0.12)	(0.12)	—
4	M12.5 水泥砂浆	m^3	68	—	—	—	—	—	—	—	—	(1.30)
5	M15 水泥砂浆	m^3	69	—	—	—	—	—	—	—	—	(0.13)
6	原木	m^3	101	0.011	0.010	0.015	0.012	0.025	—	—	—	0.304
7	锯材	m^3	102	0.049	0.009	0.040	0.016	0.019	—	—	—	0.090
8	钢管	t	191	0.011	0.010	0.006	—	—	—	—	—	—
9	铁钉	kg	653	0.3	0.1	0.2	0.1	0.1	—	—	—	0.5
10	8 ~12 号铁丝	kg	655	1.8	0.3	2.2	1.5	2.4	—	—	—	24.9
11	32.5 级水泥	T	832	0.559	0.559	0.553	0.554	0.548	0.573	0.569	0.383	0.587
12	水	m^3	866	11	11	10	15	15	15	15	15	11
13	中（粗）砂	m^3	899	2.27	2.27	2.25	2.26	2.23	2.32	2.31	1.54	1.49
14	粗料石	m^3	984	9.00	9.00	9.00	9.00	9.00	9.00	9.00	—	—
15	细料石	m^3	985	—	—	—	—	—	—	—	9.20	9.20
16	其他材料费	元	996	5.6	7	4.2	4.5	4.5	11.2	11.2	11.2	2.0
17	30kN 以内单筒慢动卷扬机	台班	1499	—	1.29	—	—	—	—	—	—	0.78
18	小型机具使用费	元	1998	4.2	4.2		4.2	4.2	4.2	4.2	2.8	—
19	基价	元	1999	2581	2712	2586	2451	2585	2639	2785	3424	4212

定额计量单位为 $10m^3$。

$222.24m^3$ = 222.24/10 个定额单位，即 22.224 个定额单位。

M7.5 砂浆浆砌粗料石拱圈的工、料、机消耗量为：

人工：19.7 × 22.224 = 437.81 工日；

原木：0.012 × 22.224 = $0.27m^3$；

锯材：0.016 × 22.224 = $0.36m^3$；

铁钉：0.1 × 22.224 = 2.22kg；

8 ~12 号铁丝：1.5 × 22.224 = 33.34kg；

32.5 级水泥：0.554 × 22.224 = 12.31t；

水：15 × 22.224 = $333.36m^3$；

中(粗)砂:2.26 ×22.224 =50.23m^3;

粗料石:9.0 ×22.224 =200.02m^3;

其他材料费:4.5 ×22.224 =100.01 元;

小型机具使用费:4.2 ×22.224 =93.34 元。

【例 3-3】 定额抽换。

续前例资料,如设计采用 M10 砂浆砌筑,试确定其工、料、机用量。

解: 查《预算定额》第四章第五节砌筑工程说明第一条,其中规定“定额中的 M5、M7.5、M12.5 水泥砂浆为砌筑用砂浆,M10、M15 水泥砂浆为勾缝用砂浆。”再从《预算定额》表[4—5—4—4]中查得,该子目砌筑用砂浆为 M7.5 水泥砂浆,根据总说明第九条规定应予换算。

查《预算定额》附录二中砂浆配合比表(1009 页),见表 3-6。

砂浆配合比表

表 3-6

1m^3 砂浆及水泥浆

序号	项 目	单位	水泥砂浆									
			砂浆强度等级									
			M5	M7.5	M10	M12.5	M15	M20	M25	M30	M35	M40
			1	2	3	4	5	6	7	8	9	10
1	32.5 级水泥	kg	218	266	311	345	393	448	527	612	693	760
2	生石灰	kg	—	—	—	—	—	—	—			
3	中(粗)砂	m^3	1.12	1.09	1.07	1.07	1.07	1.06	1.02	0.99	0.98	0.95

可知:1m^3M7.5 水泥砂浆用32.5 水泥266 kg,中(粗)砂 1.09m^3,1m^3M10 水泥砂浆用32.5 水泥 311kg,中(粗)砂 1.07m^3。

从《预算定额》表[4—5—4—4]中得知:每 10m^3 砌体需砌筑用 M7.5 水泥砂浆用量为 2m^3,则:

每 10m^3 砌体调整水泥用量 =(311 −266) ×2 =90(kg) =0.09t。

每 10m^3 砌体调整中粗砂用量 =(1.07 −1.09) ×2 = −0.04(m^3)。

由于砂浆强度等级的改变只对砌筑砂浆所用的水泥、中粗砂用量有所影响,其他消耗指标不变。因此该例的工、料、机用量为:

人工 437.81(工日),同前例;

原木 0.27(m^3),同前例;

锯材 0.36(m^3),同前例;

铁钉 2.22(kg),同前例;

8 ~12 铁丝 33.34(kg),同前例;

32.5 级水泥(0.554 +0.09) ×22.224 =14.31(t);

中(粗)砂(2.26 −0.04) ×22.224 =49.34(m^3);

粗料石 200.02(m^3),同前列;

其他材料费 100.01(元),同前列;

小型机具使用费 93.34 元,同前列。

【例 3-4】 定额补充。

某河中桥墩挖基工程,施工地面水位深 1m,人工挖基,摇头扒杆卷扬机吊运普通土,确定其预算定额。

解：(1)由《预算定额》目录可知该定额属于第四章第一节第277页,《预算定额》表号为[4—1—2—2]

(2)比较左上角的"工程内容"：

①人工挖土或人工打眼开炸石方；

②装土,石方卷扬机吊运土、石出坑外；

③清理、整平、夯实土质基底,检平石质基底；

④挖排水沟及集水井；

⑤搭拆脚手架,移动摇头扒杆及整修运土、石渣便道；

⑥取土回填、铺平、洒水、夯实。

(3)通过比较应补充抽水(水深1m)及扒杆制作、安装、拆除定额,相关《预算定额》号为：[4—7—31—13]及第四章第一节说明第九条及十一条。

(4)计算：

每挖1 000m^3 定额为：

人工593.8工日;30kN以内单筒慢动卷扬机13.28台班。

钢管独脚摇头扒杆每10t金属设备定额为：

人工56.5工日;原木:5.088m^3;锯材:0.642m^3钢丝绳:0.353t;设备摊销费3600元,30kN以内单筒慢动卷扬机4.20台班,小型机具使用费10.1元。

根据《预算定额》第四章第一节说明第九条及十一条可知:挖基每10m^3 抽水定额为150mm水泵0.11台班。

课题四　公路工程概(预)算定额的主要内容及综合运用

公路工程概预算定额包含的内容很多,要想能充分正确地运用好定额,必须要很好地理解、掌握定额中的规定。下面以《预算定额》为例讲解其各章节的运用。

一、路基、路面工程定额的内容及运用

1. 路基工程定额的运用

1)路基工程章节说明

路基工程分路基土、石方工程,排水工程和软基处理工程三节,均附有说明,下面对特别强调部分给予介绍。

(1)土石方体积计算,除定额中另有说明外,土方挖方按天然密实体积计算,填方按压(夯)实后的体积计算,石方爆破按天然密实体积计算。当以填方压实体积为工程量,采用以天然密实方为计量单位的定额时,所采用的定额应乘以相应系数,第一节说明第8条有系数表。

(2)应由施工组织设计提出并记入填方数量内计算的几种土石方数量：

①清除表土或零填地段的基底压实;耕地填前夯(压)实后,回填至原地面标高所需的土、石方数量。

②因路基沉陷需增加的土石方数量。

③路基因加宽填筑所应增加的土、石方数量。

(3)零填及挖方地段基底压实面积等于路槽底面宽度(m)和长度(m)的乘积。

(4)机械施工土、石方,挖方部分机械无法完成需由人工完成的工程量由施工组织设计确定。其中人工操作部分,按相应定额乘以1.15系数。

2)路基工程定额表

定额表中乘系数及增减定额值调整统计如表3-7。

路基工程定额值调整系数表　　　　表3-7

需要调整定额表号	调整条件及内容	系数及增减量
1—1—1	挖芦苇根使用挖竹根定额时	乘0.73
1—1—6	当采用人工挖,装,机动翻斗车运输时	挖、装人工按第一个20m挖运定额减30工日
1—1—9	挖掘机挖装土方,不需装车时	乘0.87
1—1—10	装载机装土方如需推土机配合推松,集土时	人工,推土机台班的数量按"推土机推运土方"第一个20m定额乘以0.8
1—1—13	采用自行式铲运机铲运土方时	铲运机台班数量乘0.7系数
1—1—14	当采用人工开炸、装车、机动翻斗车运输时	开炸、装车所需的工、料按第一个20m开炸运定额减50工日
	当采用人工开炸、装车、卸车、手扶拖拉机运输时	开炸、装车、卸车所需的工、料按第一个20m开炸运定额计算
1—3—1	袋装沙井处理软土地基定额按砂井直径7cm编制,如砂井直径不同时	按砂井截面积的比例关系调整中(粗)砂的用量,其他不作变动

此外,在使用《预算定额》中定额表[1—1—18、19、21、22]、[1—2—8]、[1—3—6、7、10、12、13]时要注意阅读节说明和表下的注解,以便调整定额。

3)路基工程定额运用例题

【例3-5】 0.6m^{3}挖掘机挖装土方,75kW推土机清理余土。土方工程量为1050m^3,其中部分机械达不到需由人工完成,其工程量为50m^3,土质为普通土。试计算工、料、机用量。

解: 查第一章路基工程第一节说明第3条规定:"机械施工土、石方、挖方部分机械达不到需由人工完成的工程量由施工组织设计确定。其中人工操作部分,按相应定额乘以1.15系数"。则:

(1)机械完成部分工、料、机用量

工程量 = 1 050 - 50 = 1 000m^3。

查《预算定额》表[1—1—9—2]每1 000m^{3}天然密实土的工、料、机消耗指标为:

人工4.5工日。

75kW以内履带式推土机0.72台班。

0.6m^{3}以内单斗挖掘机3.37台班。

(2)人工完成部分的工、料、机用量

工程量 = 50m^3

查《预算定额》表[1—1—6—2]每1 000m^{3}天然密实土的工、料、机消耗指标为:

人工181.1 - 30 = 151.1工日。

50m^{3}需人工:151.1 × 50/1 000 = 7.6工日。

乘以 1.15 系数：

7.6×1.15 = 8.7 工日。

则完成 1 050m^3 普通土需。

人工：4.5 + 8.7 = 13.2 工日。

0.6m^3 以内单斗挖掘机：3.37 台班。

75kW 以内履带式推土机：0.72 台班。

2. 路面工程定额的运用

1）路面工程章节说明和定额调整

路面工程定额分为路面基层及垫层、路面面层和路面附属工程共三节。总说明有七条，要注意第四和第六条的调整。节说明中要注意有关设计配合比与定额标明的配合比不同时的换算、不同温区沥青材料用量调整等。

2）路面工程定额表

定额表中乘系数及增减定额值统计如表 3-8。

路面工程定额值调整系数表

表 3-8

需要调整定额表号	调整条件及内容	系数及增减量
2—1—10 2—2—15	本定额未包括拌和厂场地清理、平整、垫层、碾压、围栏等内容	需要时按有关定额另行计算
2—2—9	沥青上拌下贯式路面的上拌部分实际用量按厚 2～4cm 计算工程量	按有关定额另行计算
	当拌和层与贯入部分不能连续施工，又要短期内通行施工车辆	每 1000m^2 路面增加 1.5 工日、石屑 2.5m^3、6～8t 光轮压路机 0.14 台班
2—2—16	粒料基层洒透层沥青后，不能及时铺筑面层并需开放施工车辆通行时	每 1 000m^2 增加粗砂 0.83m^3、6～8t 光轮压路机 0.12台班；沥青用量乘以 1.1 的系数
2—2—18	本定额未包括混凝土拌和站的安拆费用	需要时按有关定额另行计算
2—3—1	本定额适用于每块整修面积 30m^2 以内	大于 30m^2 者相应人工、机械乘以 0.8 系数，其他不变
2—3—2	挖除的废渣如需远运	另按路基土方运输定额计算
	废渣清除后，底层如需碾压	每 1 000m^2 可增加 15t 以内振动压路机 0.18 台班
2—3—3	本定额挖路槽按全挖编制，当设计为半填半挖时	人工工日乘以 0.8 系数，如需远运时另按路基土、石方运输定额计算
	本定额培路肩的填方数量已计入路基填方内	不得再计填料的开挖、远运费用

3）路面工程定额运用例题

【例 3-6】 某冬五区沥青贯入式面层工程，路面宽 8.5m，铺装长度 10km，设计厚度 6cm，采用石油沥青，采用层铺法施工试求其人工劳动量和总用油量。

解： 查《预算定额》表[2—2—8—3]，定额单位 1 000m^2，根据节说明第九条冬五区沥青路面采用层铺法施工时，其用油量沥青贯入式面层乘1.028系数。

人工：17.7×8.5×10 000/1 000 = 1504.5工日。

石油沥青：6.283×8.5×10 000/1 000×1.028 = 549.01t。

二、隧道、桥涵工程定额的内容及运用

1. 隧道工程定额的运用

1）隧道工程定额的章说明

《预算定额》的隧道工程分为洞身工程、洞门工程、辅助坑道，通风及消防设施安装共四节。章说明共八条，第一节说明十一条，内容繁多，规定了不得另行计算的项目和需要另行计算的，其余节说明较简单。其中要特别注意：

（1）围岩按相关隧道设计、施工技术规范分为六级，即Ⅰ级～Ⅵ级。

（2）洞内工程项目如需采用其他章节的有关项目时，所采用定额的人工工日、机械台班数量及小型机具使用费，应乘1.26的系数。

（3）本定额中凡是按不同隧道长度编制的项目，均只编制到隧道长度在4 000m以内。当隧道长度超过4 000m时，应按本章第一节说明第七条规定计算。

（4）洞内排水定额仅适用于反坡排水的情况，排水量按$10m^3/h$以内编制，超过此排水量时，抽水机台班按系数调整：涌水量在$15m^3/h$以内乘以1.20；涌水量在$20m^3/h$以内乘以1.35的系数。

（5）工程数量计算规则按该章第一节说明第十一条规定执行。

2）隧道工程定额表

定额表中乘系数及增减定额值调整统计如表3-9。

隧道工程定额值调整系数表　　表3-9

需要调整定额表号	调整条件及内容	系数及增减量
3—1—3	连拱隧道中（侧）导洞出渣	套用正洞相应定额
3—1—5	临时钢支撑应根据规定的周转次数编制预算	如由于工程规模或工期限制达不到规定的周转次数时，可按施工组织设计的工程量编制预算，并按规定回收率计算回收金额
3—1—15	对于隧道长度在500m以内的短隧道	不计正洞通风费用
3—4—7	水位电气信号装置未包括水泵房电气控制设备，继电器安装及水泵房至水塔、水箱的管线敷设	

3）隧道工程定额运用例题

【例3-7】 某土质隧道内路面基层采用拖拉机带铧犁拌15cm的二灰碎石，数量为10 000m^2，试确定其工、料、机消耗量。

解：《预算定额》第三章“隧道工程”中无洞内路面的相关定额，章说明规定：“洞内工程项目如需采用其他章节的有关项目时，所采用定额的人工工日，机械台班数量及小型机具使用费应乘以1.26系数”，此时洞内的路面工程可以按此办理。

查《预算定额》[2—1—4—21]，定额的单位为1 000m^2，由此可得：

人工：22.3×10 000/1 000×1.26 = 280.98工日。

生石灰:15.829×10 000/1 000 = 158.29t。

粉煤灰:63.31×10 000/1 000 = 633.1m^3。

碎石:164.89×10 000/1 000 = 1648.9m^3。

设备摊销费:1.6×10 000/1 000×1.26 = 20.16 元。

120kW 以内自行式平地机:0.51×10 000/1 000×1.26 = 6.426 台班。

75kW 以内履带式拖拉机:0.21×10 000/1 000×1.26 = 2.646 台班。

6~8t 钢轮压路机:0.41×10 000/1 000×1.26 = 5.166 台班。

12~15t 钢轮压路机:1.27×10 000/1 000×1.26 = 16.00 台班。

6000L 以内洒水汽车:0.92×10 000/1 000×1.26 = 11.592 台班。

【例 3-8】 某隧道采用型钢支撑,并将钢支撑作为永久性支撑浇筑在混凝土内,已知钢支撑共计 10t,试求工、料、机消耗量。

解: 查《预算定额》[3—1—5—1],根据《预算定额》节说明第四条:格栅钢架和型钢钢架均按永久性支护编制,如作为临时支护使用时,应按规定计取回收。定额中已综合连接钢筋的数量。计算如下:

人工:18.7×10 = 187 工日。

带肋钢筋:0.048×10 = 0.48t。

型钢:0.96×10 = 9.6t。

钢板:0.1×10 = 1.0t。

电焊条:4.1×10 = 41kg。

铁件:15.0×10 = 150kg。

其他材料费:15.7×10 = 157 元。

4t 以内载重汽车:0.53×10 = 5.3 台班。

30kV·A 以内交流电焊机:1.01×10 = 10.1 台班。

小型机具使用费:5.5×10 = 55 元。

2. 桥涵工程定额的运用

桥涵工程预算定额内容包括开挖基坑,筑岛、围堰及沉井工程,打桩工程,灌注桩工程,砌筑工程,现浇混凝土及钢筋混凝土,预制、安装混凝土及钢筋混凝土构件,构件运输,拱盔、支架工程,钢结构工程,杂项工程十一节。

1)桥涵工程章说明

(1)需要注意内容及调整数值的项目有:混凝土工程、钢筋工程、模板工程、设备摊销费。

(2)工程量计算一般规则

①现浇混凝土、预制混凝土、构件安装的工程量为构筑物或预制构件的实际体积,不包括其中空心部分的体积,钢筋混凝土项目工程量不扣除钢筋(钢丝、钢绞线)、预埋件和预留孔道所占的体积。

②构件安装定额中在括号内所列的构件体积数量,表示安装时需要备制的构件数量。

③钢筋工程量为钢筋的设计质量,定额中已记入施工操作损耗。一般钢筋因接长所需增加的钢筋质量已包括在定额中,不得将这部分质量计入钢筋设计质量内。但对于某些特殊的工程,必须在施工现场分段施工采用搭接接长时,其搭接长度的钢筋质量本定额中未计入,应在钢筋的设计质量内计算。

(3)其余各节说明中的规定及运用在此不详列。

2)桥涵工程定额运用例题

【例3-9】 某桥采用在水中工作平台上打桩基础。已知地基上层次为亚黏土8.0m、黏土2.0m、干的固结黄土；打桩工程量10.21m^3，斜桩入土深为12 m，设计规定凿去桩头1.0m，打桩工作平台160m^2。试确定打钢筋混凝土方桩及工作平台的预算定额。

解：根据题意及《预算定额》第四章第三节说明，应按Ⅱ组土计算。查定额[4—3—1—6]，定额单位10m^3。

根据节说明第五条的规定，打斜桩时机械乘1.20系数，人工乘1.08系数。

(1)斜桩：

人工：$23.2\times1.08\times10.21\div10=25.6$工日。

锯材：$0.024\times10.21\div10=0.025m^3$。

钢丝绳：$0.001\times10.21\div10=0.001t$。

其他材料费：$45.4\times10.21\div10=46.4$元。

12t以汽车式起重机：$0.17\times1.20\times10.21\div10=0.208$台班。

1.8t以内柴油机打桩机：$2.18\times1.20\times10.21\div10=2.671$台班。

221kW以内内燃拖轮：$0.6\times1.20\times10.21\div10=0.74$艘班。

200t以内工程驳船：$1.34\times1.20\times10.21\div10=1.642$艘班。

(2)工作平台定额

查《预算定额》[4—3—7—4]，定额单位100m^2。

人工：$51.2\times160/100=81.92$工日。

锯材：$1.466\times160/100=2.35m^3$。

型钢：$0.971\times160/100=1.55t$。

其他材料依次计算，不再详列。

50kV以内单筒慢动卷扬机：$2.42\times160/100=3.87$台班。

32kV·A以内交流电焊机 $2.02\times160/100=3.23$台班。

小型机具使用费：$213.4\times160/100=341.44$元。

三、概(预)算定额其他章节的内容及运用

1. 防护工程定额的运用

防护工程定额未分节，但应注意有些定额需按“桥涵工程”定额套用计算。

【例3-10】 某路有浆砌片石挡土墙5处，其中墙身采用M5浆砌片石560m^3，基础采用M5浆砌片石400m^3，试计算预算工、料、机消耗量。

解：(1)基础部分查定额[5—1—15—5]，单位10m^3。

人工：$8.0\times400/10=320$工日。

32.5级水泥：$0.763\times400/10=30.52t$。

水：$7\times400/10=280m^3$。

中(粗)砂：$3.92\times400/10=156.8m^3$。

黏土：$0.03\times400/10=1.2m^3$。

片石：$11.5\times400/10=460m^3$。

其他材料费：$2.3\times400/10=92$元。

(2)墙身部分查定额[5-1-15-7]，单位10m^3。

人工：12.6 ×560/10 =705.6 工日。

原木：0.03 ×560/10 =1.68m^3。

锯材：0.017 ×560/10 =0.95m^3。

铁钉：0.1 ×560/10 =5.6kg。

8 ~12 号铁丝：2.7 ×560/10 =151.2kg。

32.5 级水泥：0.786 ×560/10 =44.02t。

水：7 ×560/10 =392m^3。

中(粗)砂：3.99 ×560/10 =223.44m^3。

黏土：0.18 ×560/10 =10.08m^3。

片石：11.5 ×560/10 =644m^3。

碎石(8cm)：0.11 ×560/10 =6.16m^3。

其他材料费：3.6 ×560/10 =201.6 元。

(3)整个挡土墙的工、料、机消耗将墙身、基础对应的相加即可。

2. 交通工程及沿线设施定额的内容及运用

本章定额包括安全设施，监控、收费系统，通信系统，供电、照明系统，光缆、电缆敷设，配管、配线及接地工程，绿化工程共七节。在应用过程中大部分定额根据实际工程内容属于直接套用，只有《预算定额》[6—1—5]、[6—1—6]、[6—3—1]、[6—6—7]、[6—7—9]表有调整。

3. 临时工程定额的内容及运用

本章定额包括汽车便道，临时便桥，临时码头，轨道铺设，架设输电、电讯线路，人工夯打小圆木桩共六个项目。在应用过程中大部分定额根据实际工程内容属于直接套用。

4. 材料采集及加工定额的内容及运用

本章中材料计量单位标准，除有特别说明者外，土、黏土、砂、石屑、碎(砾)石土、煤渣、矿渣均按堆方计算；片石、块石、大卵石均按码方计算；料石、盖板石均按实方计算。开炸路基石方的片(块)石如需利用时，应按本章捡清片(块)石项目计算。材料采集及加工定额中，已包括采、筛、洗、堆及加工等操作损耗在内。

5. 材料运输定额的内容及运用

(1)汽车运输项目中因路基不平、土路松软、泥泞、急弯、陡坡而增加的时间，定额内已予考虑。

(2)人力装卸船舶可按人力挑抬运输、手推车运输相应项目定额计算。

(3)所有材料的运输及装卸定额中，均为包括堆、码方工日。

(4)本章定额中未列名称的材料，可按下列规定执行，其中不是以质量计量的应按单位质量进行换算。

① 水按运输沥青、油料定额乘以 0.85 系数计。

② 与碎石运输定额相同的材料有：天然级配、石渣、风化石。

③ 定额中未列的其他材料，一律按水泥运输定额执行。

(5)材料运输定额运用例题

【例 3-11】 试列出下列预算定额。

(1)装载机装、12t 以内自卸汽车运输土，运距 3km。

(2)10t 以内载重汽车运水 3km，计量单位 100t。

解：(1)查《预算定额》[9—1—6—73 +74 ×2]得：

每 $100m^3$:12t 以内自卸汽车:0.51 +0.12 ×2 =0.75 台班。

基价:318 +75 ×2 =468 元。

(2)查《预算定额》[9—1—5—47 +48 ×2],运水的定额按运输沥青、油料定额乘以 0.85 系数得:

10t 以内载重汽车运水 100t:[2.18 +0.08 ×2] ×0.85 =1.99 台班。

基价:[1 031 +38 ×2] ×0.85 =940.95 元。

四、基本定额、材料周转及摊销

1. 基本定额

由于定额是按一般正常合理的施工组织和正常的施工条件编制的,定额中所采用的施工方法和工程质量标准,主要是根据国家现行公路工程施工技术及验收规范、质量评定标准及安全操作规程取定的。因此,使用时不得因具体工程的施工组织、操作方法和材料消耗与定额的规定不同而变更定额。只有在以下几种情况时,才允许对定额中某些项目进行抽换、使定额的使用更符合实际情况。

(1)就地浇筑钢筋混凝土梁用的支架及拱圈用的拱盔、支架,如确因施工安排达不到规定的周转次数时,可根据具体情况进行换算并按规定计算回收。

(2)设计采用的混凝土、砂浆强度等级或水泥强度等级与定额所列强度等级不同时,可按配合比表进行换算。但实际施工配合比材料用量与定额配合比表用量不同时,除配合比表说明中允许换算者外,均不得调整。

《预算定额》附录二基本定额是进行换算时使用的定额,其主要作用是:

①进行定额抽换。当定额需要抽换时,基本定额是抽换的依据。

②分析分项工程或半成品所需人工、材料、机械等消耗量。即当设计中出现定额表中查不到的个别分项工程时,可根据基本定额分析计算该工程所需的工、料、机的数量。

【例 3-12】 试确定预制 2 ~ 15m 双曲拱桥 C30 钢筋混凝土拱肋的预算定额。已知条件为:碎石最大粒径 40mm,32.5 级水泥,人拌人捣现浇混凝土,蒸汽养生(不计蒸汽养生室建筑)。

解: 由《预算定额》目录可知该定额属于第四章第七节第 573 页。

定额编号应为[4—7—22—1];定额单位:$10m^3$ 实体。

(1)预制拱肋混凝土工作如下:

①人工定额确定如下:

由第四章说明一可知:

a. 人拌人捣不必抽换;

b. 蒸汽养生应减人工 1.5 工日,其他材料费 4 元;

c. 蒸汽养生查定额表[4—11—8—2]。

人工定额计算如下(每 $10m^3$ 实体):

$$人工数 =39.8 -1.5 +8.1 =46.4 工日$$

②材料定额确定如下:

a. 由[4—7—22—1]之序号 4 可知,定额表所列为 C25 混凝土,与设计采用混凝土等级(C30)不同时,应按总说明第九条要求进行抽换。

b. 由附录二混凝土配合比表查得每 $1m^3$C30 混凝土(最大碎石粒径为 40mm)需 32.5 级水

泥 377kg，中粗砂 0.46m^3，碎(砾)石 0.83m^3。

c. 由混凝土配合比表注解(2)，如果采用人工捣固时，每 m^3 混凝土应增加水泥用量 25kg。

d. 材料定额抽换计算(每 10m^3 实体)：

锯材 0.575m^3；铁件 11.0kg；铁钉 6.6kg；铁皮 14.0kg。

32.5 级水泥 10.10 × (377 + 25) = 4 060kg = 4.060t。

中(粗)砂 10.10 × 0.46 = 4.646m^3。

40mm 碎石 10.10 × 0.83 = 8.383m^3，水 16m^3。

其他材料费 28.2 − 4.0 + 18.8 = 43 元；小型机具使用费 16.5 元。

③机械定额确定如下：

30kN 以内单筒慢动卷扬机 0.71 台班。

1.0t/h 以内工业锅炉 1.70 台班；小型机具使用费 16.5 元。

(2) 预制拱肋钢筋工作如下：

a. 查定额号应为[4—7—22—6]及第四章说明二。

b. 计算：(定额单位每 1t 钢筋) 人工 7.2 工日。

I 级钢筋 0.180t；带肋钢筋 0.845t；电焊条 3.1kg；20 ~ 22 号铁丝 3.2kg；30kV · A 交流电焊机 0.58 台班；小型机具使用费 19.2 元。

(3) 基价调整(略)。

2. 材料的周转及摊销

工程建设中，施工上除了使用直接性消耗的材料外，还使用另一类周转性材料。周转性材料是指在施工过程中，不是一次性消耗的材料，并在使用过程中不断补充、修理、重复使用多次的一类材料。

材料的周转及摊销是《预算定额》的附录三，它规定了各种周转性材料(模板、拱盔、支架等)在施工中合理使用的周转或摊销次数。其作用主要是：

(1) 规定各种周转性材料的周转或摊销次数。

(2) 对达不到规定周转次数的材料定额进行抽换。

《预算定额》总说明第八条规定："本定额中周转性材料、模板、支撑、脚手架和挡土板等的数量，已考虑了材料的正常周转次数并计入定额内。其中就地浇筑钢筋混凝土梁用的支架及拱盔、支架，如确因施工安排达不到规定的周转次数时，可根据具体情况进行换算并按规定计算回收，其余工程一般不予抽换"。

周转性材料的定额用量按式(3-1)计算：

$$\text{周转性材料定额用量} = \frac{\text{图纸一次使用量} \times (1 + \text{场内运输及操作损耗})}{\text{周转次数(或摊销次数)}} \tag{3-1}$$

对于达不到规定周转次数的周转性材料，其用量按式(3-2)计算：

$$\text{实际定额用量} = \frac{\text{规定周转次数}}{\text{实际周转次数}} \times \text{规定定额用量} \tag{3-2}$$

【例 3-13】 某 2 孔跨径 20m 石拱桥，制备 1 孔木拱盔(满堂式)，试确定其实际周转次数的周转性材料预算定额。

解： 查《预算定额》，确定定额编号为：[4—9—2—2]。

每 10m^2 立面积周转性材料定额值为：

原木：0.471m^3，锯材：1.625m^3，铁件：41.8kg，铁钉：1.1kg。

由《预算定额》附录三“材料周转及摊销”定额查得拱盔的规定周转次数为：

木料:5 次;铁件:5 次;铁钉:4 次。

材料实际周转次数为:2 次(两孔)。

周转性材料实际周转次数的定额用量为:

原木:$0.471 \times 5 \div 2 = 1.178\text{m}^3$。

锯材:$1.625 \times 5 \div 2 = 4.063\text{m}^3$。

铁件:$41.8 \times 5 \div 2 = 104.5\text{kg}$。

铁钉:$1.1 \times 4 \div 2 = 2.2\text{kg}$。

材料回收按《编制办法》第三章第五节的规定计算(略)。

课题五　机械台班费用定额

一、概述

《公路工程机械台班费用定额》(JTG/B06-03—2007)是编制公路基本建设工程概、预算,确定机械台班预算价格,进行经济核算和结算的依据。

1. 机械台班定额中机械分类

按机械的作业对象划分为十一类 746 个子目:(1)土、石方工程机械(2)路面工程机械(3)混凝土及灰浆机械(4)水平运输机械(5)起重及垂直运输机械(6)打桩、钻孔机械(7)泵类机械(8)金属、木、石加工机械(9)动力机械(10)工程船舶(11)其他机械。

2. 台班费用定额表

台班费用定额表是《公路工程机械台班费用定额》(JTG/B06-03—2007)的主要组成部分。它是按机械分类编制的,共分十一大类,每一大类又根据机械的规格分为若干子目。台班费用定额表的组成为:序号、代号、机械名称、主机型号、不变费用、可变费用、定额基价、表名共八项。

3. 机械台班费用定额的费用组成

机械台班费用由不变费用和可变费用两大项组成。

1)不变费用

它是指除青海、新疆、西藏等边远地区外,其费用不能改变,即应直接采用的费用。至于边远地区的维修工资、配件材料等价差较大而需调整不变费用时,可根据具体情况,由省、自治区交通厅制定系数并报交通部公路司备案后执行。

(1)折旧费:指施工机械在规定的使用期限内陆续收回其原值的费用。

(2)大修理费:指施工机械按规定的大修间隔必须进行大修理,以恢复其正常功能所需的费用。

(3)经常修理费:指机械设备除大修理以外的各级保养(包括一、二、三级保养)及为排除临时故障所需的费用;为保障机械正常运转所需替换设备、随机使用工具、附具摊销和维护的费用;机械运转与日常保养所需的润滑油脂、擦拭材料(布及棉纱等)费用和机械在规定年工作台班以外的维护、保养费用等。

(4)安装拆卸及辅助设施费:指机械在施工现场进行安装、拆卸所需的人工费、材料费、机械费、试运转费以及安装所需的辅助设施费。辅助设施费包括安置机械的基础、底座及固定锚桩等项费用。打桩、钻孔机械在施工过程中的过墩,移位等所发生的安装及拆卸费包括在工程项目费之内,稳定土厂拌设备、沥青乳化设备、黑色粒料拌和机、沥青混合料拌和设备、混凝土搅拌站(楼)、塔式起重机、施工电梯的安装、拆卸以及拌和设备、混凝土搅拌站(楼)、大型发电机的混凝土基础、沉淀池、散热池等辅助设施和机械操作所需的轨道、工作台的设置费用,不在此项费用内,在工程项目中另行计算。

2)可变费用

可变费用是指其费用随当地物价水平变化的费用。可变费用的计算是查出《机械台班费用定额》中规定的机械的一个台班所消耗的各种资源的数量标准,然后乘以相应的单价。由于各地的物价水平不同,所以计算的费用也不同。构成不变费用的项目有人工费、动力燃料费、养路费及车船使用税等。

(1)人工费。指随机操作人员的工作日工资(包括基本工资、各类津贴、补贴、辅助工资、劳动保护以及各类保险和住房公积金)。

(2)动力燃料费。指机械在运转施工作业中所耗用的电力、固体燃料(煤、木材)、液体燃料(汽油、柴油、重油)和水等。

(3)养路费及车船使用税。指按国家规定应缴纳的机械养路费和车船使用税等。

编制机械台班单价时,随机操作人员数及动力物资消耗量应以本定额中的数值为准。工资标准按现行《编制办法》的规定执行。工程船舶和潜水设备的工日单价,按当地有关部门规定计算。动力燃料费按当地的工地预算价格计算。养路费及车船使用税,如需缴纳时,应根据各省、自治区、直辖市及国务院有关部门的规定标准,按机械的年工作台班计入台班费中。

机械台班费用定额中各类机械(除潜水设备、变压器和配电设备外)每台(艘)班均按8小时计算,潜水设备每台班均按6h计算,变压器和配电设备每昼夜按一个台班计算。机械自管理部门至工地或某一工地至另一工地的运杂费,不包括在本定额中。加油及油料过滤的损耗和由变电设备至机械之间的输电线路电力损失,均已包括在本定额中。

4. 基价

基价是不变费用和可变用的合计数,仅供参考比较之用,不作为编制公路工程基本建设项目概算、预算的依据。不变费用是按定额规定编制的,可变费用中的人工费,动力燃料费按下表3-10的预算价格计算。

可变费用预算价格 3-10

项目	工资(工日)	汽油(kg)	柴油(kg)	重油(kg)	煤(kg)	电(kW·h)	水(m^3)	木材(kg)
预算价格(元)	49.20	5.20	4.90	2.80	0.265	0.55	0.5	0.49

5. 机械台班定额的主要用途

(1)分析计算台班单价:即按《预算定额》总说明第十四条的规定编制预算的台班单价时,应按该定额分析计算。

(2)计算台班消耗的人工、燃料、水和电等实物量。编制施工组织设计,需要统计人工、材料、机械的实物量,以确保劳动力和材料等的供应。有关机械所消耗的各种物资的实物量,要根据本定额分析计算确定。

(3)某些省、市或地方,可按当地交通厅的规定,直接引用定额中的基价作为台班单价来编制预算。

(4)公路工程养护大、中修工程,可参考使用本定额。

二、机械台班费用定额运用示例

【例 3-14】 四川省境内某公路路基土石方工程中,用湿地推土机(105kW)集土,试确定推土机的台班单价。已知该地区人工单价为 40 元/工日,柴油 5.0 元/kg。

解: 机械台班单价应根据《公路工程机械台班费用定额》(JTG/T B06- 03—2007)确定:

机械的台班单价 = 不变费用 + 可变费用。

查《公路工程机械台班费用定额》(JTG/T B06- 03—2007)的土、石方工程机械 105kW 推土机(代号 1010)得:

不变费用小计 = 328.86 元。

可变费用 = 人工费 + 燃料动力费 = 2 × 40 + 76.52 × 5.0 = 462.6 元。

故 105 kW 推土机的台班单价 = 328.86 + 462.6 = 791.46 元/台班(与定额基价为 802.21 元不同时,就是人工和柴油的地区价格差异形成的)。

【例 3-15】 接上题,若需 105kW 内履带式推土机 218.5 台班,试确定其消耗的实物数量。

解: 人工:2 × 218.5 = 437 工日。

柴油:76.52 × 218.5 = 16 719.62kg。

思考题

1. 定额的定义是什么?
2. 概算定额与预算定额有何区别?
3. 定额有何作用?
4. 定额按生产要素分类有哪几种?
5. 公路工程定额按用途分为哪几类?
6. 基本定额有何作用?
7. 定额运用要注意哪些问题?
8. 举例说明定额中单位与工程数量单位不同时如何调整?
9. 机械台班单价由哪些费用构成?
10. 机械台班费用定额有何用途?
11. 材料周转及摊销定额有何作用?

单元四　公路工程施工组织设计

知识点

1. 阐述施工组织设计原则、分类及文件组成；
2. 阐述施工组织设计及概(预)算调查资料的内容和调查方法；
3. 阐述施工方案确定的原则依据；
4. 阐述施工进度图、施工进度计划的编制方法。

技能点

1. 进行施工方法和方案的选择；
2. 具备编制施工组织设计的能力；
3. 阅读公路和桥梁工程实施性施工组织设计文件。

课题一　施工组织设计概述

在公路工程设计和施工各个阶段，必须编制相应的施工组织设计文件，包括："施工方案"、"修正施工方案"、"施工组织计划"、"施工组织设计"。

一、编制施工组织设计的基本原则

1. 严格执行基本建设程序和施工程序

要严格遵守合同签订的或上级下达的施工期限，按照基本建设程序和施工程序的要求，保质保量完成施工任务。对工期较长的大型工程项目，可根据施工情况，合理组织力量，确保重点、分期分批进行安排。

2. 科学安排施工顺序

按照公路工程施工的客观规律安排施工程序，将整个项目划分为几个阶段，例如施工准备、基础工程、主体结构工程、路面工程、附属结构物工程等。各个施工阶段之间要合理搭接、衔接紧凑，在保证质量的基础上，尽可能缩短工期，加快建设速度。

3. 采用先进的施工技术和设备

在条件允许的情况下，尽可能采用先进的施工技术和设备，不断提高施工机械化、预制装配化程度，减轻劳动强度，提高劳动生产率。

4. 应用科学的计划方法制定最合理的施工组织方案

根据工程特点和工期要求，因地制宜地组织施工，尽可能采用流水作业组织方法，组织连续、均衡且有节奏的施工，保证人力、物力充分发挥作用。对于复杂的工程，应用网络计划技术找出最佳的施工组织方案。

5. 落实季节性施工的措施，确保全年连续施工

恰当地安排冬、雨季施工项目，增加全年连续施工日数，应把那些确有必要而又不因冬、雨

季施工而带来技术复杂和造价提高的工程列入冬、雨季施工，全面平衡人工、材料的需用量，提高施工的均衡性。

6. 确保工程质量和施工安全

贯彻施工技术规范、操作规程，提出确保工程质量的技术措施和施工安全措施，尤其是在采用国内外先进的新技术、新材料、新工艺时更应注意。

7. 节约基建费用，降低工程成本

合理布置施工平面图，节约施工用地；充分利用已有设施，尽量减少临时性设施费用；尽量利用当地资源，减少物资运输量；尽量避免材料二次搬运，正确选择运输工具，以节约能源，降低运输成本，提高经济效益。

二、施工组织设计的分类与文件组成

公路工程在设计和施工阶段，都必须编制相应的施工组织设计文件。一般来说，有设计阶段的施工组织设计文件（由设计部门在设计阶段编制）和施工阶段的施工组织设计文件（由施工单位在施工准备阶段编制），如果一项工程的建设工期很长，还应编年度施工组织设计。具体地讲，就是在初步设计阶段拟定施工方案，在技术设计阶段提出修正的施工方案，在施工图设计阶段编制施工组织计划，在施工阶段编制实施性施工组织设计。

1. 施工方案

两阶段和三阶段初步设计中的施工组织设计文件统称为施工方案。

施工方案一般由下列内容组成：

(1)施工方案说明。是对施工方案编制的主要问题进行说明，该说明列入初步设计的总说明书中，其主要内容是：

①概况。

②贯彻国家有关方针政策的说明。

③施工力量、施工组织、施工方法和施工期限的安排。

④主要工程和控制工期及特殊工程的施工方案与措施。

⑤主要材料的供应，机具、设备的配备及临时工程的安排。

⑥下一阶段应解决的问题及注意事项。

(2)主要图表。

①工程概略进度图。根据劳动力、施工期限、施工条件以及施工方案按年和季进行概略安排，列出工程项目单位、数量，按年和季度表示出工程施工起止时间、机动时间、衔接时间等。

②人工、主要材料及机具、设备安排表。列出名称、单位、数量、需要量等（可分上半年、下半年编制）。

③临时工程一览表。列出工程名称（便桥、便道、预制场、电力及电讯线等）、地点或桩号、工程项目及数量等。

④公路临时用地表。列出位置或桩号、工程名称、隶属（县、乡、个人）、长度、宽度、土地类别及数量等。

2. 修正施工方案

采用三阶段设计的工程，在技术设计阶段应提出修正的施工方案。修正施工方案是根据初步设计的审批意见和需要进一步解决的问题而进行编制的。它是技术设计的组成部分，是为编制修正概算提供依据的。

3. 施工组织计划

不论采用几阶段设计,在施工图设计阶段都应编制施工组织计划,并列入施工图设计文件中。

施工组织计划的内容包括:

(1)说明。施工组织计划在施工图设计中,是作为一篇单独编列,说明应在这一篇的开头。其主要内容包括:

①初步设计(或技术设计)批复意见执行情况。

②贯彻国家方针政策及采用先进技术情况。

③施工组织、施工期限、主要工程的施工方法、工期、进度及措施。

④劳动力计划及主要施工机具的使用安排。

⑤主要材料供应、运输方案及临时工程的安排。

⑥对缺水、风沙、高原、严寒等地区以及冬季、雨季施工所采取的措施。

⑦对高速公路和一级公路的交通工程及沿线设施施工协调和分期实施有关问题的说明。

⑧施工准备工作的意见,如拆迁、用地、修便道、便桥、临时房屋、架设临时电力、电讯设施等。

⑨有关文件、协议的抄件或复印件。

(2)施工组织计划图表。包括:

①工程进度图(包括劳动力计划安排)。

②主要材料计划表(包括型号、规格、数量)。

③主要施工机具、设备计划表。

④临时工程数量表(包括便道、便桥、预制场、施工场地、电力及电讯线等)。

⑤公路临时用地表。

⑥技术组织措施计划表。

⑦施工平面图设计。

⑧重点工程施工进度图。

4. 实施性施工组织设计

在施工准备阶段,由施工单位编制的施工组织设计称为实施性施工组织设计。这时,施工图设计已获批准,所有施工原则和方案已确定,施工条件明确。因此,这一阶段的施工组织设计十分具体,对各分项工程、各工序和各施工队都要进行施工进度的日程安排和具体操作的设计。

实施性施工组织设计文件可进一步分为施工组织总设计及分部(或分项)工程施工组织设计。

实施性施工组织设计的组成内容是:

(1)施工组织设计的文字说明。包括:

①设备、人员动员周期和设备、人员、材料运到施工现场的方法。

②主要工程项目的施工方案、施工方法。

③各分项工程的施工顺序。

④确保工程质量和工期的措施。

⑤重点(关键)和难点工程的施工方案、方法及其措施。

⑥冬季和雨季的施工安排。

⑦质量、安全保证体系。
⑧其他应说明的事项。
(2)分项工程进度率计划(斜率图)。
(3)工程管理曲线。
(4)施工总平面布置图。
(5)主要分项工程施工工艺框图。
需绘制施工工艺框图的分项工程:
①路基填筑施工(包括各类特殊路基处理)。
②路面底基层、基层施工。
③路面面层施工(图4-1为滑模摊铺水泥混凝土路面施工工艺框图)。

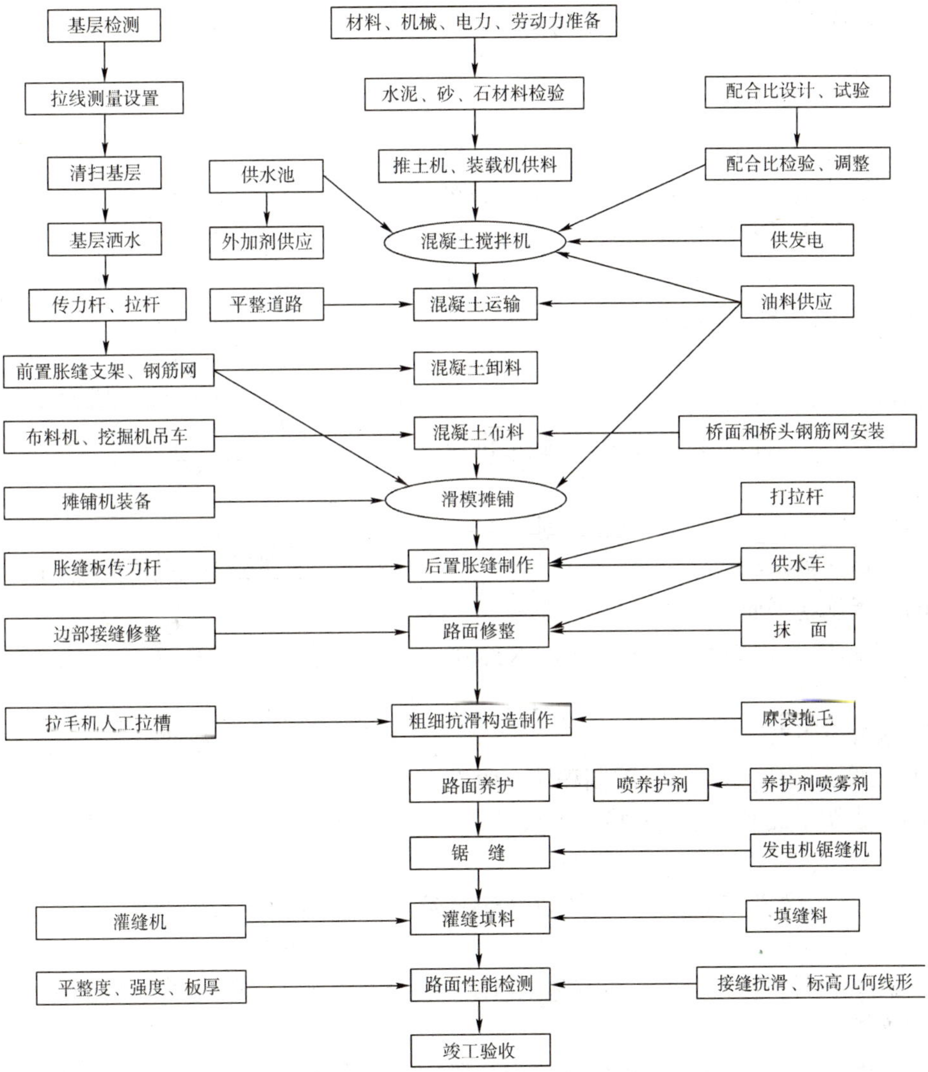

图4-1　滑模摊铺水泥混凝土路面施工工艺框图

④桥梁钻孔桩施工。
⑤先张法预应力梁施工。

⑥后张法预应力梁施工。

⑦空心板梁施工(或连续箱梁,或T形梁,视项目所含桥梁而定)。

⑧桥梁安装施工。

⑨隧道(如有)施工方案。

⑩安全设施施工方案。

上述各项内容,应根据实际工程分项情况填写。

(6)分项工程生产率和施工周期表。

(7)施工总体计划表。

三、编制施工组织设计的依据和程序

施工组织设计是设计文件规定必须具备的内容之一,同时也是实施和指导施工的依据。其编制依据就是各类调查资料、设计工程量以及施工设计规范、工期要求等。

编制施工组织设计要遵守一定的程序,要根据工程的实际情况,遵守公路工程施工生产的客观规律,处理和协调好各相关因素的关系,用科学的方法进行编制。一般的编制程序如下:

(1)分析设计资料,选择施工方案和施工方法。

(2)编制工程进度图。

(3)计算人工、材料、机具需要量,制定供应计划。

(4)临时工程、供水、供电、供热计划。

(5)工地运输组织。

(6)布置施工平面图。

(7)编制技术措施计划与计算技术经济指标。

(8)编写说明书。

不同的施工组织设计阶段,编制程序有所不同。图4-2表明了编制程序间的相互关系。

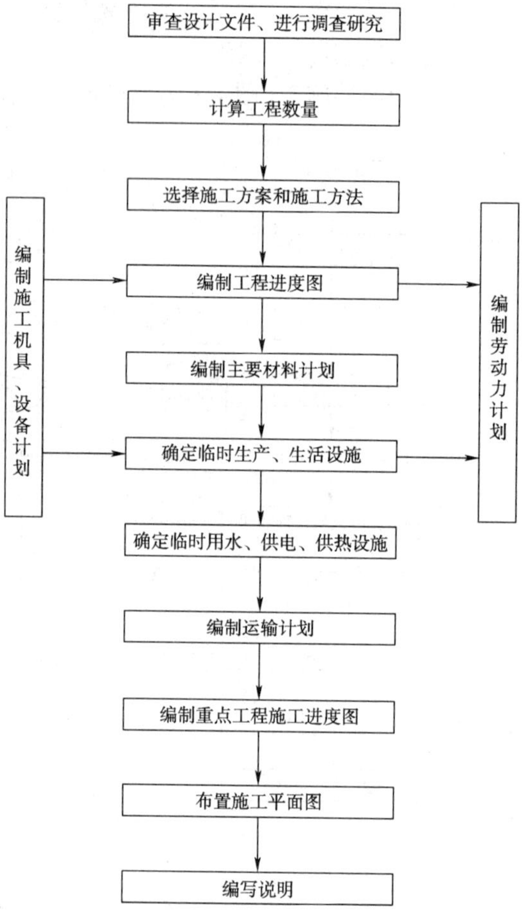

图4-2 施工组织设计的编制程序

课题二 公路施工组织及概(预)算资料调查

施工组织设计调查是指为了搞好施工组织和编制施工组织设计文件进行的勘察、收集和研究相关资料的活动。

在公路建设活动中,施工组织设计调查与概(预)算资料调查一般都是同时进行的,且调查资料可以相互利用。

编制设计阶段施工组织设计文件的调查活动,是在勘察设计阶段,由勘察设计单位组织"调查组"或"内业组"负责进行的;编制施工阶段施工组织设计文件的调查工作,是在投标前或施工准备阶段,由投标单位或施工承包单位组成的调查组,结合招标文件及所签合同进行现场实地勘察或复核定线工作进行的。勘察设计阶段所进行的调查,具有勘察、调查的性质;而在施工阶段所进行的调查,则具有复查和补充的性质,且更加详细,但两者在内容和方法上,基本上是一样的。

调查组一般由负责施工组织设计和编制工程概(预)算的工程师1人,技术员1人以及测量工2~3人组成。调查组应备有各种调查记录表格、各种拟好的空白协议书以及皮尺、测杆等测量工具。

调查方法,主要采取现场勘测、询访、座谈、函调等方式进行。

调查工作一般与概(预)算资料调查工作结合在一起进行,主要包括现场勘察和收集资料两个方面。

一、勘察

所谓勘察是指对施工现场的勘察,在设计阶段是在外业勘测中由勘测队的调查组来完成的;在施工阶段是在开工前组成专门的调查组完成。勘察的对象主要是路线、桥位、大型土石方地段、材料采集加工场地等处。勘察的主要内容有:

1. 施工现场及沿线的地形地貌

对于公路沿线大、中型桥位,附属加工场等施工现场,应结合勘察测绘平面图,并进行定性地描述。

2. 施工现场的地上障碍及地下埋设物

对于需要拆迁地上障碍物以及地下埋设的管线、文物等,除在勘测中进行实地调查外,还应在施工前由施工单位去现场进行复查,并办理有关手续。近年来,由于地下埋设物不易发现,时有在施工过程中挖断光缆事件发生,给国家和单位造成巨大经济损失,因此,应把地下埋设物调查作为重点。

3. 其他必须去现场实地勘察的事项

二、施工组织资料的收集

施工组织调查收集资料的基本要求是:座谈有纪要、协商有协议,有文件规定的要索取书面资料,资料要确实可靠、手续齐全、符合法律要求。一般调查需收集以下资料:

1. 施工单位和施工组织方式

在勘察阶段,如可行性研究未明确施工单位,则应向建设单位调查落实施工单位,并明确是专业队伍施工还是民工建勤施工。无论何种施工组织设计,均应事先考察施工单位的施工能力(即可投入的人力、机械、设备及其他施工手段)。对实行招标、投标的工程,在设计阶段一般不能明确施工单位,设计单位应从设计角度出发,提出最为合理的意见,作为编制概(预)算的依据。

2. 气象资料

在勘测中或施工前应与工程所在地气象部门联系,抄录工程所在地的气温、季风、雨量、积雪、冻深、雨季等有关资料。

3. 水文地质资料

可向工程所在地的水文地质部门或向本调查队的桥涵组、地质组抄录以下内容:

(1)地质构造、土质类别、地基土承载能力、地震等级。

(2)地下水位、水量、水质、洪水位。

4. 技术经济情况

(1)施工现场(沿线)附近可以利用的场地,可供租用或支援的房屋情况,在勘测中或施工前,通过调查并与地方主管部门(如乡政府等)签订协议,解决施工期间食宿办公等用房,协议书中的明细表如表4-1所示。

沿线可利用房屋调查表

表4-1

桩号	距路线		所属乡区	村名	可利用房屋		租金	说明
	左	右			间数	面积		

(2)对工程所需的外购材料应按表4-2所列项目详细调查,并填写“调查证明”,提供材料单位要盖章证明。

筑路材料调查表

表4-2

材料名称	规格	单位	单价	供应地点	可供应量	运输情况	备注

(3)自采加工材料的料场、加工场位置、供应数量、运距等情况。

(4)当地能够雇用或支援建设的劳动力数量以及技术水平。

5. 运输情况

关于材料运输方面,除应分别了解施工单位自办运输及当地可提供的运力(指可能参加施工运输的运力,包括汽车、拖拉机、兽力车等)状况外,还应对筑路材料的运输途径、转运情况、运杂费标准等进行调查,调查项目参照表4-3。

施工运输情况调查表

表4-3

车辆种类	台数	出车单位	运价	备注

除车辆调查外,还应对施工便道情况进行调查。

6. 供水、供电、通讯情况

了解施工用水水源、供水量、水压、输水管道长度等情况,了解供电线路的电容量、电压、可供施工用的用电量及接线位置,以及对临时供电线路和变电设备的要求等。对于供电,应与当地电业部门签订用电协议书。通过调查确定施工动力类别的构成。

7. 生活供应与其他

了解粮、煤、副食品等供应资料,既可对施工总体部署做到心中有数,并以此对施工过程进行空间组织和时间组织,同时也是确定施工方案、选择施工方法的重要依据。总之,施工组织调查是施工组织设计的基础工作,对工程施工的经济效益具有重大影响。

三、概(预)算资料调查

在公路勘测阶段和施工之前,必须根据现行《编制办法》所规定的要求,进行概(预)算资料的调查工作。这一工作一般由勘测队的调查组来完成,也可以由内业组派专人完成。各项调查的内容与要求是:

1. 当地政府和职能机构的补充规定和相关文件

收集各省、自治区、直辖市交通厅(局)颁发的《编制办法》补充规定、补充定额,发改委、国土厅、物价局等机关发布的与公路建设有关的地方性文件。如其他直接费与间接费,在勘测阶段应按《编制办法》的有关规定进行调查,特别是各省、自治区、直辖市根据施工企业组成情况另有规定的,均应取得证明;再如其他费用与预留费,在勘测阶段按《编制办法》的有关规定进行调查,除交通部的统一规定外,各省、自治区、直辖市制定颁发的各种补充规定均应仔细调查,取得依据。

2. 施工组织方式和劳动力、工资标准调查

劳动力指现场当地可能招聘的工人及其他人员的人数以及当地工资标准和劳务费用;工资标准应向工程所在地政府主管部门调查,包括公路建筑生产工人标准工资地区类别以及各种工资性补贴标准(粮差、肉菜补贴、地区补助工资、林(边)区津贴、民工建勤补助等)。若为民工建勤施工,则应向当地交通部门调查民工补助标准及有关津贴和费用标准。

3. 筑路材料

外购材料或自采加工材料来源、生产量等,调查如前述。材料供应价应向当地公路(交通)工程定额站进行调查或到当地供应市场调查。

4. 运输费率

了解当地所在省、自治区、直辖市规定的“汽车运价规则实施细则”,还应调查运价、装卸费、其他杂费以及运输路线的路况等。

5. 占地补偿

修建公路要永久或临时占用土地,应按国家规定计算土地补偿费、菜田建设费、安置补助费等。为此,必须实地丈量占地数量并仔细调查土地类别以及各项有关补偿方面的资料。具体补偿规定详见《国家建设征用土地条例》及各省、市、自治区为贯彻该条例所公布的各项具体规定。

6. 拆迁补偿

按公路用地范围,实地测量并确定需拆除的各种建筑物(如房屋、水井、坟墓等),然后再与建筑物的所有者根据有关规定洽商补偿金额,并签订协议书。

对于必须拆迁的电力、电讯设备,应由电力、电讯部门与测设单位共同在现场查实,由电力、电讯部门提出迁移费用预算,列入公路概(预)算文件,并签订协议书。

7. 路线交叉调查

当公路与铁路、水利设施发生交通干扰时,应会同有关单位协商解决方案,所发生的工程费用可由被干扰一方提出预算,或由测设单位根据协商方案计算费用,列入公路概(预)算文件,并应签订协议书。关于公路与公路、公路与大车道等交叉,则只填调查表,不必签订协议书。

8. 沿线可利用的房屋、建筑设施及社会环境服务条件调查

调查落实施工期间可用作临时生产、办公用房及生产用房的建筑面积、租用费、修缮费以及生活用水情况,并签订合同,明确费用支付办法。

调查工程沿线附近居民住宅、城镇的学校、医院、旅馆、消防队、公安、当地行政机关、市场、车站、港口码头等各种设施在施工中可能充分利用的情况,以及当地社会环境和服务水准状况。

9. 供水、供电

调查确定施工用水和生活用水的水源、供水量、供水方式、输水管道长度。若使用城镇自

来水,应调查所需费用并签订协议。如需架设临时电力、电讯线路,应向电力、电讯部门协商原有线路的电杆可否利用和加挂要求,并需调查供电电源、电量及电费标准,并签订协议书。

10. 设备、工具、器具及家具购置费

指公路营运、服务、管理、养护等需购置的设备、工具、器具及家具,调查其规格、售价与运杂费。

11. 协议书、合同书

各项调查资料应清楚、完善、真实、可靠,与地方及有关部门的座谈纪要、协议书、调查证明、合同书等均应齐全。

另外,施工阶段调查时,还应了解当地民风民俗、村规民约等情况,以便组织施工管理和职工教育,从而确保与地方关系和睦和文明施工。

课题三 施工方案

施工方案是指对工程施工所做的总体设想和安排。选择施工方案是各类施工组织设计中最首要的问题,是决定整个工程全局的关键。一般在初步设计阶段施工方案就确定下来了,但在施工图设计中还要在初步设计施工方案的基础上,根据批准机关的审查意见,重新提出一个更具有可行性的施工方案,作为编制施工组织计划的先决条件。

选择和制订施工方案,首先要考虑其是否可行,同时还要考虑到技术先进性、经济合理性、施工安全性。所谓可行是指施工方案能从实际出发,符合当前实际情况,有实现的可能性;技术先进是指能有效地采用新技术、新方法、新工艺、新材料,从而提高工效,缩短工期、保证施工质量;经济合理性是指尽可能地采用降低施工费用的一切正当和有效的措施,挖掘施工潜力,使施工费用降至最低;施工安全性则是指施工方案符合安全规程,有保证安全施工的技术措施。以上几点在选择和制定施工方案时应全面考虑,互相权衡。

施工方案所包括的内容很多,概括起来主要有以下四个方面:

(1)施工方法的确定。

(2)施工机械的选配。

(3)施工作业顺序的安排。

(4)施工作业的组织方法。

前两项属于施工方案的技术内容,后两项属于施工方案的组织内容。施工作业的组织方法在单元二已讲述,现仅将前三个方面的内容介绍如下。

一、施工方法的确定

施工方法是施工方案中的核心内容,它对工程的实施具有决定性的作用。由于在施工过程中,可采用的施工方法多种多样,而每种方法又都有其各自的优点和缺点,为此,选择适合于本工程的施工方法,以达到降低工程成本,提高作业生产效率的目的,就成为一个首要的任务。

选择施工方法的依据主要是:

(1)工程特点。主要指工程项目的规模、构造、工艺、技术要求等方面的特点。

(2)工期要求。明确本工程的总工期或分部工程的工期是属于紧迫、正常、充裕三种情况中的哪一种。

(3)施工组织条件。主要指气候等自然条件,施工单位的技术水平和管理水平,所需设备、材料、资金等供应的可能性。

二、施工机械的选配

在确定施工方法的同时,必然要考虑到施工机械的选配。随着现代化施工程度的提高,机械化施工将逐步代替繁重的体力作业。因此,从众多的机械设备中选择适合于本工程的施工机械,是制订施工方案时需要解决的又一个重要问题。

施工机械选择的原则:

(1)只能在现有的或可能获得的机械中进行选择。尽管某种机械在各方面都是适合的,或对工期的缩短、人力的节省很有利,但如不能得到,就不能作为一个供选择的方案。

(2)从施工条件考虑选择的机械类型应与之相符。施工条件指施工场地的地质、地形、工程量大小和施工进度等,特别是工程量和施工进度,是合理选择机械的重要依据。

(3)固定资产损耗费与运行费是否经济。固定资产损耗费与施工机械的投资成正比;而机械的运行费可视为与完成的施工量成正比的费用,它是选择施工机械必须考虑的一项原则,因此大型工程选用大型机械是经济的。施工机械的经济选择基础是施工单价,故必须权衡机械费与工程量的关系。通常施工机械的容量越大,其施工单价越便宜。如果只使用大型施工机械的部分容量,倒不如最大限度地发挥中小型机械的容量,在许多情况下这样更经济。

(4)施工机械的合理组合。合理组合一是指主机与辅助机械在台数和生产能力上的互相适应;二是指作业线上的各种机械互相配套的组合。

(5)从全局出发统筹考虑选择施工机械。全局出发就是不仅考虑本项工程,而且要考虑所承担的同一现场上的其他工程的施工机械使用。

三、施工顺序的安排

根据施工规律来确定施工顺序。应遵循和考虑以下几点要求:

(1)必须符合工艺要求。公路工程项目各施工过程之间存在一定的工艺顺序关系,例如钻孔后必须尽快地灌注水下混凝土,否则就会产生塌孔现象,所以两道工序必须紧密衔接。

(2)必须使施工顺序与施工方法、施工机具协调一致。例如,现浇钢筋混凝土上部构造的施工顺序与采用架桥机进行施工的顺序显然不相同,因此,施工方法不同,所采用的机具设备也不同,其施工顺序就不会相同。

(3)必须考虑施工质量的要求。在安排施工顺序时,要以确保施工质量为前提条件,如影响工程质量时,要重新确定施工顺序或采取必要的技术措施。

(4)必须考虑水文、地质、气候的影响。在确定施工顺序的同时,应充分考虑到洪水、雨季、冬季、不良地质区域等因素的影响。有的因素对施工顺序的安排起着决定作用,如桥梁下部工程一般应安排在汛前或汛后完成。

(5)必须考虑影响全局关键工程的合理施工顺序。如路线工程中某大桥、某隧道、某深路堑,若不在前期完工,将导致其他工程不能如期施工(如无法运输材料、机具或工期太长等),此时应集中力量攻克关键工程。

(6)必须遵循合理组织施工过程的基本原则。即符合施工过程的连续性、协调性、均衡性和经济性。尽量安排流水或部分流水作业,以便充分发挥劳动力和机具的效果;尽量减少工人和机械的停歇时间,以便加快进度;尽量减少或避免各作业之间的相互干扰,以保证施工作业的顺利进行。

(7)必须考虑安全生产作业的要求。

课题四　施工进度图的编制

一、施工进度图的作用、类型与编制依据

1. 施工进度图的作用

施工进度图主要用于施工进度计划编制，反映施工进度情况。而施工进度计划是控制工程施工进度和工程竣工期限等各项施工活动的依据，施工组织工作中的其他有关问题都要服从进度计划的要求，如计划部门提出月、旬作业计划，平衡劳动力计划；材料部门调配材料、构件；设备部门安排施工机械的调度；财务部门的用款计划等均须以施工进度为基础。

2. 施工进度图的类型

1)按施工进度图的形式分类

(1)横线式施工进度图(或称横道图)

横线式施工进度图(图4-3)是以时间为横坐标，以各分项工程或施工工序为纵坐标，按一定的先后施工顺序和工艺流程，用带时间比例的水平横道线表示对应项目或工序持续时间的施工进度计划图。

序号	工程项目	单位	数量	定额	劳动量(工日)	工期 开始	工期 结束	每班平均人数	工作日(d)
1	施工准备				178	4.1	4.10	23	8
2	采砂石料	m^3	3 963	2.56	10 133	5.1	8.31	106	96
3	运输材料	t	5 950	0.42	2 490	5.20	9.30	24	104
4	洞外石方	m^3	1 638	0.49	803	4.11	4.30	50	16
5	下部导坑	m^3	2 640	1.61	4 259	5.1	9.15	40	108
6	上部导坑	m^3	1 553	1.59	2 474	5.10	9.22	24	106
7	扩大	m^3	3 530	1.62	5 729	5.20	10.2	54	106
8	挖底	m^3	3 840	1.61	6 138	5.30	10.12	58	106
9	浇边墙	m^3	947	3.17	2 861	6.5	10.17	25	106
10	浇拱圈	m^3	1 168	3.17	3 704	6.15	10.27	35	106
11	拱背填片石	m^3	338	1.31	442	7.1	10.31	5	96
12	压浆	m^3	439	2.77	1 214	7.10	11.10	13	96
13	浇筑盖板	m^3	294	6.94	204	10.1	10.31	9	24
14	整修路拱	m^2	1 486	0.26	393	10.27	11.15	25	16
15	浇路面	m^2	1 486	0.28	414	11.1	11.20	25	16
16	砌水沟	m^3	185	2.1	388	10.1	10.31	15	26
	总计				41 644	4.10	11.20		

备注：

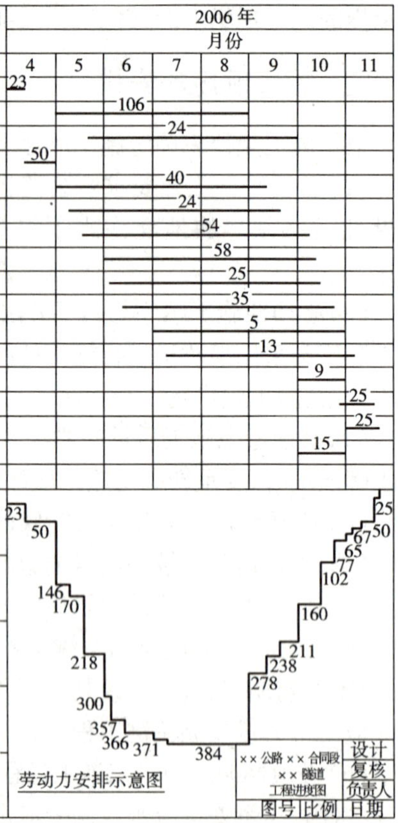

图4-3　横线式施工进度图

横道图比较简单、直观、易懂，容易编制，但有以下缺点：分项工程（或工序）的相互关系不明确；施工日期和施工地点无法表示，只能用文字说明；工程数量实际分布情况不具体；仅反映出平均施工强度。它适用于绘制集中性工程进度图、材料供应计划图或作为辅助性的图示附在说明书内用来向施工单位下达任务。

（2）斜线式施工进度图（或称垂直坐标图）

斜线式施工进度图（图 4-4）以纵坐标表示施工日期，横坐标表示里程或工程位置，而各分项工程或施工工序的施工进度则相应地以不同形式的斜条线表示。

垂直图的优点是消除了横道图的不足之处，工程项目的相互关系、施工的紧凑程度和施工速度都十分清楚，工程的分布情况和施工日期一目了然，从图中可以直接找出任何一天各施工队的施工地点和应完成的工程数量，但仍有一些不足之处：反映不出某项工作提前（或推迟）完成对整个计划的影响程度；反映不出哪些工程是主要的，不能明确表达出哪些是关键工作；计划安排的优劣程度很难评价；绘制和修改进度图的工作量很大。

（3）网络式施工进度图

网络图是以加注工作持续时间的箭线和节点组成的网状流程图来表示施工进度计划的。图 4-5 是施工进度图的网络表示形式，该图主要说明工程项目之间的相互关系（即施工流程情况）。

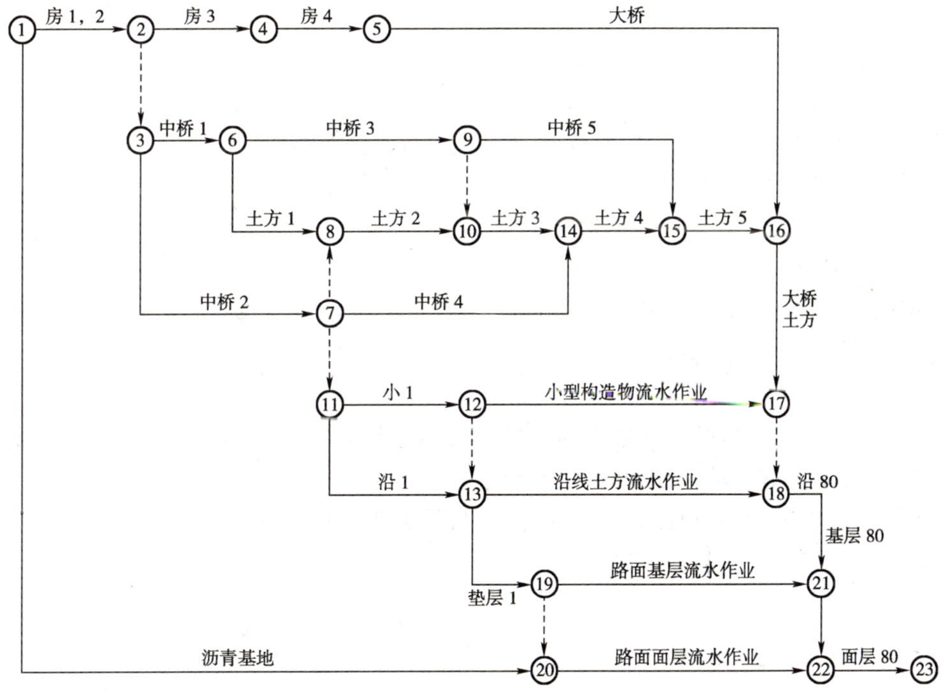

图 4-5 施工网络图

网络图与横道图、垂直图比较，不但能反映施工进度，而且更能清楚地反映出各个工序、各施工项目之间错综复杂的关系。它能全面地反映各工序之间相互制约和相互依赖的逻辑关系，并可进行时间参数的计算，找出关键工序，确定工序是否有机动时间，可以使用计算机进行计算和优化。但施工地点和施工日期无法表示、工程数量实际分布情况不具体。

不论是集中性工程，还是线形工程，都可以用网络图表示工程进度，因此，这是一种比较先进的工程进度图的表示形式，应大力推广使用。

2）按设计阶段分类

（1）工程概略施工进度图，用于初步设计，作为施工方案的组成文件。

（2）施工进度（计划）图，用于施工图设计，是施工组织计划的组成文件。

（3）实施性施工进度图。这种图是由施工单位在施工阶段编制的，是指导施工生产活动的依据，它比施工图设计中的施工进度图更加具体、现实、可行。

3）施工进度图编制的依据

（1）工程设计图纸。

（2）各种有关水文、地质、气象和技术经济资料。

（3）上级规定或合同规定的开工、竣工日期。

（4）主导工程的施工方案（施工顺序、施工方法、作业方式）。

（5）各类定额。

（6）劳动力、材料、机械供应情况。

二、作图参数的确定

编制施工进度图时，首先要对作图的有关参数加以计算或予以确定。

1. 列项

在编制施工进度图时，要划分施工生产过程的细目，即划分工序，并填入施工进度图相应的栏目中。列项时应注意符合如下要求：

（1）所列项目要依选用的施工方法而定。

（2）划分项目的粗细程度一般要按所采用定额的子目来填列。

（3）在施工进度图上填列施工项目时，应按施工顺序填列（横道图）。

（4）列项时不可漏列、重列和错列。

2. 工程量计算

将施工过程细目列出后，根据设计图纸或工程量清单计算工程量。工程数量的计量单位应与相应定额的计量单位一致。

3. 劳动量计算

劳动量等于工程项目的工程数量与相应的时间定额的乘积，或等于劳动力人数与作业时间的乘积，或等于机械台数与作业时间的乘积。

人工操作时叫劳动量，机械作业时叫作业量，统称为劳动量。

劳动量可按式（4-1）或式（4-2）计算。

$$D = \frac{Q}{C} \tag{4-1}$$

$$D = QS \tag{4-2}$$

式中：D——劳动量或作业量（工日或台班）；

Q——工程数量；

S、C——时间定额、产量定额。

【例 4-1】 施工图设计阶段某挖掘机（0.6m^3）挖装土方（松土），工程量 7 500m^3，试计算其劳动量。

解：（1）查《公路工程预算定额》，确定定额编号为［12—1—1—9—1］，完成 1 000m^3 的工程量需人工 4 工日，75kW 以内履带推土机 0.62 台班，0.6m^3 以内单斗挖掘机 2.88 台班。

(2)人工劳动量：$D_R = 7\ 500 \times 4/1\ 000 = 30$ 工日

(3)机械作业量：推土机　$D_A = 7\ 500 \times 0.62/1\ 000 = 4.65$ 台班

挖掘机　$D_B = 7\ 500 \times 2.88/1\ 000 = 21.6$ 台班

4. 作业班制的确定

现行定额中规定，潜水工作每工日按 6h 计，隧道工作每工日按 7h 计，其余工作每工日均按 8h 计。当施工工期短，工程量大，在条件允许的情况下，一天 24h 可以组织两班或三班工人进行施工，这样将会缩短施工工期。

两班制或三班制，在公路工程施工中主要适用于要求连续生产的作业项目，需要突击或工期起控制作用的关键项目。

5. 作业工期和所需人工、机械数量的计算

(1)以施工单位现有人力、机械的实际生产能力以及工作面的大小，来确定完成该劳动量所需的持续时间(作业工期)。其计算公式为：

$$T = \frac{D}{Rn} \tag{4-3}$$

式中：T——生产工期，即作业持续时间，d；

D——劳动量(工日或台班)；

R——人数或机械台数；

n——生产作业班制数。

(2)根据规定的工期确定投入施工的人数和机械台数。

当采用倒排工期法进行施工组织时，某些工作的作业工期已确定，所需人工数量和机械数量按式(4-4)计算。

$$R = \frac{D}{Tn} \tag{4-4}$$

6. 主导工期的确定

某生产过程的人工及各种机械的劳动量确定后，可根据所投入的人工、机械数量分别算得人工以及各种机械作业的工期，其中工期最长的作业叫主导作业，主导作业的工期叫主导工期。生产过程的工期主要取决于主导工期。

生产过程中各种作业的人工、机械数量是可以调节的，因此主导作业的主导工期也是可变的。在编制施工进度图时，应尽量调节各种作业所需的人工、机械投入数量，使各种作业的工期一致。

在编制施工进度图时应以主导工期为控制工期。

【例 4-2】 某水泥混凝土路面工程，其工程量为 50 000m^2，人工铺筑，路面厚度 20cm，施工队有工人 200 人，真空吸水机 2 台，混凝土切缝机 2 台以及 250L 混凝土搅拌机 3 台，4000L 以内洒水汽车 1 台，试计算施工图设计阶段施工进度图中该项工程的劳动量、生产周期；当要求工期为 150d 时，一班制作业所需人数和机械台数为多少。

解：因属于施工图设计阶段，故采用《公路工程预算定额》，其步骤如下：

(1)确定定额编号

查得其定额编号为[172—2—2—17—1]。

(2)劳动量计算

由定额表查得人工时间定额为 290.3 工日/1000m^2，则人工劳动量为：

$$D_R = Q \times S_R = 50\ 000 \times 290.3/1\ 000 = 14\ 515(\text{工日})$$

(3)机械作业量计算

由定额表查得每完成 1 000m^2 工程量的机械时间定额为:水泥混凝土真空吸水机 3.48 台班,混凝土切缝机 3.46 台班,250L 以内混凝土搅拌机 7.43 台班,4000L 以内洒水汽车 1.44 台班,则机械的作业量为:

水泥混凝土真空吸水机组:

$D_A = Q \times S_A = 50\ 000 \times 3.48/1\ 000 = 174$ (台班)

混凝土切缝机:

$D_B = Q \times S_B = 50\ 000 \times 3.46/1\ 000 = 173$ (台班)

250L 以内混凝土搅拌机:

$D_c = Q \times S_C = 50\ 000 \times 7.43/1\ 000 = 371.5$ (台班)

4000L 以内洒水汽车:

$D_D = Q \times S_D = 50\ 000 \times 1.44/1\ 000 = 7.2$(台班)

(4)工期计算

人工工期: $T_R = D_R/(R_R \cdot n) = 14\ 515/(200 \times 1) = 72.6d$

真空吸水机工期:$T_A = D_A/(R_A \cdot n) = 174/(2 \times 1) = 87d$

切缝机工期: $T_B = D_B/(R_B \cdot n) = 173/(2 \times 1) = 86.5d$

搅拌机工期: $T_C = D_C/(R_C \cdot n) = 371.5/(3 \times 1) = 123.8d$

洒水汽车工期:$T_D = D_D/(R_D \cdot n) = 7.2/(1 \times 1) = 7.2d$

因搅拌机的作业工期最长,其工期为主导工期,本工程的生产周期按 123.8d 控制。

(5)工人数及机械台数计算

当要求 150d 工期时,工人数及机械台数计算:

人数: $R_R = D_R/(T_R \cdot n) = 14\ 515/(150 \times 1) = 96.8$(人)

真空吸水机:$R_A = D_A/(T_A \cdot n) = 174/(150 \times 1) = 1.16$(台)

切缝机: $R_B = D_B/(T_B \cdot n) = 173/(150 \times 1) = 1.15$(台)

搅拌机: $R_c = D_C/(T_C \cdot n) = 371.5/(150 \times 1) = 2.48$(台)

洒水汽车:$R_D = D_D/(T_D \cdot n) = 7.2/(150 \times 1) = 0.05$(台)

三、施工进度图的编制

编制施工进度图时,一般要同时制定几个方案,并绘制施工进度草图,经反复平衡、比较、评价后才能确定所采用的方案。其比较、评价要点是:

(1)工期能否满足建设单位或合同规定的要求。

(2)施工顺序是否合理。

(3)劳动力、机械、材料等资源的供应能否保证,消耗是否均衡。

(4)是否符合施工过程组织的原则。

(5)对主、客观因素是否进行了充分的估计,其影响程度如何。

(6)各项工作安排是否先进合理,有无调整余地。

1. 横线式施工进度图的编制

1)作图的准备工作

(1)熟悉并吃透本工程的施工方案和施工方法。

(2)充分研究各种作图的依据和资料,对拟编的施工进度图在总体上有个初步的设想。

2)编制作业工期计算表

(1)准备好作业工期计算表,如表4-4。

(2)根据设计图纸和拟好的施工方案、施工方法,确定作业方法并进行作业项目排序。

(3)列项。根据设计图纸、施工方法、作业方法,参照所用定额的子目,按前面介绍的列项要求,按施工顺序将作业项目填入表4-4中。

作业工期计算表

表4-4

序号	项目名称	施工单位	工程数量		定额编号	主导工期	人工劳动量(工日)		实用人数		人工作业
			单位	数量		(d)	定额	数量	作业班制	每班人数	工期
1	2	3	4	5	6	7	8	9	10	11	12

机械作业量(台班)						实用机械台数与作业工期								
机		机		机		机			机			机		
定额	数量	定额	数量	定额	数量	班制	台数	工期	班制	台数	工期	班制	台数	工期
13	14	15	16	17	18	19	20	21	22	23	24	25	26	27

(4)按设计图纸或工程量清单,在表4-4中逐项计算工程数量、劳动量。

(5)在表4-4中逐项确定施工作业班制、投入的人工数和机械台数,计算各项工作的作业工期;或根据给定的作业工期,反求人工和机械数量。

(6)在表4-4中逐项确定主导工期。

3)绘制施工进度线

(1)参照图4-3绘制进度图的图框和表格。

(2)按施工顺序填列施工项目,并将“作业工期计算表”中的有关数据抄录于图4-3中。

(3)按施工方案确定的开竣工日期,在图4-3中填列日历。

(4)按“作业工期计算表”计算的主导工期,根据项目之间的逻辑关系,并考虑各方面的因素,在进度图上合理设计各作业项目的施工起止日期,即用直线或不同符号、不同颜色的线条在施工进度图上绘制作业进度。进度图的表示方法是:以线的位置表示施工过程,以线的长短表示工期,线上的注字说明表示人工、机械数量和作业班制,线的形状及符号表征不同工种、机种、作业、班组等。

(5)在作业项目进度安排上,进行反复比较,反复修改,同时修改作业工期计算表,直至合理为止。

(6)绘制劳动力、材料等资源的数量—时间曲线(见图4-3)。

(7)编写施工进度图的说明,并抄录于进度图的适当位置。

(8)在进度图的适当位置,列出图例。

4)多方案反复平衡、比较,择优定案

2. 斜线式施工进度图的编制

1)作图准备工作

编制斜线式施工进度图的准备工作,与编制横线图的准备工作基本相同。

2)编制作业工期计算表

编制斜线图作业工期计算表的内容和方法,与横线图作业工期计算表的编制内容和方法基本相同。但列项时,线形工程要按里程顺序,并以公里为单位计量列项,集中型工程要按工程的桩号顺序,并单独计量列项(必要时还要按工程子目计量列项)。

3)绘制施工进度线

(1)根据作业项目的多少,参照图4-4绘制图表轮廓、表格、标注里程。

(2)将作业工期计算表中的作业项目,按数量、里程、用不同的符号,展绘于进度图的上部各栏内(见图4-4)。

(3)根据施工方案确定的开、竣工日期,将进度日历绘于图左的纵坐标上。

(4)将工程的空间组织,即施工平面设计示意图,按里程展绘于进度图的下部。

(5)按各作业项目的主导工期、施工方法、作业方式,依据施工组织原理,用不同符号的斜线,进行作业项目的进度安排设计。此项设计工作要反复比较、反复修改。具体设计方法如下:

①小桥涵工程:首先要明确作业方法(顺序、平行、流水作业等),然后根据每座小桥涵工程的开竣工日期,在各小桥涵的相应位置用直线垂直地绘出施工期。从第一座小桥涵开工之日起,至最后一座小桥涵竣工之日止,在图上垂直方向直线的全长,即为小桥涵工程的施工总工期。

②大中桥工程:其绘制方法与小桥涵工程相同,但习惯上将桥梁上、下部工程用两种线条符号表示。

③路基工程:当路基工程的作业方式确定之后,可根据工程量、施工力量的配置、施工条件,逐公里逐施工段地按主导工期,以斜线表示时间—里程之间的进度关系。在绘制路基进度线时,必须充分考虑各项工程之间的关系。由于多方面的原因,路基施工进度线可能是一条或多条直线,也可能是一条或多条连续或间断的折线。

④路面工程:路面工程一般组织成一段或多段连续施工,故进度线一般是一条或多条直线(折线)。斜线的垂直高度为路面施工的总工期。安排施工进度时,不得与路基进度线相交,以利路面连续施工。

(6)绘制资源(人工、材料等)消耗数量——时间曲线。

(7)进行反复比较,反复修改。

(8)编写施工进度图的说明。

(9)绘制图例。

4)进行多方案比较,评价,择优定案

3. 网络图式施工进度图的编制

网络计划技术在第二单元已讲过,网络图式施工进度图就是网络计划技术在编制施工进度图中的应用。这种进度图的编制步骤,可参照图4-5编制。

课题五　施工平面图设计

根据施工过程空间组织的原则,对施工过程所需工艺流程、施工设备、原材料堆放、动力供应、场内运输、半成品生产、仓库料场、生活设施等项进行空间的,特别是平面的规划与设计,并以平面图的形式加以表达,这项工作就叫施工平面图设计。施工平面图设计是施工组织设计最主要内容之一。

一、施工平面图的类型及主要内容

1. 按施工平面图的作用分类

(1)施工总平面图

施工总平面图是以整个工程为对象的空间组织平面设计方案,如图4-6为某道路施工总平面图。

(2)单位工程、分部工程、分项工程施工平面图

它是以单位工程或分部、分项工程为对象的空间组织平面设计方案。如某工程项目中的大桥施工平面图、集中性大型工程施工平面图、附属加工厂施工平面图，基础工程施工平面图、主梁吊装施工平面图等。

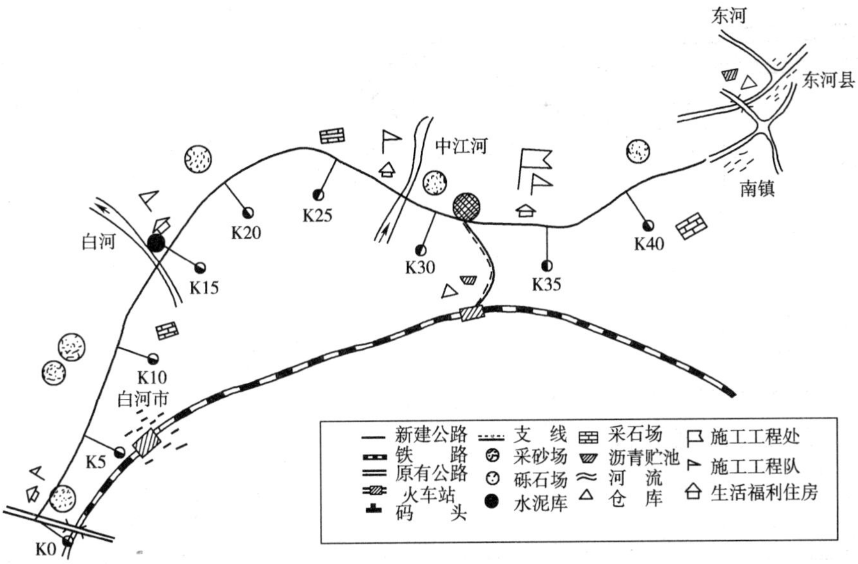

图 4-6　道路施工总平面图

2. 按主体工程形态分类

(1)线形工程施工平面图

公路工程施工平面图是沿路线全长绘制的一个狭长的带状式平面图。线形工程施工平面图一方面要反映地形、地物，如河流、道路、房屋、田地、悬崖、湿地等；另一方面要反映施工组织设计成果，如料场、加工厂、仓库、施工管理机构、临时工程、便道、便桥等。

(2)集中型工程施工平面图

集中型工程施工平面图，既可以是施工总平面图，又可以是单项工程或分部、分项工程施工平面图。其总的特点是工程范围比较集中(包括局部线形工程)，反映的内容比较深入和具体。如：砂石料场施工平面图、加工厂或预制厂平面布置图、桥隧工程施工平面图等。

二、施工平面图设计的依据、原则和步骤

1. 施工平面图设计的依据

(1)工程平面地形图。

(2)主要施工方案和施工进度计划。

(3)各种材料、半成品的供应计划和运输方式。

(4)各类临时设施的性质、形式、面积和尺寸。

(5)水源、电源资料。

(6)其他有关的设计资料。

2. 施工平面图设计的原则

施工平面图设计是一项综合性的规划设计，在很大程度上取决于施工现场的具体条件。

施工平面图设计一般根据工程量的大小、工程规模、施工方案和施工工艺等资料，先编绘出工程施工平面总图（图4-7），然后根据施工的需要再分别编制出分部、分项工程施工平面图。一般先进行平面规划分区，然后确定生产主体工程和附属工程的位置。

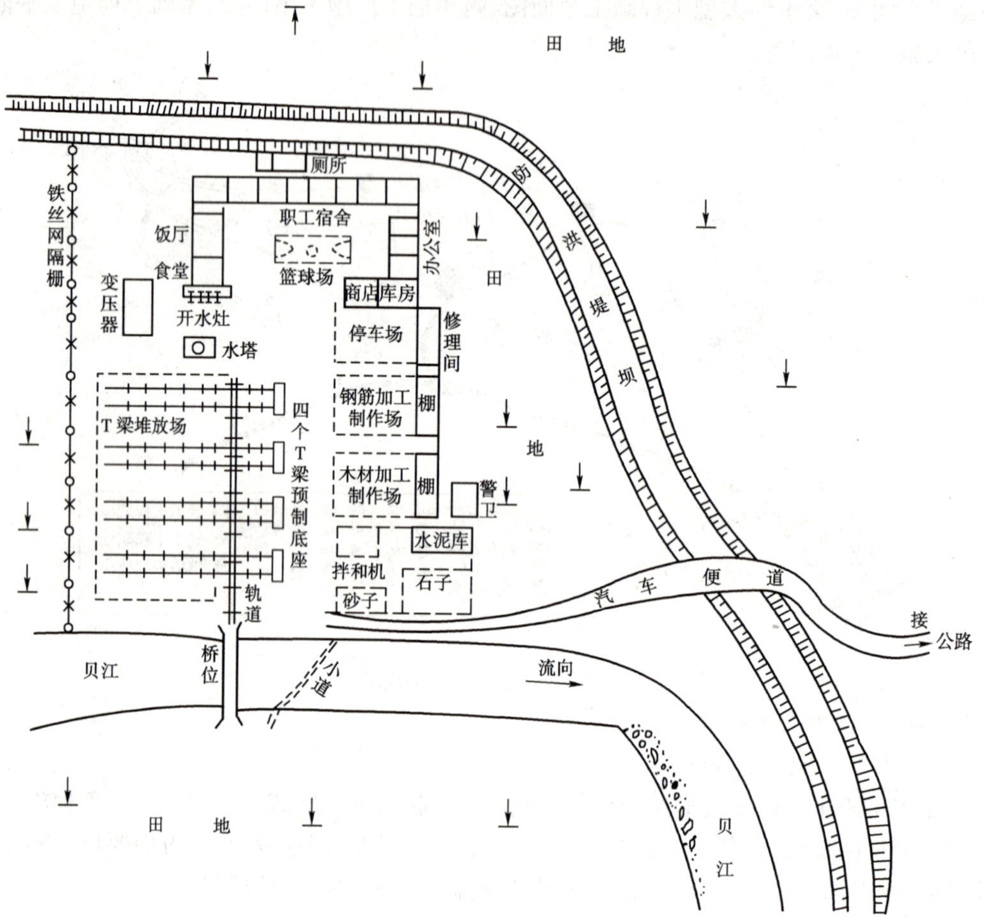

图4-7　桥梁施工总平面图

一般地说，平面图设计的具体原则是：

（1）在保证施工顺利的情况下，充分利用原有地形、地物，少占农田，以降低工程成本。

（2）充分考虑各种自然条件的影响。

（3）场区规划必须按工艺顺序，科学合理。

（4）场内运输应尽量减少物资的运输量和起重量，减少二次搬运和运送距离。

（5）一切设施与布局，要适合施工进度、工艺流程等生产组织的需要。

（6）必须符合安全生产、防火和文明生产的规定和要求。

3. 施工平面图设计的步骤

施工平面图设计主要是指单项施工平面图设计，其一般步骤如下：

（1）熟悉和分析相关调查资料。

（2）确定起重、运输机械的位置。它的位置直接影响仓库、材料、混凝土制备等的位置，以及场内运输道路和水电线路的布置等，因此要首先予以考虑。布置固定式垂直运输设备，如井架、门架、桅杆等，主要根据机械性能、建筑物的平面形状和大小、施工段的划分情况、材料来向和已有运输道路情况而定。其目的是充分发挥起重机械的能力并使地面与作业面上的水平运距最小。

(3)确定搅拌站、仓库和材料、构件堆放场地的位置。搅拌站、仓库和材料、构件堆放场地的位置应尽量靠近使用地点或在固定式起重机械的范围内,并考虑运输和装、卸料的方便。

(4)确定运输线路。现场主要道路应尽可能利用永久道路,或先建好永久性道路的路基,在土建工程结束之前再铺路面。现场道路布置时注意保证行驶畅通,使运输工具有回转的可能性,因此,运输路线最好围绕施工现场或一条环形道路。对于线性工程,靠近施工现场布设线状临时路线。

(5)布置水电线路。工地使用的临时给水管、供电线应力求布设长度最短。管径的大小和阀门龙头数量设置需视工程规模大小通过计算确定。给水管道可埋置于地下,也可铺设在地面上。

(6)考虑各种材料、半成品的合理堆放。施工材料、结构构件等放置场地的布置与堆放,由于各专业工程的特点不同,其位置的选择、面积的确定、运输线路的设置也各有所异。材料堆放场地的选择与面积确定应与经济效果联系起来考虑,场地布置过大,增加征地费用,场地过小,给施工带来困难,影响工程进度或造成二次搬运,也会相应增加工程费用。处于施工现场中心位置或主体建筑周围的场地往往是施工中最希望占有的放置场,为了充分发挥这些地段的利用率,宜采取按计划、按步骤、按工艺流程、分期限周转使用,进行平衡与布置。结构构件在场外的放置场地,应设在结构安装方向相反的一端,使运输方向与安装方向相反。各放置场地应与装卸作业的起重设备性能相配合,使之设在工作半径之内,以满足操作需要。

根据存放物资的种类、性质、使用条件和技术要求的不同,放置场地及仓库采取三种形式:露天放置场,主要用于砖、瓦、砂、石等材料及混凝土、钢结构等构件的存放;遮棚式放置场,主要用于避免雨淋日晒的物质,如瓷砖、细木加工件、油毛毡、沥青等;封闭式仓库,主要用于存放防止在空气中锈蚀、受潮、变质的各种建筑材料和设备,如水泥、电器材料、焊条、工具等。

(7)布置行政管理及生活用临时设施。确定其位置时,主要应考虑其使用方便,不妨碍施工,并符合防火和安全的要求。

课题六　实施性施工组织设计

实施性施工组织设计即施工阶段施工组织设计。它是根据设计阶段施工组织计划和设计资料及确定的工期要求、施工企业的具体情况,以施工定额或历年统计资料整理的定额为依据而编制的。它不列入设计文件,是确保设计阶段施工组织计划实现的一种措施,是工程经济组织管理的重要内容。

实施性施工组织设计的内容目前尚无正式成文规定,由施工单位根据企业的实际情况和习惯编制,其主要内容一般应包括:

(1)对设计阶段或投标时施工组织计划的内容、要求、表格等按照施工单位的具体情况计算、核实,根据指导施工的要求将编制对象进一步细化,时间计划一般到月或旬,劳动组织方面可以班组为对象。

(2)实施性的开工前准备工作。

(3)在设计阶段或投标时施工组织计划编制的"材料计划表"的基础上,进一步编制材料供应图表。

(4)运输组织计划。

(5)附属企业及自办材料的开采和加工计划。

(6)供水、供电、供热及供气。

(7)实施性施工组织设计的技术组织措施计划。

(8)制订相应的管理制度,如施工安全、质量管理制度。

从以上内容可以看出,施工组织设计与施工组织计划的内容十分接近,只是偏重具体实施方面。因此,本课题着重介绍施工组织设计中特别具体细致的部分,与前面内容相同的内容,本课题就不再重复。

一、临时设施设计

开工前实施性准备工作中,应着重解决如工棚、仓库及加工场地供水、供电、通信设施等问题。

1. 工地加工场地

工地加工场地施工组织设计的任务主要是确定建筑面积和结构形式。

工地临时加工场地建筑面积,通常参照有关资料或按经验确定,也可按以公式(4-5)计算。

(1)钢筋混凝土构件预制厂、木工房、钢筋加工间

$$F = \frac{KQ}{TS\alpha} \tag{4-5}$$

式中:F——所需建筑面积,m^2;

Q——加工总量,m^3 或 t;

K——不均衡系数,取1.3~1.5;

T——加工总工期(月);

S——每平方米场地的月平均产量;

α——场地或建筑面积利用系数,取0.6~0.7。

(2)水泥混凝土搅拌站

$$F = NA \tag{4-6}$$

式中:F——搅拌站面积,m^2;

A——每台搅拌机所需的面积,m^2;

N——搅拌机的台数,按下式计算。

$$N = \frac{QK}{TR} \tag{4-7}$$

式中:Q——混凝土总需要量,m^3;

K——不均衡系数,取1.5;

T——混凝土工程施工总工作日;

R——混凝土搅拌机台班产量。

大型沥青混凝土拌和设备的场地面积,根据设备说明书的要求确定。

上述建筑场地的结构型式,应根据当地条件和使用期限而定。使用年限短的用简易结构,使用年限长的则可采用砖木结构。

2. 临时仓库

工地临时仓库分为运转仓库、中心仓库和现场仓库等,其施工组织设计的任务是:确定材

料储存量和仓库面积，选择仓库位置和进行仓库设计等。

(1)确定材料储备量

材料储备量既要考虑保证连续施工的需要，又要避免材料积压。对于场地狭小、运输方便的现场可少储存，对供应不易保证、运输困难、受季节影响大的材料可多储存些。

常用材料，如砂、石、水泥、钢材、木材等的储备量可按式(4-8)计算。

$$P = T_e \frac{Q_i K}{T} \tag{4-8}$$

式中：P——材料储备量，m^3、t 等；

T_e——储备期(按材料来源确定，一般不小于 10d)，d；

Q_i——材料、半成品的总需要量；

T——有关项目施工的总工作日；

K——材料使用不均匀系数，取 1。

对于不经常使用或储备期长的材料，可按年度需要量的某一百分比储备。

(2)确定仓库面积

一般的仓库面积可按式(4-9)计算。

$$F = \frac{P}{qK} \tag{4-9}$$

式中：F——仓库总面积，m^2；

P——仓库材料储备量，由式(4-9)确定；

q——每平方米仓库面积能存放的材料数量；

K——仓库面积利用系数(考虑人行道和车道所占面积)，一般为 0.5～0.8。

特殊材料，如爆炸品、易燃或易腐蚀品的仓库面积，按有关安全要求确定。

在设计仓库时，除满足仓库总面积外，还要正确确定仓库的平面尺寸，即仓库的长度和宽度。仓库的长度应满足装卸要求，宽度要考虑材料存放方式、使用方便和仓库结构形式。

3. 临时房屋建筑

此类临时建筑的建筑面积主要取决于建筑工地的人数，包括职工和家属人数。建筑面积按式(4-10)确定。

$$S = NP \tag{4-10}$$

式中：S——建筑面积，m^2；

N——工地人数；

P——建筑面积指标，参见表 4-5。

临时房屋建筑指标(m^2/人) 表 4-5

序　号	临时房屋名称	指标使用方法	参考指标(m^2)
一	办公室	按使用人数	3～4
二	宿舍		
1	单层通铺	按高峰期(年)平均人数	2.5～3.0
2	双层铺	按在工地实有人数	2.0～2.5
3	单层床	按在工地实有人数	3.5～4.0
三	食堂	按高峰期平均人数	0.5～0.8
	食堂兼礼堂	按高峰期平均人数	0.6～0.9

续上表

序　　号	临时房屋名称	指标使用方法	参考指标(m^2)
四	其他合计	按高峰期平均人数	0.5~0.6
1	医务室	按高峰期平均人数	0.05~0.07
2	浴室	按高峰期平均人数	0.07~0.1
3	理发室	按高峰期平均人数	0.01~0.03
4	俱乐部	按高峰期平均人数	0.1
5	小卖部	按高峰期平均人数	0.03
6	招待所	按高峰期平均人数	0.06
7	其他公用	按高峰期平均人数	0.05~0.1
8	开水房		10~40
9	厕所	按工地平均人数	0.02~0.07

在施工组织设计时，应尽量利用工地附近的现有建筑物，或提前修建要利用的永久房屋，如道班房、加油站等，不足部分修建临时建筑。

临时建筑应按节约、适用、装拆方便的原则设计，其结构形式按当地气候、材料来源和工期长短确定。临时建筑有帐篷、活动房屋和就地取材的简易工棚等。

4. 工地临时供水、供电、供热

工地临时供水、供电和供热应解决的主要问题有：确定用量、选择供应来源、设计管线网络等。如需工地自行解决供应来源，还需确定相应的设备。

1)工地临时供水

(1)用水量计算

①工程用水。

$$q_1 = k_1 \sum \frac{Q_1 N_1}{T_1 b} \cdot \frac{k_2}{8 \times 3\,600} \tag{4-11}$$

式中：q_1——工程用水量，L/s；

k_1——未预见的施工用水系数，取1.05~1.15；

Q_1——年(季)度工程量(以实物计量单位表示)；

N_1——施工用水定额，见表4-6；

T_1——年(季)度有效作业日，d；

b——每天工作班数；

k_2——用水不均衡系数，见表4-7。

施工用水参考定额　　表4-6

序号	用水对象	单　位	耗水量(L)	备　　注
1	浇筑混凝土全部用水	m^3	1 700~2 400	
2	搅拌普通混凝土	m^3	250	
3	搅拌轻质混凝土	m^3	300~350	
4	混凝土养生(自然养生)	m^3	200~400	
5	混凝土养生(天然养生)	m^3	500~700	
6	湿润模板	m^3	10~15	

续上表

序号	用水对象	单位	耗水量(L)	备注
7	冲洗模板	m^3	5	
8	人工洗石子	m^3	1 000	
9	机械洗石子	m^3	600	
10	洗砂	m^3	1 000	
11	浇砖	千块	500	
12	砌砖工程全部用水	m^3	150~250	
13	砌石工程全部用水	m^3	50~80	
14	抹灰	m^3	4~6	不包括调制水用
15	搅拌砂浆	m^3	300	
16	消化生石灰	t	3 000	
17	素土路面路基	m^2	0.2~0.3	

施工用水不均衡系数 表 4-7

k 号	用水名称	系数	k 号	用水名称	系数	k 号	用水名称	系数
k_2	施工工程用水	1.50	k_3	施工机械、运输机械	2.00	k_4	施工现场生活用水	1.30~1.50
	生产企业用水	1.25		动力设备	1.05~1.10	k_5	居住区生活用水	2.00~2.50

②施工机械用水。

$$q_2 = k_1 \sum Q_2 N_2 \frac{k_3}{8 \times 3\ 600} \tag{4-12}$$

式中：q_2——施工机械用水量，L/s；

k_1——未预见的用水系数，取1.05~1.15；

Q_2——同一种机械台数(台)；

k_3——施工机械用水不均衡系数，见表4-7；

N_2——施工机械台班用水定额，见表4-8。

机械用水量参考定额 表 4-8

序号	机械名称	单位	耗水量	备注
1	内燃挖掘机	L/台班干·m^3	200~300	以斗容量 m^3 计
2	内燃起重机	L/台班·t	15~18	以起重吨数计
3	蒸汽打桩机	L/台班·t	1 000~1 200	以锤重吨数计
4	内燃压路机	L/台班·t	12~15	以压路机吨数计
5	拖拉机	L/昼夜·台	200~300	
6	汽车	L/昼夜·台	400~700	
7	空气压缩机	L/台班·(m^3/min)	40~80	以压缩空气排气量计
8	内燃动力装置	L/台班·马力	120~300	直流水
9	内燃动力装置	L/台班·马力	25~40	循环水
10	锅炉	L/h·t	1 000	以小时蒸发量计
11	锅炉	L/h·m^2	15~30	以受热面积计
12	电焊机25型	L/h	100	
13	电焊机75型	L/h	250~350	
14	对焊机	L/h	300	
15	冷拔机	L/h	300	
16	凿岩机 YQ—100	L/min	8~12	
17	01—45(TN—4)	L/min	5	

注：马力应换算为法定计量单位千瓦，即：1马力=0.735 499kW

③施工现场生活用水。

$$q_3 = \frac{P_1 N_3 k_4}{8 \times 3\,600b} \tag{4-13}$$

式中：q_3——施工现场生活用水量，L/s；

P_1——施工现场高峰人数，人；

N_3——施工现场生活用水定额，一般为(20～60)L/人·班；

b——每天工作班数；

k_4——用水不均衡系数，见表4-7。

④生活区生活用水。

$$q_4 = \frac{P_2 N_4 k_5}{24 \times 3\,600} \tag{4-14}$$

式中：q_4——生活区生活用水量，L/s；

P_2——生活区居住人数；

k_5——用水不均衡系数，见表4-7；

N_4——生活区生活用水定额，见表4-9。

生活用水参考定额 表4-9

序号	用水名称	单位	耗水量	备注
1	生活用水	L/人·日	20～30	漱洗、饮用
2	食堂	L/人·日	15～20	
3	淋浴	L/人·次	50	入浴人数按出勤人数
4	洗衣	L/人	30～50	30%计
5	理发室	L/人·次	15	
6	工地医院	L/病床·日	100～150	
7	家属	L/人·日	50～60	有卫生设备
8	家属	L/人·日	25～30	无卫生设备

⑤消防用水。

消防用水量用 q_5 表示，见表4-10。

消防用水参考表 表4-10

序号	用水区域	用水情况	火灾同时发生次数	用水量(L/s)
1	居住区	5 000人以内	一次	10
		10 000人以内	二次	10～15
		25 000人以内	三次	15～20
2	施工现场	施工现场在 $25\times10^4 m^2$ 以内	一次	10～15
		施工现场每增加 $25\times10^4 m^2$	一次	5

⑥总用水量。

总用水量并不是所有用水量之和，因为施工用水是间断的，生活用水时多时少，而消防用水又是偶然的，因此，工地总用水量按以下公式计算：

当 $(q_1+q_2+q_3+q_4) \leqslant q_5$ 时

$$Q = q_5 + \frac{1}{2}(q_1 + q_2 + q_3 + q_4) \tag{4-15}$$

当$(q_1 + q_2 + q_3 + q_4) > q_5$时

$$Q = q_1 + q_2 + q_3 + q_4 \tag{4-16}$$

当工地面积小于$5 \times 10^4 m^2$，而且$(q_1 + q_2 + q_3 + q_4) < q_5$时

$$Q = q_5 \tag{4-17}$$

式中：Q——总用水量；

其余符号意义同前。

(2)水源选择

工地临时供水水源，首先要考虑当地的自来水，如不可能时，才另选天然水源。天然水源有河水、湖水、水库蓄水等地面水以及泉水、井水等地下水。

任何临时水源都应满足以下要求：水量充足稳定，能保证最大需水量供应；符合生活饮用和生产用水的水质标准；取水、输水、净水设施安全可靠；施工安装、运转、管理和维护方便。

(3)临时供水系统

供水系统由取水设施、净水设施、储水构造物、输水管网几部分组成。

取水设施由取水口、进水管及水泵站组成，取水口距河底或井底不得小于0.25～0.9m，距冰层下部边缘的距离也不得小于0.25m。水泵要有足够的抽水能力和扬程。

当水泵不能连续工作时，应设置储水构造物，其容量以每小时消防用水量来确定，但一般不小于$10 \sim 20m^3$。当水井的出水量较小时，应修筑蓄水池，利用晚上从水井抽水蓄水，供白天施工使用。

输水管网的管径可用式(4-18)计算。干管一般为钢管或PE管，支管为钢管或PPR管。

$$D = \sqrt{\frac{Q}{250\pi V}} \tag{4-18}$$

或中：D——输水管径，m；

Q——耗水量，L/s；

V——管网中的水流速度，m/s，见表4-11。

水管经济流速表　　表4-11

序　号	管 径 (m)	流 速 (m/s)	
		正常时间	消防时间
1	支管 $D<0.1$	2	
2	生产消防管道 $D>0.1 \sim 0.3$	1.3	0.3
3	生产消防管道 $D>0.3$	1.5～1.7	2.5
4	生产用水管道 $D>0.3$	1.5～2.5	3.0

2)工地临时供电

(1)工地总用电量

工地用电可分为动力用电和照明用电两类，用电量可按式(4-19)计算。

$$P = (1.05 \sim 1.10) \times (K_1 \frac{\sum P_1}{\cos\varphi} + K_2 \sum P_2 + K_3 \sum P_3 + K_4 \sum P_4) \tag{4-19}$$

式中：P——工地总用电量，kV·A；

P_1——电动机额定功率，kW；

P_2——电动机额定容量,kV·A;

P_3——室内照明容量 kW;

P_4——工地照明容量 kW;

$\cos\varphi$——电动机平均功率因数,根据电量和负荷情况而定,最高0.75~0.78,一般0.65~0.75;

$K_1 \sim K_4$——需要系数,见表4-12。

需要系数表

表4-12

用电电器名称	数量(台)	需要系数				备注
		K_1	K_2	K_3	K_4	
电动机	3~10 11~30 30以上	0.7 0.6 0.5				如施工需要电热,应将其用电量计算进去,式中各动力照明用电应根据不同工作性质分类计算
加工厂动力设备		0.5				
电焊机	3~10 10以上		0.6 0.45			
室内照明				0.8		
主要道路照明 警卫照明 场地照明					1.0 1.0 1.0	

由于施工现场照明用电所占比例较小,因此在估算总用电量时可以不考虑照明用电,只需在动力用电之外再加10%作为照明用电即可。

施工现场用电量也可参照表4-13所示的"施工用电参考定额"进行计算。

施工用电参考定额表

表4-13

序号	用电目的	用电量(W/m^2)	序号	用电目的	用电量(W/m^2)
	(一)露天场地照明			(二)室内照明	
1	人工土方施工	0.6~0.75	10	宿舍及住宅	5
2	机械化施工土方、砌石、打桩	0.8	11	厨房、食堂、普通办公室	10
3	浇注混凝土、拌制砂浆、轧碎石及过筛	2~2.5	12	厕所	3
4	制造及装配金属结构	2.4~2.5	13	浴室、漱洗室	5
5	露天堆场	0.5	14	钢筋加工车间、金属构件厂、机修间	13
6	机械停放场	1.5~2.5	15	细木工车间	6
7	主要人行道及车行道	5 kW/km	16	锯木厂	3~5
8	次要人行道及车行道	3 kW/km	17	车库	6
9	警卫、照明	2			

(2)电源选择及变压器确定

工地临时用电电源可以由当地电网供给,也可以在工地自行发电解决,或者由当地电网供给一部分,另一部分自行发电补足。无论采用哪种方案,都应该根据工程具体情况,对能否满足施工期间最高负荷、输电设施的经济性等进行比较。

变压器的功率按式(4-20)计算。

$$P = K\frac{\sum P_{max}}{\cos\varphi} \tag{4-20}$$

式中：P——变压器的功率，kV·A；

K——功率损失系数，取1.05；

P_{max}——各施工区的最大计算负荷，kW；

$\cos\varphi$——功率因素。

(3)配电线路的布置要点

线路应尽量架设在道路的一侧，并尽可能选择平坦路线，保持线路水平，使电杆受力平衡。线路距建筑物的水平距离应大于1.5m。在380/220V低压线路中，木杆为5～40m，分支线及引入线均从电杆处接出。

临时布线一般都用架空线，极少用地下电缆，因为架空线工程简单、经济，便于检修。电杆及线路的交叉跨越要符合有关输电规范。配电箱要设置在便于操作的地方，并有防雨防晒设施。各种施工用电机具必须单机单闸，绝不可一闸多用。闸力的容量要根据最高负荷选用。

3)工地临时供热

工地临时供热的主要对象是：临时房屋，如办公室、宿舍、食堂等内部的冬季采暖；冬季施工供热，如施工用水和材料加热等；预制场供热，如钢筋混凝土构件的蒸汽养生等。

建筑物内部采暖耗热量用式(4-21)计算。

$$Q = \sum F \cdot K(t_n - t_v)\alpha \tag{4-21}$$

式中：Q——建筑物内部采暖所需热量，J/h；

F——围护结构的表面积，m^2；

K——围护结构的导线系数，可查阅有关设计手册；

t_n——室内计算温度(根据房屋用途确定，$t_n = 16 \sim 25$)，℃；

t_v——室外计算温度(按各地规定)，℃；

α——考虑门窗缝隙透风的系数，一般情况下$\alpha = 1.3 \sim 2.6$，急风吹袭下$\alpha = 1.5 \sim 3.0$，保温性能好和不易透风的建筑物取低值。

临时供热源，一般都设立临时性的锅炉房或个别分散设备(火炉等)，如有条件也可利用当地的现有热力管网。

临时供热的蒸汽用量按式(4-22)计算。

$$W = \frac{Q}{IH} \tag{4-22}$$

式中：W——蒸汽用量，kg/h；

Q——所需总热量，由式(4-21)计算；

I——在一定压力下蒸汽的含热量(查有关热工手册)，J/kg；

H——有效利用系数，一般为0.4～0.5。

蒸汽压力根据供热距离确定。供热距离在300m以内时，蒸汽压力为30kPa～50kPa即可，在1 000m以内时，则需要200kPa。确定了蒸汽压力后，根据式(4-22)计算的蒸汽用量，可查阅锅炉手册选定锅炉型号。

5. 其他临时工程设施

在施工组织设计中，还会遇到其他的临时工程设施，如便道、便桥、临时车站、码头、堆料场、电讯设施。对于新建道路工程，这些临时工程设施更多。各种临时工程设施的数量视工地具体情况而定，因它们的使用期限一般都很短，因此通常都采用简易结构。

全部临时建筑及临时工程设施应在设计完成之后再编制临时工程一览表。临时工程一览表是施工组织设计规定的文件之一，其内容及格式见表4-14。

临时工程一览表 表4-14

序号	设置地点	工程名称	说明	单位	数量	工程数量										备注
1	2	3	4	5	6	7	8	9	10	11	12	13	14	15	16	17

二、运输组织计划

运输组织计划是施工组织中一个重要项目，它不仅直接影响施工进度（是物质供应的基础环节），而且在很大程度上影响工程造价。为了确保施工进度计划执行，力求最大限度降低工程造价，要求编制出合理的运输组织计划。

工地运输组织应解决的问题有：确定运输量、选择运输方式、计算运输工具需要量等。

1. 确定运输量

工地需要运输的物资有建筑材料、构件及半成品、机械设备、施工生活用品等，其运输量可用式（4-23）计算。

$$q = \frac{\sum(Q_i L_i)}{T} \times K \tag{4-23}$$

式中：q——每日货运量，t · km

Q_i——各种物资的年度需用量或整个工程的物资用量；

L_i——运输距离，km；

T——工程年度运输工作日数或计划运输天数，d；

K——运输工作不均衡系数，公路运输取1.2，铁路运输取1.5。

2. 选择运输方式

目前工地运输的方式有铁路运输（包括窄轨铁路）、公路运输、水路运输和特种运输（索道、管道）等。选择运输方式，必须充分考虑各种影响因素，如运输量大小、运距和物资性质，现有运输设备条件，利用永久性道路的可能性，地形、地质及水文等自然条件，敷设、运输和装卸费用多少等。

对外部运输，主要是如何利用原有交通系统，将大量的外购材料与物资及时送至工地。但外部运输不可能全部负担工程上的运输任务，这是因为它受着原有交通布局的限制，不可能将所需的全部物资直接送至施工现场。采用何种运输方式就决定了运输的起讫点、运距和运输方向等。

工地内部运输，主要是由施工单位直接进行组织与调度，除满足施工需要以外，一般不负担与工程无关的运输任务。工地内部运输主要有汽车、拖拉机、兽力车和各种民间运输工具。某些集中性工程亦常采用轻便铁轨、索道和溜槽等。这些运输方式应根据当地具体条件加以选择和组织。运输方案是否合理，应结合具体条件加以分析，一般应满足下列几个要求：

(1)运距最短，运输量最小。

(2)减少运转次数，力求直达工地。

(3)装卸迅速和运转方便。

(4)尽量运用原有交通条件，尤其要充分利用运价低廉的水运，以减少临时运输设施的投资。

(5)运输工具应与所运物资的性能、价值和要求相适应，充分发挥运输工具的载运能力。

(6)符合安全技术规定。

3. 确定运输工具的数量

运输方式确定后，即可计算运输工具的需要量。运输工具数量可用式(4-24)计算。

$$m = \frac{QK_1}{qTnK_2} \tag{4-24}$$

式中：m——所需的运输工具台数；

Q——年(季)度最大运输量，t；

K_1——运输不均衡系数，场外运输采用1.2，场内运输采用1.1；

q——汽车台班产量(根据运距按定额确定)，t/台班；

T——年(季)的工作天数；

n——每日的工作班数；

K_2——运输工具供应系数，一般采用0.9。

4. 编制运输工具调度计划

各种运输工具均宜集中管理和统一调度使用，但少量小型的非机动性运输工具可分散由施工基层掌握使用。运输工具的管理单位一般可以与材料供应单位合二为一，大规模施工可以建立专门材料运输队。

运输单位应按工程总进度计划和各施工队的施工进度计划，编制出详细的调度计划，规定运输工具在施工过程中使用的地点和期限、运输任务和性质、检修要求和时间等，对主要运输工具排列运输图表。

5. 设置运输工作的辅助设备

辅助设备中主要是临时道路、车库、加油站和检修车间等。

三、工程进度图的编制

在确定图中进度线时，以设计阶段或投标时施工组织计划控制的总进度日期为前提，根据工程量、施工定额算得所需工日数或机械台班数，并考虑出勤、出工、雨雪停工及工地转移等因素进行计算，绘出进度线，直至编排到最佳位置。其内容、形式、绘制方法等要求，均与设计阶段或投标要求相同。

四、主要材料供应计划图表

材料供应计划图表是施工组织设计的一部分，依据工程进度图、设计文件、设计阶段的“主要材料计划表”和施工单位企业管理有关指标进行编制。它不仅表明材料运到工地的日期和数量关系，而且是计算运输量和运输工具数量的可靠性资料。同时，材料供应图表亦反映出不同时期内材料的储备数量，用以确定仓库的面积，因而它是施工组织设计中主要图表之一。

现将几种主要的材料供应图介绍如下。

1. 指示性材料供应图

如图4-8所示,是以砂、石料和水泥三种材料为例的指示性材料供应图。图中表示需要量的曲线是按施工进度图的要求绘制的,而供应曲线则必须考虑有关供应工作的几个原则,即及时供应、不积压材料、有利于运输和储存的安排等。

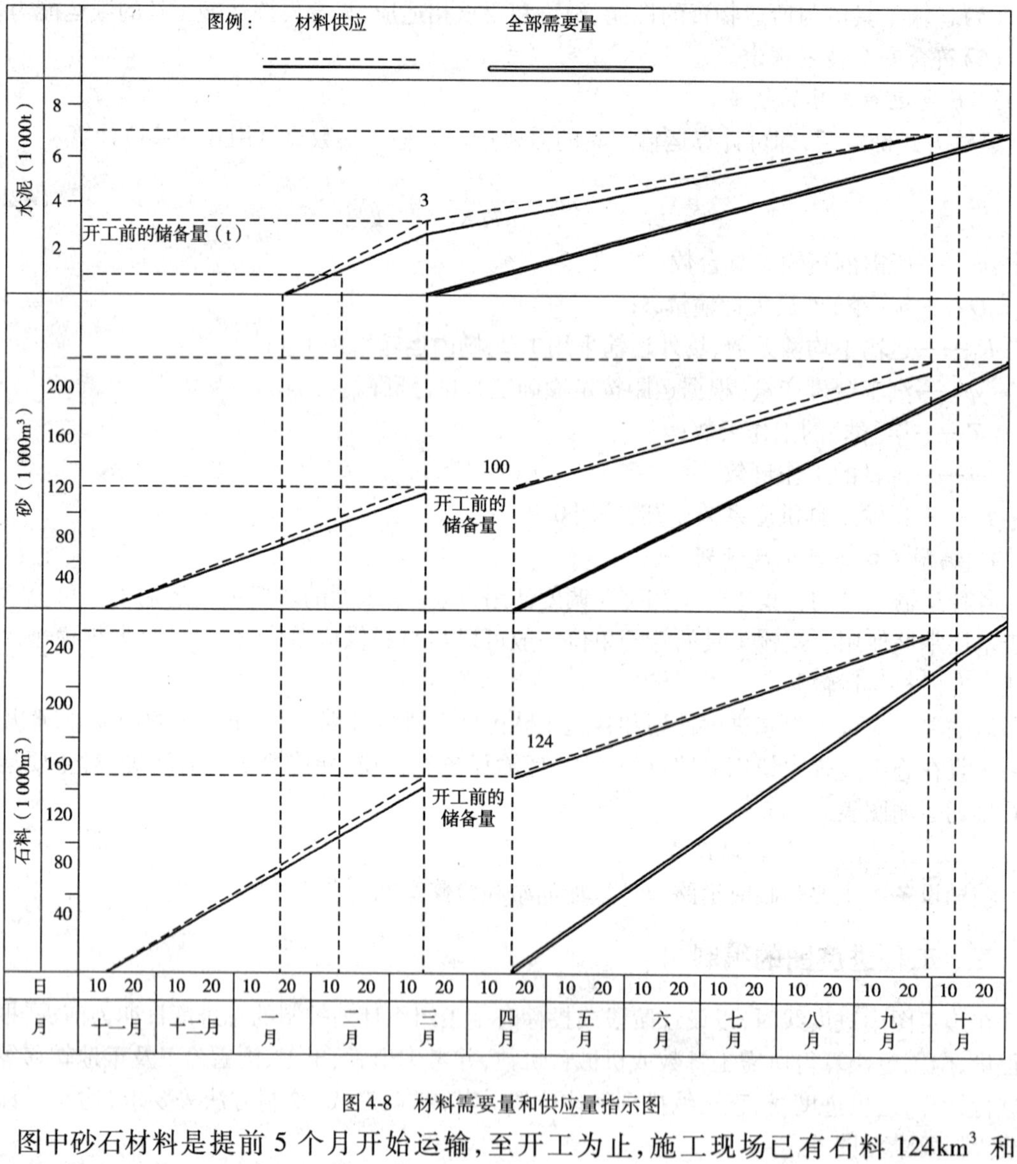

图4-8 材料需要量和供应量指示图

图中砂石材料是提前5个月开始运输,至开工为止,施工现场已有石料124km^{3}和砂100km^3;水泥不宜长期储存,以免造成积压和变质,故图中提前20d运至工地,其最大储备为2 125t,三种材料都能保证施工时的实际需要。

图中曲线是假定工地使用材料数量和每日运输材料数量相同,或者按平均数量绘制,故称为指示性材料供应图。

2. 实施性材料供应图

为了更确切地反映出供应材料的数量与时间的变化关系,在拟订详细供应计划时,尤其是对关键工程中所用的主要材料，可以绘制实施性的材料供应图。

实施性材料供应图有两种表示形式（图 4-9、图 4-10）。

1）差额曲线图

图 4-9a）以砂为例，基线以上的曲线，①为材料的实际消耗线，每月消耗有 20m³、30m³ 和 40m³ 三种情况，在 100 个工作日内共消耗 3 150m³；②基线以下曲线为按月固定运输的材料供应线，供应量为每日 33m³ 或 95.5d；③为材料在工地储量数量的差额线，由于每日消耗量和供应量并不相同，故材料的储备数量很不稳定。由图 4-9a）可知，材料的最大储备量为590m³，最小储备量为 280m³，并在整个施工期间内变化不定。

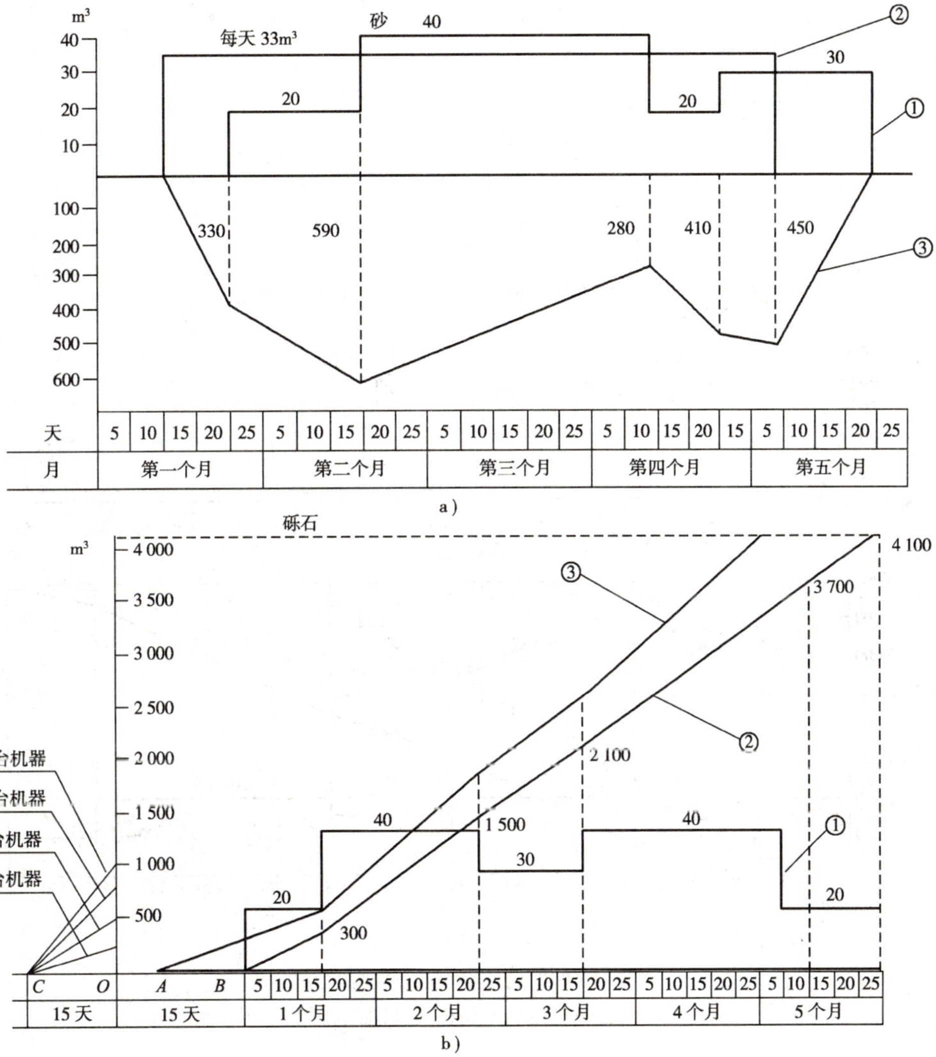

图 4-9　实施性材料供应图（一）

a）差额曲线图；b）累积曲线图

2）累积曲线图

差额曲线图能真实反映工地储备量的大小，同时也指出由于供应量和消耗量每日不同，工地上的材料储备量很不稳定（本例的最大最小储备量相差一倍以上），这对设置工地仓库很不利，并且由于运距不同等原因，每日运输的数量不可能相同，为了使供应量与消耗量大致一致，可利用累积曲线加以控制。

在累积曲线图4-9b)曲线中,①为材料的实际消耗线,②为材料的累计消耗线,③为材料供应的累积曲线。为了使供应线③与消耗②平衡,以保证工地材料储备量趋向稳定,必须调整运输工具的需要量。为此可以在图4-9b)的左下角绘制辅助图。

运输工具辅助图的绘制顺序,先按材料提前供应的日数(图直线 $AB=15$ 工作日),在坐标零点左边定出 C 点(令 $OC=AB$),再计算一辆运输工具运输15个工作日的材料总数量。本例中一辆汽车运输15个工作日的材料总数量等于245 m^3,按已知的总数量和运输日期即可绘制一辆运输工具的射线。

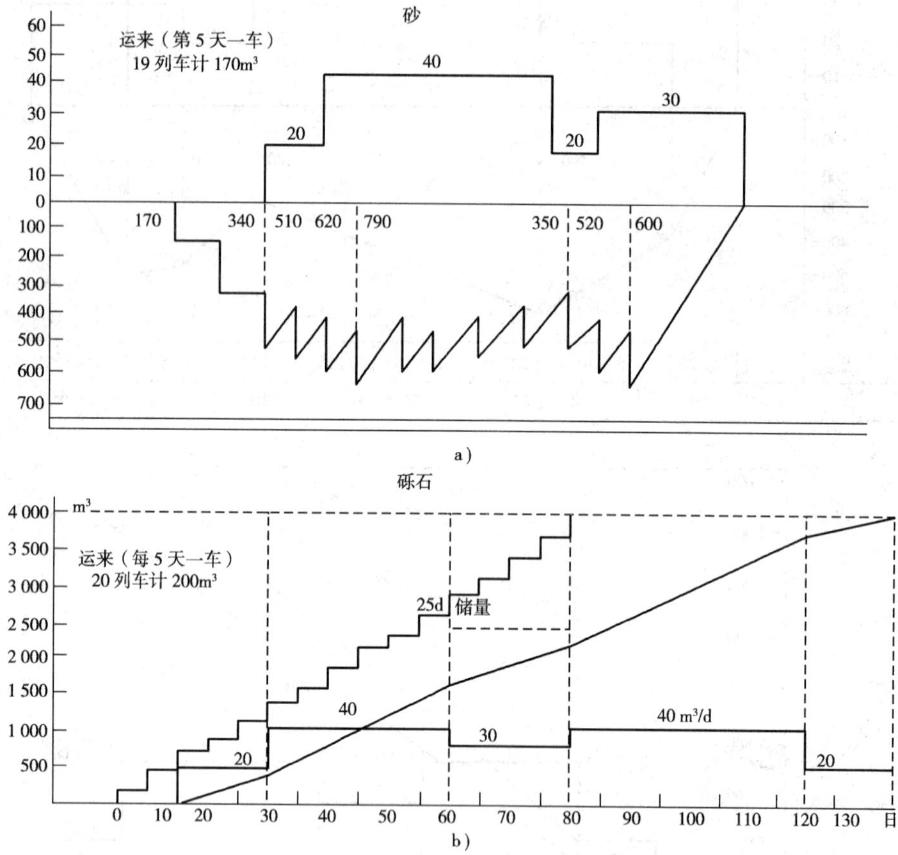

图4-10 实施性材料供应图(二)

a)差额曲线图;b)累积曲线图

同理,可绘出两辆或两辆以上运输工具的射线。为保证图解的正确,上述计算和绘图工作要求精确无错。

利用辅助图,即可由 A 点开始按照尽可能与累积消耗线②平行的原则,相应地依照射线的倾斜率绘出材料供应线③。

由上可知,材料供应图能够明显地反映材料数量与供应日期的关系,亦能表示出材料数量与运输量的变化。其中累积曲线还能按均衡供应的要求,表示出运输工具的数量。所以,材料供应图是供应组织计划中一种比较完善的表达形式。

五、安全制度与措施

在编制施工阶段的实施性施工组织设计时,应特别强调安全技术措施和安全制度的制定,要把安全生产放在工作的重要位置,作为生产工作不可缺少的组成部分来抓。遵守安全规程、贯彻以防为主的方针提高对事故的预见性,防微杜渐。

1. 安全生产的组织工作

安全生产是一项综合性的工作,它关系到施工管理的各个方面。特别是采用新技术、新结构和新的施工方法,以及在新工人、新设备、新工具日益增多等情况下,除建立健全的安全生产机构外,还要根据具体情况,在各级行政和技术负责人的领导下,选择认真负责、懂得安全技术并富有经验的技术干部担任专职工作,他们要能及时发现明显和潜在的危险情况,制止违章作业,为生产创造安全环境,以防患于未然。

除了加强组织外,技术措施也是非常重要的。安全技术措施是根据不同的工程和具体工作条件,在施工方法、平面布置、材料设备上提出保证安全生产的措施以及必须遵守和注意的事项,例如起重设备、脚手架的负荷计算,锚固措施及架设、拆除的程序和方法;多层作业隔离措施的设置方法;高空作业的防护和技术要求;爆破器材的管理与使用技术条件;易然、易爆材料的保管与防火措施;原有建筑物的拆除程序、保护方法等等。

2. 安全制度

生产管理和技术管理的规章制度是统一组织职工进行生产活动的准则,是保证正常生产的有力工具。没有规章制度就没有准绳,就容易出问题,因此,保证安全生产必须建立和健全切实可行的规章制度。

1)安全生产制度

认真贯彻安全生产责任制,做到分级负责,分片负责,事事有人负责,时时有人负责,把安全生产方针贯彻到日常生产的各个环节中,把安全和生产真正地统一起来。

2)安全教育制度

各级组织应经常利用各种有效形式,广泛开展安全生产宣传活动,组织职工学习有关安全生产的政策、法令,教育职工树立安全和生产统一的思想,自觉遵守安全生产规章制度。

3)安全技术措施制度

安全技术措施是施工设计的重要组成部分,是指导安全生产的技术文件,也是进行安全生产交底的重要依据,因此,没有编制安全技术措施的工程一律不准施工。

4)安全交底制度

安全交底是具体贯彻安全技术措施的主要方法,是一项经常性的工作,也是最实际最深刻的安全教育。各级领导在布置生产任务时,对施工安全要提出明确的要求,把施工技术和安全技术同时交底,并组织工人讨论,订立安全保证措施,使人人心中有数,个个做到安全。

5)安全检查制度

为了及时发现和消除不安全因素,应加强经常性的安全检查,每年定期进行 2 至 4 次群众性安全检查。

6)事故分析制度

各施工单位应严肃认真地贯彻执行《安全生产法》,发生工伤事故后,应组织实地调查,找出事故原因。各施工单位应掌握事故发生的规律,提前采取预防措施。

六、施工质量管理

施工部门的基本活动是建造各类固定资产;施工的目的是要满足国家建设的需要,满足人民生活的需要;施工的直接动机是创造使用价值,这就决定建筑施工必须把使用价值放在第一位,要重视和提高工程质量。

在建筑施工中,质量与速度的关系是经常遇到的问题,它们既是对立的,又是统一的,必须处理好速度、产值和质量之间的关系。在施工管理中,必须认识到速度与质量的矛盾,矛盾是主要方面,那种只顾追求速度、追求产值而不顾质量的做法是同企业的信誉和社会责任不相容的。因此,在施工组织管理中,必须把质量放在第一位。

制定实施性施工组织设计时,保证与提高工程质量的措施主要有以下几个方面:

(1)认真学习和复核设计图纸,吃透设计意图,并做好逐级的技术交底工作。

(2)建立和健全各级质量检验、监理机构,坚持专业检查和群众性检查相结合,贯彻班组自检互检制度。

(3)严格执行国家施工验收规范和有关操作规程,如《建筑安装施工验收规范》、《建筑安装工程质量检验评定标准》、《公路工程质量检验评定标准》等。

(4)及时填报各项验收报表,特别是隐蔽工程的验收签证、施工日志等,建立技术档案,保存原始资料。

(5)建立和健全试验机构,充实试验人员,认真做好原材料、半成品、构件和器物的检验工作。

(6)搞好施工机械的检修工作,经常保持机械设备的完好和精度。

(7)做好质量事故的分析,找出产品质量缺陷的原因,采取预防措施,尽可能把质量问题消除于出现之前。

课题七　公路施工组织设计示例

为了进一步系统地掌握流水作业法施工组织设计的原理及其在公路工程中的应用,现以施工图设计阶段编制施工组织设计为例,说明道路施工组织设计编制过程中一般应考虑的问题。本例讨论的重点是在编制工程进度图时如何进行总体安排、工期确定、资源需要量的平衡等问题。

一、工程概况和工程特点

本工程是某省道公路的一段改建工程,采用山岭重丘区三级公路标准,按两阶段设计。根据施工图设计文件,该路段的工程概况如下:

(1)改建路段全长3.88km。

(2)路基宽度7.5m。路基土石方111 320m^3,其中石方40 780m^3,土方70 540m^3。浆砌块石挡土墙955.2m^3。

(3)路面宽度6m,两侧各设宽度为0.75m的土路肩。路面面层为3cm的双层式沥青表面处治,基层为厚20cm的级配碎石。

(4)全线有中桥1座,为3孔净跨25m的T形梁桥,桥长90m;小桥3座,均为钢筋混凝土板桥,总长60.51m;涵洞8座,长140.4m,为钢筋混凝土盖板涵。

(5)其他工程,如路基防护加固工程、附属工程、临时工程等,本例不考虑。

本工程桥涵等人工构造物多,路基土石方分布不均匀,在施工组织设计中应注意各施工点的相互干扰。沿线砂、石等建筑材料丰富;居民点较多,行政、生活用房屋可资利用;新路施工基本上不影响原有公路通车;交通方便。这些都是施工的有利条件。

二、施工组织设计的基础资料

本例假定:施工图设计与计算正确;通过现场施工调查,掌握了沿线具体情况;经复核,各分项工程的工程量(表4-15)无误;其他技术文件、有关规范和新技术资料齐全。本工程的工期:2005年第三季度开工,2006年底建成通车,施工工期最长只有一年半。

施工方法、工程量及定额工日数量表 表4-15

编号	工程名称	土石类别或结构物类型	施工方法	工程数量		时间定额		需用工日数	备注
				单位	数量	单位	定额值		
1	集中土方	普通土	机械	m^3	56 000	工日/1 000m^3	4.5	252	80~100马力推土机
2	集中石方	坚石	机械	m^3	82 149	工日/1 000m^3	135.4	11 123	机械打眼,推土机推运
3	沿线土方	普通土	机械	m^3	22 222	工日/1 000m^3	4.5	100	推土机
4	沿线石方	次坚石	人工	m^3	5 283	工日/1 000m^3	388.2	2 051	
5	挡土墙	浆砌块石	人工	m^3	1 166	工日/10m^3	12.2	1 423	
6	涵洞	钢筋混凝土盖板涵	人工	延米/座	140.4/8			3 950	
7	小桥	钢筋混凝土板桥	人工为主	延米/座	60.51/3			8 085	小型机具吊装
8	中桥	T形梁桥	吊装	延米/座	90/1			18 190	以人工施工及吊装机具相配合
9	路面基层	级配碎石	人工	m^2	40 274	工日/1 000m^2	40.2	1 619	厚度20cm
10	路面面层	沥青表面处治	半机械化	m^2	35 888	工日/1 000m^2	21.4	768	厚度3cm,汽车洒油
	合计							47 561	

三、选择施工方案和施工方法

1. 施工方案

(1)整个工程的施工采用平行流水作业法。

(2)建立以下8个专业施工队。

①土石方一队。

②土石方二队。

以上两个队负责集中土石方工程的施工，采用平行顺序作业法。

③路基队：用顺序作业法进行沿线路基土石方施工，包括路基成型、压实、边坡清理等。

④小型构造物队：负责8座涵洞和4座挡土墙的施工，采用流水作业法。

⑤小桥队：负责3座小桥的施工，采用流水作业法。

⑥中桥队：负责1座中桥的施工，用网络分析法组织施工。

⑦路面基层队：采用流水作业法。

⑧路面面层队：采用流水作业法。

(3)施工作业方向从路线终点到起点。这是因为本例大部分工程都集中在路线的中部和后面，又无行车干扰。同时，这个施工作业方向使需要利用的旧路最后施工，对旧路通车的影响最小。

2. 施工方法

本工程规模小，地方劳动力多，为了尽可能减少临时工程和调动地方的积极性，因此，各项工程首先考虑人工施工。但对于劳动强度大、作业面小的工程，如集中土石方、桥梁工程等，仍用机械施工或利用机械进行吊装的半机械化施工。各项工程的施工方法见表4-15。

四、编制工程进度图

为简化起见，只安排表4-15所列10个施工项目的具体施工进度，在确定总工期时考虑施工准备工作和收尾工作的时间。

1. 划分施工项目

根据工程性质和施工方法的不同，划分为表4-15所示10个主要施工项目。

2. 计算劳动量

由工程量和相应的时间定额，计算得到各个施工项目的劳动量，即所需用的工日数（表4-15）。本工程上述10个施工项目的劳动量合计为47 561工日，假定与施工图预算一致。

3. 组织专业施工队，计算施工持续时间

将10个施工项目适当合并，由8个专业施工队施工（在施工方案中已提出）。各施工队的工人人数，根据机具配备和劳动优化组合的原则确定。各队人数见表4-16，表中人数为实际出工的工人数，确定各队的编制人数时，还应除以计划的出工率。

各施工队的作业持续时间，采用进入正常流水后的进度平均计算（工程实践中要考虑流水展开期，见本例中桥的进度安排），即用各队人数除该队应完成的劳动量。如小桥队由30人组成，应完成的劳动量为8 085工日，则该队的作业持续时间为8 085 ÷ 30 = 270工作日。各施工队的作业持续时间见表4-16。

4. 确定施工总期限

1）有效作业天数

根据当地气象站的多年观测资料，该地区平均年降雨天数为48d，最高年份达到59d，冬季多雾，5至8月的降雨天数占全年降雨天数的55%左右。因此，每月的有效作业天数平均为(365 − 48) ÷ 12 = 26.4d；最不利年份为(365 − 59) ÷ 12 = 25.5d。

综合考虑以上情况，每月有效作业天数取为25d。由于在施工的一年半期间只有一个雨季，因此，每月按25d安排是完全能确保施工任务完成的。

各施工队作业时间表 表4-16

编号	施工队名称	人数	投入劳动量(工日)		作业持续时间(d)		起止时间		备注
			计算值	计划安排	计算值	计划安排	开工	结束	
1	土石方一队	35	8 225	8 225	235	235	11月下旬	8月底	跨年度
2	土石方二队	30	3 150	3 150	105	105	4月下旬	8月底	2006年
3	路基队	30	2 151	2 160	72	72	6月下旬	9月下旬	2006年
4	小型构造物队	20	5 373	5 400	269	270	9月初	7月下旬	跨年度
5	小桥队	30	8 085	8 100	270	270	9月初	7月下旬	跨年度
6	中桥队	80	18 190	19 200	227	240	9月初	6月下旬	跨年度
7	路面基层队	65	1 619	1 625	25	25	9月初	10月初	2006年
8	路面面层队	30	768	750	26	25	9月中旬	10月中旬	2006年

2)施工准备与结束工作时间

假设本工程的施工准备工作与收尾结束工作的时间各需2个月,因此,正式施工时间为14个月,其有效作业天数为14×25=350d。

3)施工实际需用的期限预计

根据各施工项目之间的合理搭接和逻辑关系,本工程有以下两条主要流水作业线:集中土石方—路基—路面基层—路面面层、桥涵—路基—路面基层—路面面层。从表4-17可知,施工持续时间最长的是小桥队,为270d,因此,小桥—路基—路面基层—路面面层可能是控制工期的关键线路。设各施工项目之间的间隔时间为15d,这条平行流水线路的作业持续时间最长为270+15+15+15=315d(因为后一施工项目的作业持续时间都比前一施工项目短或相等)。

另一方面,中桥两端有引道,为集中土石方,因此,中桥—引道填方—路面也有可能是控制工期的关键线路,该线路的作业持续时间之和为340d(图4-11)。

综上所述,本工程的正式施工作业天数可控制在350d以内,可在规定的施工工期内完成任务。

5. 安排各项工程的施工进度

1)正式开工时间

因本工程的准备工作为2个月,因此,正式开工时间为2005年9月1日。

2)重点工程的施工时间安排

根据前面的分析,影响本工程工期的重点工程是中桥和集中土石方。由于组织两个土石方施工队平行作业,因此,中桥工程就成为关键工程。为保证工程施工进度,首先安排中桥工程于2005年9月初开工。

由于本工程规模小,为尽可能减少临时生活设施,避免短时间内的人工过于集中,因此对小桥和小型构造物都只组织了一个施工队,这就使得这两个施工队的作业持续时间相对延长。为争取时间,不影响路基和路面工程的开工,决定小桥队和小型构造物队也在2005年9月初开工。

3)各项工程的施工时间安排

在具体确定施工时间时,主要考虑了以下几点:

(1)遵守客观的施工顺序。如在任一地点都应按照桥涵构造物、土石方、路基、路面这样的次序施工,桥台完工后才能填筑引道和锥坡施工等。

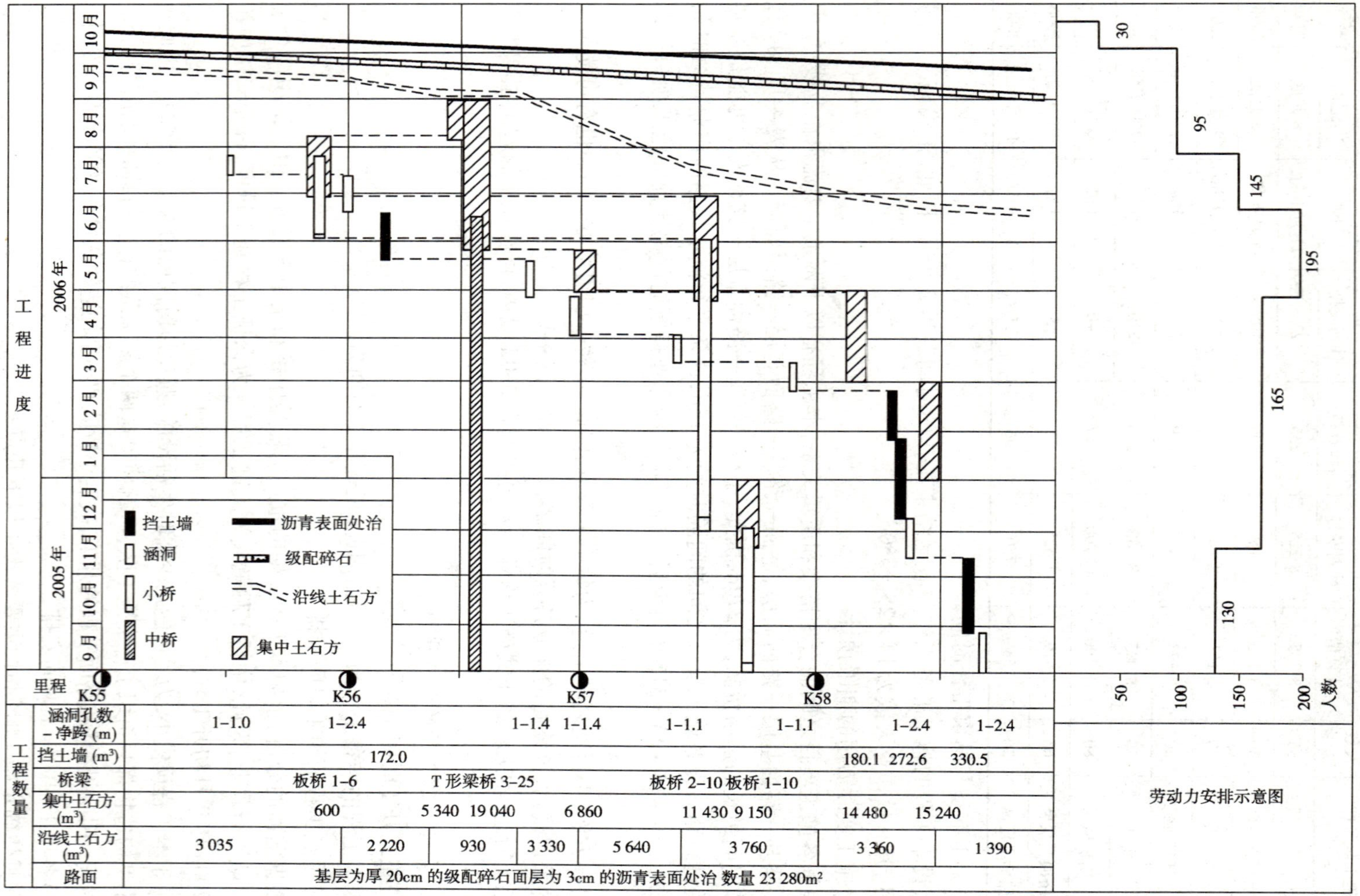

工程进度
2006年
2005年
10月
9月
8月
7月
6月
5月
4月
3月
2月
1月
12月
11月
10月
9月
挡土墙
涵洞
小桥
中桥
沥青表面处治
级配碎石
沿线土石方
集中土石方
里程
K55
K56
K57
K58
工程数量
涵洞孔数-净跨(m)
1-1.0
1-2.4
1-1.4
1-1.4
1-1.1
1-1.1
1-2.4
1-2.4
挡土墙(m³)
172.0
180.1
272.6
330.5
桥梁
板桥 1-6
T形梁桥 3-25
板桥 2-10
板桥 1-10
集中土石方(m³)
600
5 340
19 040
6 860
11 430
9 150
14 480
15 240
沿线土石方(m³)
3 035
2 220
930
3 330
5 640
3 760
3 360
1 390
路面
基层为厚 20cm 的级配碎石面层为 3cm 的沥青表面处治 数量 23 280m²
30
95
145
195
165
130
50
100
150
200
人数
劳动力安排示意图

图 4-11　工程进度图

(2)同一地点需进行多项工程施工时应紧凑安排,以缩短工期。如中桥施工及引道填方、路面铺筑等在中桥施工段内都以满足各项工程之间的最小时间间隔进行安排,路面基层与面层之间的时间间隔由级配碎石基层的施工情况及封油情况确定等。

(3)注意人力和各种资源需用量的均衡。本例只考虑了劳动力需用量的均衡,如中桥基本完工后才安排路基队开工,土石方队完工后路面基层队才开工等,避免了劳动力需用量出现峰值。

(4)在规定的施工期限内完成全部施工作业。本例的竣工时间为2006年10月中旬,全部施工时间14个月,有效工作日340d,符合要求。

(5)安排进度留有余地,便于执行时调整。本例共安排了48 700工日,比计算的定额工日数47 561工日多2.39%(表4-16)。因此,本例的施工进度安排有足够的调整余地。

图4-11为本工程主要施工项目的工程进度图。

课题八　桥梁施工组织设计实例

一、工程概况

1. 工程项目的特征

贝江桥位于柳沙市以东21km处的郊区县境内,是一条省级公路上的新建桥梁。长108m,桥面净宽(10 +2 ×1.0)m,全桥混凝土工程数量1 055m,钢材72.47t,水泥429t,投资总额为120万元。

该桥设计为5 ×20m的钢筋混凝土简支T梁桥,基础采用桩基础,桩径1.5m,桩长24m,桥墩为双柱式桥墩,柱径为1.2m,墩高10m。设计于2005年6月底完成,同年10月初工程队开始进行施工前准备工作。次年2月底全面开工,6月底主体工程完工,7月底全部竣工通车。

2. 建设地区特征

工程所处地区为平原微丘区,地势平坦。河流蜿蜒曲折,河流水位按年周期性变化,枯水期几乎断流,洪水期流量可达1 200mV/s。桥位处河岸顺直,西岸植被较好,东岸砂层外露,河槽稳定。

河床地质在42m深度范围内由粗砂、亚黏土、细砂和砂砾层组成。河床冲刷较为严重,最大冲刷深度达5.62m。气候温和,雨量适中,冬季最低气温在2℃左右,夏季气温可达37℃左右。冬季多北风,一般风力为10级。

3. 施工条件

当地劳动力供应充足,水源充足,水质良好。电力供应方便,交通状况较发达。由于地势平坦,场地平整及临时便道工程量小。当地砂、石料资源丰富,特别是砂子可就地采集,石料产地也不过10km。水泥、钢材供应充足,采购、运输方便。施工单位为一级资质企业,技术力量雄厚,管理水平较高。总之,施工条件比较优越。

二、施工方案的确定及施工部署

1. 施工流向的确定

该桥的施工流向由西岸1号桥台桩基础开始,顺序施工到东岸6号桥台桩基础完成。桥墩升高、盖梁混凝土浇注、T梁安装均按此顺序进行。因此,施工力量全部布置在西岸。当桩基、盖梁、耳墙施工时,可临时转移施工机械于东岸,完成后再转移到西岸即可。

2. 施工顺序的确定

1)基础施工顺序

由于该桥基础工程数量较少,工程量不大,仅采用一台钻机、一组施工专业人员进行施工。按图 4-12 所示施工顺序进行桩基础施工。

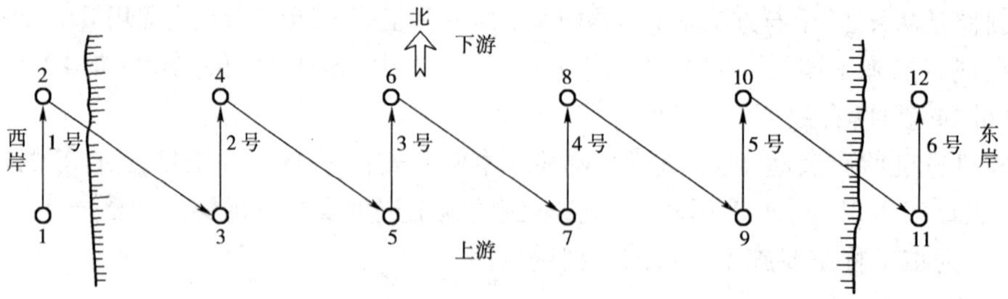

图 4-12 基础施工顺序

2)桥墩施工顺序

桥墩的墩柱、盖梁采用定型钢模三套,建立三个专业队:扎筋、支模、浇注混凝土,组织流水施工,其顺序如图 4-13 所示。

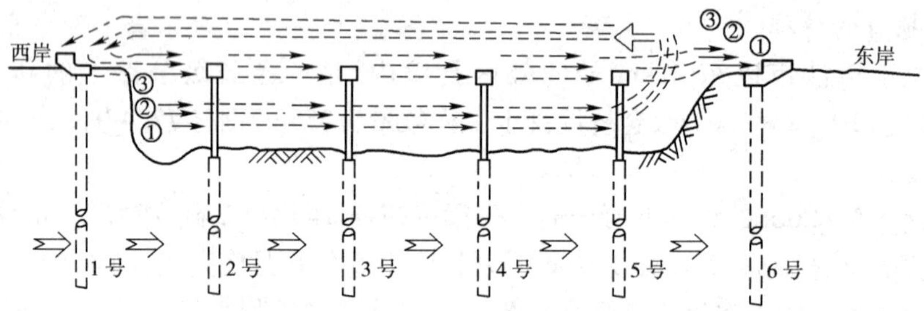

图 4-13 墩柱、盖梁施工顺序

3)T 梁预制

T 梁预制场设置四个底座。四套定型钢模,根据梁体预制的工艺过程,分解为四道工序:支模、扎筋、浇注混凝土及养生拆模整修。建立四个相应的专业队,组织流水施工。同时,梁体预制与桩基础安排平行施工,其目的是为缩短工程的总工期。最理想的安排方式是:预制的最后一片梁体混凝土强度刚达到吊装强度要求时,就开始起吊并安放在最后一孔的桥台上,此时桥台混凝土强度也刚达到设计要求的强度。这种安排方式,平行作业多,工期最短,但并不经济合理。劳力、机具、材料需要量过分集中,占地面积大、临时设施过多,不仅增加工程成本,更重要的是施工现场容易出现混乱局面,工程质量和施工安全难于保证,管理难度大大增加。

预制场与堆放场要设置与底座相适应的移梁轨道和安装用的纵向运梁轨道,以便于横向堆放和纵向运梁安装。T 梁预制时,应考虑安装顺序,将边梁与中梁间隔放置。

4)T 梁安装顺序

该桥选用单导梁法安装 T 梁。配合龙门架、蝴蝶架以及滑车、链滑车、千斤顶、绞车等辅助设备架设安装预制梁。其优点是可完全不设桥下支架、不受洪水威胁,架设过程中不影响桥下通车或通航。预制梁的纵移、起吊、横移、就位都比较便利。

(1)纵向顺序

该桥安装顺序:由西岸第一孔开始,安装完第一孔五片梁后,再安紧接的第二孔,直至最后一孔(第五孔)安装完成为止。

(2)横向梁体安装顺序

预制梁横向安装次序有三种方案可供选择。

总之,在确定施工顺序时,要坚持以下原则:先地下,后地上;先主体、后附属,地下由深到浅,地下地上尽量平行、交叉进行可尽量组织流水作业,在保证工人连续工作的前提下,充分合理利用工作面。在具体安排施工顺序时,要在上述原则指导下,结合施工条件、施工的自然地理环境及各种影响施工顺序的因素统筹规划、全盘考虑。

3. 施工方法与施工机械的选择

施工方法与施工机械的选择是施工方案的核心内容。施工方法的选择脱离不开施工机械,而施工机械的选择也涉及到施工方法的确定,两者之间存在着密切的关系。

施工方法与施工机械的选择要具体到各分部、分项工程上去。既然是选择,就得进行比较,比较就应该规定条件,这个条件是技术经济条件。下面就对各分部、分项工程的施工方法与施工机械选择做简要说明。

1)基础工程施工方法与施工机械的确定

该桥基础为桩基础,桩径为1.5m,桩长为24m、33m两种,每个基础设计为两根桩。目前桩基施工的方法和施工机械很多,各种成孔方法、施工机械对不同的地质构造具有不同效应,主要反映在成孔的速度、质量以及桩基础的工程成本方面。该桥桥位处的地质构造为:西岸亚黏土、粉砂层,厚约13m,下层为粗砂和砂砾层,厚约60m;东岸则为粗砂层夹砂砾,厚约70m。针对这种地质构造,再比较各种钻孔(钻机)方法的适用范围如表4-17,表4-18所示。根据成孔速度、成本及安全可靠性,最后,确定钻孔采用正循环回旋钻机。

施工方案比较 表4-17

钻孔方法	适用范围			是否需泥浆悬浮钻渣
	土层	孔深(m)/孔径(cm)	成孔速度	
正循环回旋钻机	黏性粉砂,细、中、粗砂,含少量砾石、卵石(含量小于20%)的土,软岩	(80~100)/(80~160)	约5m/班	需要
反循环回旋钻机	黏性土,砂类土,含少量砾石、卵石(含量小于20%,粒径小于钻杆内径2/3)的土,软岩	真空泵≤35,空气吸泥机65/(80~150)	砂约32m/班	不需要
潜水钻机(正循环)	淤泥、腐殖土、粉砂、砂类土	50/(80~150)	约45m/班	需要
冲抓锥	淤泥、腐殖土、密实黏性土、砂类土、砂砾石、卵石(大于20m时,进度慢)	50/(100~200)	(4~0.2)m/班	不需要
冲击实心锥	黏性土、砂类土、砾石、卵石、漂石、较软岩石	50/(80~200)	(9~0.4)m/班	需要
冲击空心锥	黏性土、砂类土、砾石、松散卵石	50/(80~150)	(9~0.4)m/班	需要

2)桥墩升高施工方法与施工机械的选择

该桥为双柱式桥墩,双柱混凝土数量仅18m,盖梁11.6m,分两次浇注。模板均采用定型模板,柱用钢模板,盖梁用现成木模板。混凝土的水平及垂直运输可供选择的方法很多,例如采用简易木扒杆、汽车吊装垂直运输,两者配以四轮斗车。可作为水平运输工具,也可使用缆索吊机兼顾水平和垂直运输;还可采用混凝土泵和皮带运输机。但由于混凝土的数量少,桥墩

砂砾层中各种钻孔方法比较　　表 4-18

钻孔方法	成孔速度	成　本	优缺点说明
正循环回旋钻机	5m/班	2 009 元/10m	钻进与排渣连续进行，需设置泥浆槽，沉淀池，储浆池，占地面积大，需大量的水和泥浆原料，机具设备复杂，机具故障多，钻孔深度深
反循环回旋钻机	32m/班	2 009 元/10m	钻进与排渣连续进行，需设泥浆槽、沉淀池、储浆池，占地面积大，需大量的水和优质泥浆原料；机具设备复杂、机具故障多，配备真空泵时，钻孔深度不大于 35m，配备水力或空气吸泥机时可达 65m；在砂砾层中，孔壁坍塌的现象比正循环回旋钻机严重得多
潜水钻机（正循环）	45m/班	3 017 元/10m	由于潜水钻机的动力和钻锥紧紧相连，潜入水下工作，因此钻孔效率较一般正循环回旋钻高些，钻具简单、轻便、易于搬运，噪声小，操作条件也有所改善；最大缺点是钻潜入水下工作，易发生故障
冲抓锥	(0.4～4)m/班	2 152 元/10m	适用土质较为广泛，当钻孔深度超过 20m 后，钻孔进度大为降低，在密实砂砾层中进度很慢
冲击锥（冲击钻机）	(1～2)m/班	2 569 元/10m	无坚不摧，钻渣挤入孔壁，使孔壁更加密实，钻进速度慢；卷扬机带冲击锥成本低，1 776 元/10m

又不高，最后选用木扒杆作垂直运输，配以小四轮斗车作水平运输，施工简便、成本也低。

3）T 梁安装施工方法与施工机械的选择

装配式钢筋混凝土 T 梁桥的安装，可根据不同的施工现场条件和吊装设备，采用不同的方法进行。但均须事先经过有关人员共同研究，对各种可采用的施工方法进行技术经济比较，作出抉择（制定经济合理的吊装方案），并经过主管部门审查批准，同时应符合以下要求：

(1)在全部安装阶段中，应采取临时固定措施，桥梁已安好的各部分要有足够的稳定性、坚固性和最小的变形。

(2)当安装条件与设计所规定的条件不同时，应对构件在安装时所产生的内力加以复核。

(3)应充分发挥起重设备的能力，并保证安装施工安全。

下面对几种可采用的施工方案作比较，如表 4-19 所示。

T 梁吊装方案比较　　表 4-19

T 梁安装方案	成　本	使用机具设备	说　　明
单导梁法	29 437 元	导梁、龙门架、蝴蝶架、若干滑车、链滑车、千斤顶铰车等	成本计算中，考虑了安装费、吊装设备费、轨道运输费
跨墩门架法	31 148 元	门架及若干滑车、链滑车、千斤顶、铰车等	成本中考虑了安装费 8 724 元、吊装设备费 15 804 元及整修便道或搭设支架 5 000元、轨道运输费 1 620 元
缆索吊装设备	171 556 元	吊装梁式桥的缆索吊装系统由主索、天线滑车、起重索、牵引索、起重及牵引铰车，主索地锚、塔架、风缆等主要部件组成	成本中考虑了塔架，地锚、索道缆索运输等费用

根据上述方案比较，最后确定的安装方案是单导梁法，该法不仅成本较低，而且施工单位对单导梁法安装 T 梁已具有丰富的施工经验，操作熟练、安全可靠。

4）尽量采用科学的流水作业方法

该桥由于考虑了其他原因，在桩基施工过程中未组织流水作业，而在梁体预制、墩柱升高及盖梁浇注中均采用了流水作业方式进行施工。但由于桩基水下混凝土浇注过程对拌和机的需求数量较多，不时干扰其他项目流水作业的正常进行，效果不十分显著，故决定交叉施工。

三、施工进度计划的编制

施工进度计划编制的主要依据是施工方案、合同工期或上级指令性期限。前述施工方案已确定了该桥的施工顺序、流向、各分部分项工程的施工方法及施工机具设备，安排了流水作业的项目。因此，施工方案对估算施工速度、编制施工进度计划具有指导和决定作用。而上级的指令性期限则意味着对已定施工方案前提下的劳力、机具设备数量提出了最低限的要求，即最低施工进度。

编制施工进度计划，特别是网络计划要按下述几个步骤进行：

1. 划分施工项目

将单位工程分解为许多的分部工程，又将各分部工程分解为许多分项工程，根据计划要求的类型不同，甚至要将分项工程分解为许多道工序（班组一级实施性计划或旬、月作业计划）。

2. 确定各施工项目或工序的持续时间

确定各施工项目或工序的持续时间一般有两种方法：

其一是定额法，计算公式如下：

$$R = Q \times S \tag{4-25}$$

式中：Q——工序的工程量；

R——人力或机械数量；

S——产量定额。

其二是经验估计法，即根据过去的施工经验或资料估计。有时为提高估计的准确程度，而采用“三时估计法”，即先估计出最长、最短、最可能的三种持续时间，然后据以求出期望的持续时间作为工序的持续时间。

3. 确定各施工项目或工序之间的逻辑关系

各施工项目或工序之间的逻辑关系包括工艺关系和组织关系。工艺关系取决于施工方法和施工机械，当施工方法和施工机械确定之后，工艺关系就固定下来，不能改变。而组织关系则是人为关系，也受许多因素的制约，但可以改变，存在着优化问题。施工进度计划编制的好坏，在很大程度上取决于组织关系处理的是否合理。因此，在编制施工进度计划时，重点应放在组织关系的处理上。当然，由于种种因素的影响和施工条件的限制，它并不起决定性作用。

4. 编制初始网络计划

根据施工方案、项目或工序的划分、各项目或工序之间逻辑关系的分析以及工序的持续时间，就可以编制出初始网络计划方案。该桥初始网络计划方案如图 4-14 所示。编制网络计划的初始方案是一项工作量大、费时多的工作，需要反复研究，才能较好地完成。

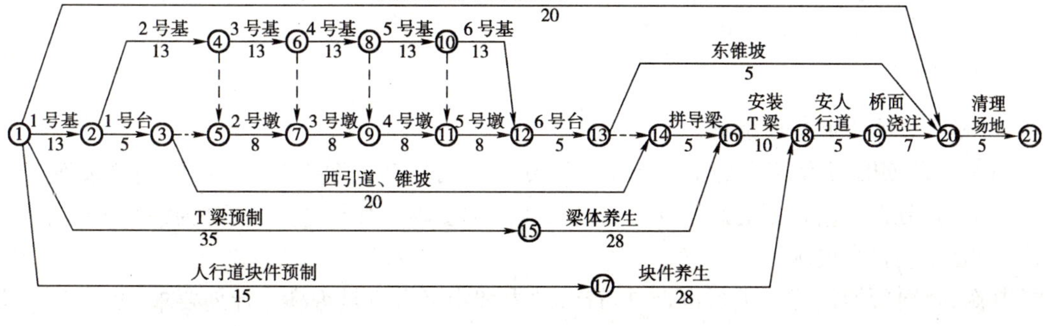

图 4-14　网络计划初始方案

5. 计算时间参数,寻找关键线路,绘制网络横道图

计算时间参数的目的,是从时间安排角度去考察网络计划的初始方案是否合乎要求,以便对网络计划进行优化。为了考察时更明显、更直观,将计算过时间参数的网络计划转换为网络横道图,如图 4-15 所示。

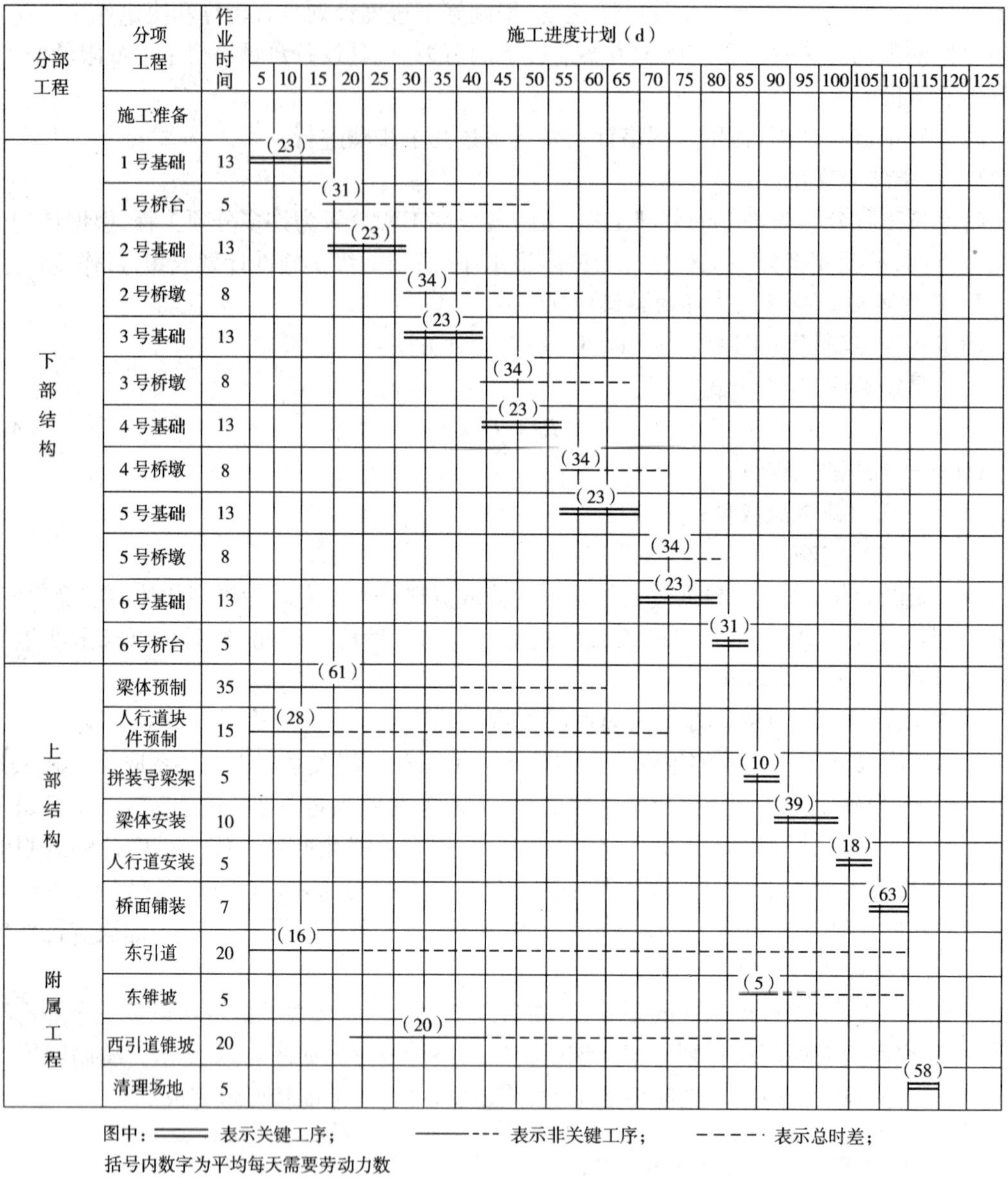

图 4-15 初始横道图

6. 对计划进行审查与调整

对网络计划的初始方案进行审查,是要确定它是否符合工期要求与资源限制的条件。

首先,要分析网络计划的总工期是否超过规定的要求。如果超过,就要调整关键工序持续时间,使总工期符合要求。

其次,要对资源需要量进行审查,检查劳动力和物资供应是否满足计划要求,如不符合,就要进行调整,以使计划切实可行。

7．正式绘制可行的工程网络计划图

网络计划的初始方案通过调整，就成为一个可行的计划，可把它绘制成正式的网络横道计划图，如图4-16所示。这样的网络计划还不是一个最优的网络计划，要得到一个令人满意的

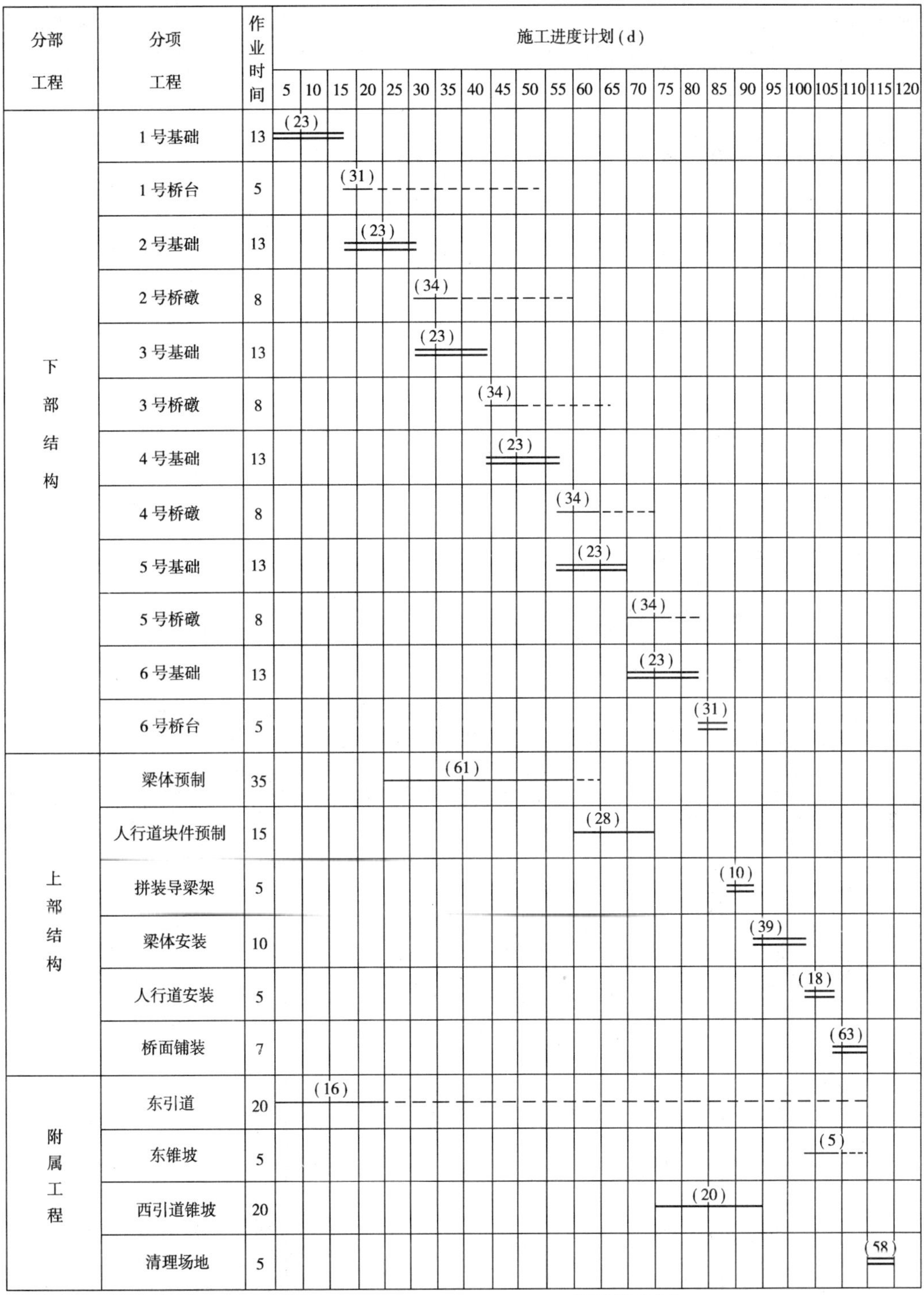

图中：═══ 表示关键工序； ——--- 表示非关键工序； —— 表示调整后成为关键工序； — — — 表示总时差；
括号内数字为平均每天需要劳动力数

图4-16　调整后的施工进度计划

计划，还必须进行优化。但过分的优化会使计划的弹性愈来愈小，在执行过程中由于管理水平的限制，实际进度与计划产生偏离，即使不断进行调整，其结果还是达不到预定目标，因此，优化应结合计划留有充分的余地。根据可行的施工进度总计划，可进一步把这个总目标计划进行纵向切割成多个子目标计划，即年度、季度、月度及旬作业计划；当横向切割时，可形成许多分部、分项工程的子目标计划。在计划执行中，时刻抓紧子目标计划按期实现，则必然可以保证总目标计划的按期完成。

四、资源需要量计划

当施工进度计划确定之后，各分项工程施工所需用的劳动力、材料及机具设备、资金的数量和时间也就确定，然后按年度、季度、月汇总就得到劳动力、主要材料、机具设备和资金的使用计划。

1. *劳动力需要量计划*

根据施工进度计划可计算出劳动力资源动态曲线如图4-17所示，然后按季、月和旬填写劳动力计划表即可。

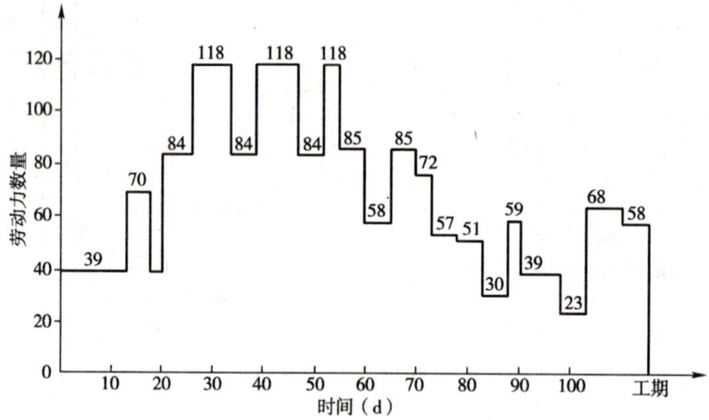

图4-17　劳动力动态曲线

2. *主要材料需要量计划*

根据施工进度计划也可绘制出主要材料如水泥、钢材的资源动态曲线，如图4-18、图4-19

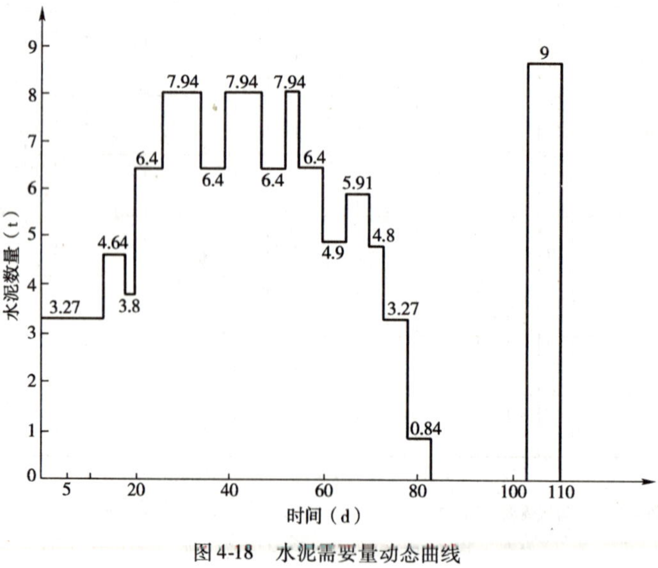

图4-18　水泥需要量动态曲线

所示，然后按季、月和旬填写水泥、钢材计划表即可。

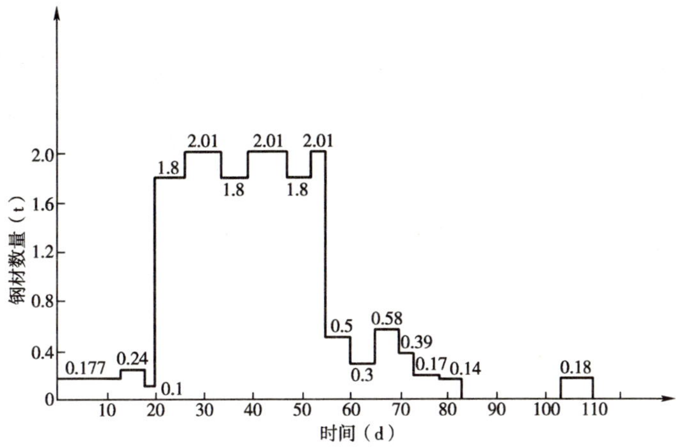

图 4-19　钢材需要量动态曲线

3. 主要施工机具需要量计划(略)

4. 资金的使用计划(略)

五、采购运输计划(略)

六、施工准备工作计划(略)

七、施工设计(略)

八、施工总平面图设计

以 T 梁安装、运输、堆放和预制为线索，首先安排 T 梁运输线路、堆放位置、再确定 T 梁的预制场地，接着安排砂石料堆放场、拌和机、水泥库位置。围绕预制场布置钢材、木材加工制作场地。根据施工现场实际情况布置临时职工宿舍、食堂、娱乐场地及临时供电、供水线路、临时便道等等。在具体设计布置时，还应考虑工人生产和生活的方便性，保证水路电路运输道路最短、临时生产生活设施费用最低、各种设施布置位置发挥效能最高，并符合卫生、防火及安全规定。本桥施工总平面图布置如图 4-7 所示。

本例主要是通过贝江桥施工组织设计实例来说明编制施工组织设计的内容和步骤，并非一套完整的施工组织设计文件。因此，对其他问题不再叙述。

思考题

1. 编制施工组织设计的基本原则是什么？
2. 施工组织设计的基本任务是什么？
3. 施工组织设计的关键文件类型及作用是什么？
4. 施工方案的内容及选择的基本要求是什么？

5. 施工机械选择的原则是什么?

6. 安排施工顺序的原则是什么?施工机具选择的要求是什么?

7. 施工进度图的形式和特点是什么?

8. 叙述施工进度计划的编制过程、依据。

9. 什么是劳动量?写出其计算公式。

10. 施工平面图设计的定义及依据是什么?原则是什么?

11. 施工总平面图包括的内容是什么?

12. 工地加工场地及临时仓库施工组织的任务是什么?

13. 工地运输组织应解决的问题有哪些?

14. 主要材料供应计划图表与材料计划表有什么区别?

15. 累计曲线图的作用是什么?

课外实训

实施性桥梁施工组织设计

1. 编制说明及依据

1)编制说明

本施工组织设计是在认真学习体会合同文件、领会设计意图和现场实地考察的基础上,针对本工程的特点,结合本单位类似工程的施工经验,在满足合同文件要求的前提条件下进行编制的。在编制过程中,我们对方案进行了实施性论证,在充分考虑到外界不利因素对工程施工影响的情况下,配足配强人员、设备和仪器,同时制定了详细的质量、安全、工期保证措施和各项规章制度,力争达到"技术先进、方案可行、工期提前、效益最大"的目标,以期满足业主对该项目的要求。

2)编制依据

(1)国道主干线××至××段高速公路6合同段招标文件。

(2)国家、交通部颁发的有关文件及设计、施工规范及验收标准。

(3)标前会答疑资料及补遗书。

(4)施工现场调查取得的有关资料。

2. 工程概况

1)项目自然特征

国道主干线××至××段高速公路位于××市东南,北接××环城高速,南接已建成的××高速××段。本标为一般桥梁标,标段里程为:K34+277~K36+392,全长2 115m。线路穿越黄阁镇南涌口村、角亭村,在K34+650、K35+700处分别跨越南涌口、张家涌,在K35+120、K35+390、K36+030处跨越地方公路,在K35+118、K35+380处线路与地方电力线相交(分别为10kV和110kV),桥位附近分布有黄阁镇天山采石场、大唐采石场、大井砂场。

2)气象、水文、地质情况

(1)气象情况。

本标工程位于××三角洲腹地,北回归线以南,气候同时兼有热带、亚热带季风气候特征和海洋性气候色彩。总体情况是:冬短夏长,夏季高温多雨、多台风,冬季有寒潮。历年月平均最低气温13.8℃，最高气温28.6℃，最大风速24m/s。雨季在每年的5～10月，旱季在当年的11月至次年的3月。

(2)水文情况。

本标工程是根据地形、地质条件、农业排灌、地方道路等因素综合拟定的陆地高架桥。桥位处地下水位埋深在0.5m左右，含水层为淤泥、淤泥质亚黏土，及其下面的中、细砂、卵砾层，地下水无碱度。地表水以稻田、鱼塘、涌口为主，补给来源为大气降雨和主河道，地表水是否具有侵蚀性，有待水质分析。

(3)地形、地貌及地质。

本标工程所在区域为近代海成平原，地表沟渠纵横、道路发达，其间以稻田、水塘为主，主要植被为人工种植的香蕉树、石榴树，兼有其他经济作物。

桥位处地层由上至下分别为：种植土，厚约0.5m；淤泥或亚黏土，厚约15～40m；砂层或砂砾；弱风化或微风化花岗岩。基岩为花岗岩。

(4)地震烈度：按VII度设防。

3)设计技术标准

国道主干线××至××段高速公路，全线按双向6车道设计，计算行车速度120km/h，为一般桥梁，其主要技术标准如下：

设计荷载，公路—I级。

设计洪水频率，1/300。

桥面宽度，2×(0.5+16.0+0.5)+1.0=35m。

4)工程结构形式

(1)线形设置。

本标工程左右幅线路既设有平曲线又设有竖曲线，线路最大纵坡为1.9%，最小坡长970m，桥面横向设±2%双向坡。

(2)上部结构。

梁部以装配式预应力宽幅空心板梁为主，结构连续，每3～5孔为一联，部分为现浇混凝土箱梁。

桥面结构为：0.5m(护栏)+16.0m(行车道)+0.5m(护栏)+1m(分隔带)+0.5m(护栏)+16.0m(行车道)+0.5m(护栏)，桥面全宽为35.0m。

(3)下部结构。

下部结构除现浇混凝土箱梁为双柱墩外其余为双柱式刚架桥墩，钻孔灌注桩基，肋板式桥台，扩大基础。

(4)桥跨布置。

左幅：11×20+5×25+(17.5+20+17.5)+6×25+8×20+6×25+20×20+9×25+14×20+12×25；

右幅：13×20+3×25+(17.5+20+17.5)+4×25+11×20+6×25+20×20+9×25+14×20+14×25。

5)主要工程数量

本标里程范围K34+277～K36+392，全长2 115m，主要工程数量：钻孔灌注桩15 720m，结构混凝土50 556m^3，结构钢筋5 747.44t，安装空心板梁1 850片。其主要分项工程数量详见表4-20：

主要工程数量表 表4-20

<table>
<tr><td colspan="3" rowspan="2">项 目</td><td colspan="4">数 量</td></tr>
<tr><td>桩长 m</td><td>混凝土 m^3</td><td>钢筋 kg</td><td>空心板梁(片)</td></tr>
<tr><td rowspan="4">基础</td><td colspan="2">扩大基础</td><td></td><td>377</td><td>6 602</td><td></td></tr>
<tr><td rowspan="2">钻孔灌注桩</td><td>$\phi130$</td><td>9 344</td><td rowspan="2">23 670</td><td rowspan="2">1 351 355</td><td rowspan="2"></td></tr>
<tr><td>$\phi150$</td><td>6 376</td></tr>
<tr><td>系梁、台身</td><td></td><td></td><td>1 812.8</td><td>169 624</td><td></td></tr>
<tr><td rowspan="2">下部结构</td><td colspan="2">墩柱</td><td></td><td>3 144.2</td><td>288 987</td><td></td></tr>
<tr><td colspan="2">盖梁、台帽</td><td></td><td>5 491.7</td><td>1 280 038</td><td></td></tr>
<tr><td rowspan="6">上部结构</td><td rowspan="2">空心板安装</td><td>$l_0=20m$</td><td></td><td></td><td></td><td>1 110</td></tr>
<tr><td>$l_0=25m$</td><td></td><td></td><td></td><td>740</td></tr>
<tr><td colspan="2">现浇箱梁</td><td></td><td>1 052.6</td><td>293 069</td><td></td></tr>
<tr><td colspan="2">桥面整体化</td><td></td><td>12 598.2</td><td>2 023 909</td><td></td></tr>
<tr><td colspan="2">防撞护栏</td><td></td><td>2 324.1</td><td>322 872</td><td></td></tr>
<tr><td colspan="2">桥头搭板</td><td></td><td>85.4</td><td>10 984</td><td></td></tr>
<tr><td colspan="3">合计</td><td>15 720</td><td>50 556</td><td>5 747 440</td><td>1 850</td></tr>
</table>

单元五　公路工程概(预)算

知识点

1. 描述概(预)算的费用项目及文件组成;
2. 描述概(预)算各项费用的计算方法;
3. 叙述概(预)算编制步骤。

技能点

1. 能进行工程项目的划分;
2. 能进行各项费用的计算;
3. 能手工完成各种概(预)算表格计算;
4. 能用计算机造价软件编制概(预)算文件。

课题一　公路工程概(预)算概述

一、概(预)算的概念、分类、作用

1. 概(预)算的概念

公路工程概(预)算,是根据公路工程各个阶段的设计内容、《编制办法》,《概算定额》,《预算定额》,《公路工程机械台班费用定额》(JTG/T B06-03—2007)及各省、直辖市、自治区交通厅(局)关于执行《编制办法》的“补充定额”和“补充规定”等法令性文件的规定,具体计算其全部建设费用的文件。它是国家对公路基本建设实行科学管理和监督的一种重要手段。

现行《编制办法》基本上纳入了国家已出台的各项政策和有关规定,它体现了投资打足、不留缺口,按改革开放精神考虑动态因素,对施工企业经营管理的某些费用适当加以控制,对材料价格予以开放,费用内容明确,方便使用等指导思想。现行《编制办法》首次纳入公路工程标准体系,自2008年1月1日起实行。

本单元内容以《编制办法》为主进行讲解,在具体编制工程概、预算时,如果当地交通厅(局)颁布了关于执行《编制办法》的“补充定额”和“补充规定”等法令性文件,首先要执行当地的“补充定额”和“补充规定”,并且要注意发文的文号及后续修正情况,以防出错。

2. 概(预)算分类

根据不同建设内容、不同建设阶段、不同建设项目,可对概(预)算进行具体分类。

1)按工程项目内容划分

(1)单位工程概(预)算。是单位工程的建设费用文件。

(2)单项工程概(预)算。是由该单项工程中各单位工程概(预)算综合而成的。

(3)建设项目总概(预)算。它是整个项目全部建设费用的文件,

2)按建设内容划分

(1)公路基本建设工程概(预)算;

(2)养护大、中修工程概(预)算;

(3)公路小修保养工程预算。

3)按建设阶段划分

(1)概算

概算分为设计概算和修正概算两种,是初步设计或技术设计文件的组成部分。它是指在建设项目初步设计阶段或技术设计阶段,根据初步设计或技术设计、《概算定额》、《编制办法》、建设地区的自然条件和技术经济条件等资料,预先计算和确定建设项目从筹建至竣工验收的全部建设费用的经济文件。概算应控制在投资估算允许幅度范围之内,它由设计单位负责编制。

(2)施工图预算

施工图预算是施工图设计文件的组成部分,它是根据已批准的施工图设计文件、施工组织设计文件、《预算定额》、《编制办法》所编制的反映工程造价的经济文件。施工图预算应控制在概算(或修正概算)范围之内,它由设计单位负责编制。

(3)施工预算

它是施工单位在施工前,根据工程项目的准确工程量、施工组织设计,按照《施工定额》(或修正预算定额)、《编制办法》,并结合施工现场的实际情况,在施工图预算的控制下而编制的实施性的计算工程造价的文件

3. 概(预)算的作用

(1)设计概算的作用

①设计概算经批准后是公路基本建设项目投资的最高限额。

②是编制建设项目计划、签订建设项目总包合同、实行建设项目包干、控制预算的依据。

③是考核设计经济合理性和建设成本的依据。

④以批准的初步设计进行施工招标的工程,设计概算价值是控制标底的依据和最高限额。

(2)施工图预算的作用

①对于按预算承发包的工程,经审定的预算是确定工程造价、签订建筑安装合同、实行建设单位和施工单位投资包干及办理工程结算、实行经济核算和考核工程成本的依据。

②施工图预算是施工单位组织施工、统计完成的工程量,建设单位和施工单位进行工程拨款的依据。

③施工图预算是考核施工图设计经济合理性的依据。

④以施工图设计进行施工招标的工程,施工图预算经审定后,是编制工程标底的依据。

二、概(预)算费用组成与项目表

1. 概(预)算费用组成

公路工程项目全部建设费用以其基本造价表示。而公路(或桥梁)基本造价则由概(预)算总金额和回收金额所构成。其中,概(预)算总金额是由各种概、预算费用所组成。根据《编制办法》的规定,公路基本建设工程概(预)算费用组成如图 5-1 所示。

- 概(预)算总金额
  - 建筑安装工程费
    - 直接费
      - 直接工程费
        - 人工费
        - 材料费
        - 施工机械使用费
      - 其他工程费
        - 冬季施工增加费
        - 雨季施工增加费
        - 夜间施工增加费
        - 特殊地区施工增加费
          - 高原地区施工增加费
          - 风沙地区施工增加费
          - 沿海地区工程施工增加费
        - 行车干扰工程施工增加费
        - 安全及文明施工措施费
        - 临时设施费
        - 施工辅助费
        - 工地转移费
    - 间接费
      - 规费
        - 养老保险费
        - 失业保险费
        - 医疗保险费
        - 住房公积金
        - 工伤保险费
      - 企业管理费
        - 基本费用
        - 主副食运费补贴
        - 职工探亲路费
        - 职工取暖补贴
        - 财务费用
    - 利润
    - 税金
  - 设备工具器具及家具购置费
    - 设备、工具、器具购置费
    - 办公及生活用家具购置费
  - 工程建设其他费用
    - 土地征用及拆迁补偿费
    - 建设项目管理费
    - 研究试验费
    - 建设项目前期工作费
    - 专项评价(估)费
    - 施工机构迁移费
    - 供电贴费
    - 联合试运转费
    - 生产人员培训费
    - 固定资产投资方向调节税
    - 建设期贷款利息
  - 预留费
    - 价差预留费
    - 基本预备费

图 5-1　公路工程概(预)算费用组成

2. 概(预)算项目表

概(预)算总金额是由各分项费用综合得到的,其中第一部分费用建筑安装工程费的计算最为复杂。为了准确计算和确定建筑安装工程的造价,必须对公路基本建设工程项目进行科学的分析和分解,以利于公路工程概(预)算的编审,使编制工程概(预)算不重不漏,在《编制办法》中对工程项目和费用项目的名称、层次和排列顺序做了统一的规定,实现全国公路工程办法》中对工程项目和费用项目的名称、层次和排列顺序做了统一的规定，实现全国公路工程概（预）算编制规范化，从而可以防止列项时出现混乱、漏列、错列的现象。

概（预）算项目表形式和详细内容见表5-1或《编制办法》附录四。

概(预)算项目表

表5-1

项	目	节	细目	工程或费用名称	单　位	备　注
				第一部分　建筑安装工程费	公路公里	建设项目路线总长度(主线长度)
一				临时工程	公路公里	
	1			临时道路	km	新建便道与利用原有道路的总长
			1	临时便道的修建与维护	km	新建便道长度
			2	原有道路的维护与恢复	km	利用原有道路长度
				……		
	2			临时便桥	m/座	指汽车便桥
	3			临时轨道铺设	km	
	4			临时电力线路	km	
	5			临时电信线路	km	不包括广播线
	6			临时码头	座	按不同的形式划分节或细目
二				路基工程	km	扣除桥梁、隧道和互通立交的主线长度，独立桥梁或隧道为引道或接线长度
	1			场地清理	km	
		1		清理与掘除	m^2	按清除内容的不同划分细目
			1	清除表土	m^2	
			2	伐树、挖根、除草	m^2	
				……		
		2		挖除旧路面	m^2	按不同的路面类型和厚度划分细目
			1	挖除水泥混凝土路面	m^2	
			2	挖除沥青混凝土路面	m^2	
			3	挖除碎(砾)石路面	m^2	
				……		
		3		拆除旧建筑物、构筑物	m^3	按不同的构筑材料划分细目
			1	拆除钢筋混凝土结构	m^3	
			2	拆除混凝土结构	m^3	
			3	拆除砖石及其他砌体	m^3	
				……		
	2			挖方	m^3	按不同的地点划分细目
		1		挖土方	m^3	
			1	挖路基土方	m^3	
			2	挖改路、改河、改渠土方	m^3	
				……	m	
		2		挖石方	m^3	按不同的地点划分细目
			1	挖路基石方	m^3	
			2	挖改路、改河、改渠石方	m^3	
				……		
		3		挖非适用材料	m^3	
		4		弃方运输	m^3	
	3			填方	m^3	
		1		路基填方	m^3	按不同的填筑材料划分细目

续上表

项	目	节	细目	工程或费用名称	单　位	备　注
二			1	换填土	m^3	
			2	利用土方填筑	m^3	
			3	借土方填筑	m^3	
			4	利用石方填筑	m^3	
			5	填砂路基	m^3	
			6	粉煤灰及填石路基	m^3	
				……		
		2		改路、改河、改渠填方	m^3	按不同的填筑材料划分细目
			1	利用土方填筑	m^3	
			2	借土方填筑	m^3	
			3	利用石方填筑	m^3	
				……		
		3		结构物台背回填	m^3	按不同的填筑材料划分细目
			1	填碎石	m^3	
				……		
	4			特殊路基处理	km	指需要处理的软弱路基长度
		1		软土处理	km	按不同的处治方法划分细目
			1	抛石挤淤	m^3	
			2	砂、砂砾垫层	m^3	
			3	灰土垫层	m^3	
			4	预压与超载预压	m^2	
			5	袋装砂井	m	
			6	塑料排水板	m	
			7	粉喷桩与旋喷桩	m	
			8	碎石桩	m	
			9	砂桩	m	
			10	土工布	m^2	
			11	土工格栅	m^2	
			12	土工格室	m^2	
				……		
		2		滑坡处理	处	按不同的处理方式划分细目
			1	卸载土石方	m^3	
			2	抗滑桩	m^3	
			3	预应力锚索	m	
				……		
		3		岩溶洞回填	m^3	按不同的回填材料划分细目
			1	混凝土	m^3	
				……		
		4		膨胀土处理	km	按不同的处理方法划分细目
			1	改良土	m^3	
				……		
		5		黄土处理	m^3	按黄土的不同特性划分细目
			1	陷穴	m^3	
			2	湿陷性黄土	m^2	
				……		
		6		盐渍土处理	m^2	按不同的厚度划分细目
				……		
	5			排水工程	km	按不同的结构类型分节
		1		边沟	m^3/m	按不同的材料、尺寸划分细目
			1	现浇混凝土边沟	m^3/m	
			2	浆砌混凝土预制块边沟	m^3/m	

续上表

项	目	节	细目	工程或费用名称	单位	备注
			3	浆砌片石边沟	m^3/m	
			4	浆砌块石边沟	m^3/m	
				……		
		2		排水沟	处	按不同的材料、尺寸划分细目
			1	现浇混凝土排水沟	m^3/m	
			2	浆砌混凝土预制块排水沟	m^3/m	
			3	浆砌片石排水沟	m^3/m	
二			4	浆砌块石排水沟	m^3/m	
				……		
		3		截水沟	m^3/m	
			1	浆砌混凝土预制块截水沟	m^3/m	按不同材料、尺寸划分细目
			2	浆砌片石截水沟	m^3/m	
				……		
		4		急流槽	m^3/m	按不同的材料、尺寸划分细目
			1	现浇混凝土急流槽	m^3/m	
			2	浆砌片石急流槽	m^3/m	
				……		
		5		暗沟	m^3	按不同的材料、尺寸划分细目
				……		
		6		渗(盲)沟	m^3/m	按不同的材料、尺寸划分细目
				……		
		7		排水管	m	按不同的材料、尺寸划分细目
				……		
		8		集水井	m^3/个	按不同的材料、尺寸划分细目
				……		
		9		泄水槽	m^3/个	按不同的材料、尺寸划分细目
				……		
	6			防护与加固工程	km	按不同的结构类型分节
		1		坡面植物防护	m^2	按不同的材料划分细目
			1	播种草籽	m^2	
			2	铺(植)草皮	m^2	
			3	土工织物植草	m^2	
			4	植生袋植草	m^2	
			5	液压喷播植草	m^2	
			6	客土喷播植草	m^2	
			7	喷混植草	m^2	
				……		
		2		坡面圬工防护	m^3/m^2	按不同的材料和形式划分细目
			1	现浇混凝土护坡	m^3/m^2	
			2	预制块混凝土护坡	m^3/m^2	
			3	浆砌片石护坡	m^3/m^2	
			4	浆砌块石护坡	m^3/m^2	
			5	浆砌片石骨架护坡	m^3/m^2	
			6	浆砌片石护面墙	m^3/m^2	
			7	浆砌块石护面墙	m^3/m^2	
				……		
		3		坡面喷浆防护	m^2	按不同的材料划分细目
			1	抹面、捶面护坡	m^2	
			2	喷浆护坡	m^2	
			3	喷射混凝土护坡	m^3/m^2	
				……		

续上表

项	目	节	细目	工程或费用名称	单　位	备　注
		4		坡面加固	m^2	按不同的材料划分细目
二			1	预应力锚索	t/m	
			2	锚杆、锚钉	t/m	
			3	锚固板	m^3	
	6			……		
		5		挡土墙	m^3/m	按不同的材料和形式划分细目
			1	现浇混凝土挡土墙	m^3/m	
			2	锚杆挡土墙	m^3/m	
			3	锚碇板挡土墙	m^3/m	
			4	加筋土挡土墙	m^3/m	
			5	扶臂式、悬臂式挡土墙	m^3/m	
			6	桩板墙	m^3/m	
			7	浆砌片石挡土墙	m^3/m	
			8	浆砌块石挡土墙	m^3/m	
			9	浆砌护肩墙	m^3/m	
			10	浆砌（干砌）护脚	m^3/m	
				……		
		6		抗滑桩	m^3	按不同的规格划分细目
				……		
		7		冲刷防护	m^3	按不同的材料和形式进行细目
			1	浆砌片石河床铺砌	m^3	
			2	导流坝	m^3/处	
			3	驳岸	m^3/m	
			4	石笼	m^3/处	
				……		
		8		其他工程	km	根据具体情况划分细目
				……		
三				路面工程	km	
	1			路面垫层	m^2	按不同的材料分节
		1		碎石垫层	m^2	按不同的厚度划分细目
		2		砂砾垫层	m^2	按不同的厚度划分细目
				……		
	2			路面底基层	m^2	按不同的材料分节
		1		石灰稳定类底基层	m^2	按不同的厚度划分细目
		2		水泥稳定类底基层	m^2	按不同的厚度划分细目
		3		石灰粉煤灰稳定类底基层	m^2	按不同的厚度划分细目
		4		级配碎（砾）石底基层	m^2	按不同的厚度划分细目
				……		
	3			路面基层	m^2	按不同的材料分节
		1		石灰稳定类基层	m^2	按不同的厚度划分细目
		2		水泥稳定类基层	m^2	按不同的厚度划分细目
		3		石灰粉煤灰稳定类基层	m^2	按不同的厚度划分细目
		4		级配碎（砾）石基层	m^2	按不同的厚度划分细目
		5		水泥混凝土基层	m^2	按不同的厚度划分细目
		6		沥青碎石混合料基层	m^2	按不同的厚度划分细目
				……		
	4			透层、黏层、封层	m^2	按不同的形式分节
		1		透层	m^2	
		2		黏层	m^2	
		3		封层	m^2	按不同的材料划分细目
			1	沥青表处封层	m^2	

续上表

项	目	节	细目	工程或费用名称	单位	备注
			2	稀浆封层	m^2	
				……		
三		4		单面烧毛纤维土工布	m^2	
		5		玻璃纤维格栅	m^2	
				……		
	5			沥青混凝土面层	m^2	指上面层面积
		1		粗粒式沥青混凝土面层	m^2	按不同的厚度划分细目
		2		中粒式沥青混凝土面层	m^2	按不同的厚度划分细目
		3		细粒式沥青混凝土面层	m^2	按不同的厚度划分细目
		4		改性沥青混凝土面层	m^2	按不同的厚度划分细目
		5		沥青玛蹄脂碎石混合料面层	m^2	按不同的厚度划分细目
				……		
	6			水泥混凝土面层	m^2	按不同的材料分节
		1		水泥混凝土面层	m^2	按不同的厚度划分细目
		2		连续配筋混凝土面层	m^2	按不同的厚度划分细目
		3		钢筋	t	
	7			其他面层	m^2	按不同的类型分节
		1		沥青表面处治面层	m^2	按不同的厚度划分细目
		2		沥青贯入式面层	m^2	按不同的厚度划分细目
		3		沥青上拌下贯式面层	m^2	按不同的厚度划分细目
		4		泥结碎石面层	m^2	按不同的厚度划分细目
		5		级配碎(砾)石面层	m^2	按不同的厚度划分细目
		6		天然砂砾面层	m^2	按不同的厚度划分细目
				……		
	8			路槽、路肩及中央分隔带	km	
		1		挖路槽	m^2	按不同的土质划分细目
			1	土质路槽	m^2	
			2	石质路槽	m^2	
		2		培路肩	m^2	按不同的厚度划分细目
		3		土路肩加固	m^2	按不同的加固方式划分细目
			1	现浇混凝土	m^2	
			2	铺砌混凝土预制块	m^2	
			3	浆砌片石	m^2	
				……		
		4		中央分隔带回填土	m^3	
		5		路缘石	m^3	按现浇和预制安装划分细目
				……		
	9			路面排水	km	按不同的类型分节
		1		拦水带	m	按不同的材料划分细目
			1	沥青混凝土	m	
			2	水泥混凝土	m	
		2		排水沟	m	按不同的类型划分细目
			1	路肩排水沟	m	
			2	中央分隔带排水沟	m	
				……		
		3		排水管	m	按不同的类型划分细目
			1	纵向排水管	m	
			2	横向排水管	m/道	
				……		
		4		集水井	m^3/个	按不同的规格划分细目
				……		

续上表

项	目	节	细目	工程或费用名称	单　位	备　注
四				桥梁涵洞工程	km	指桥梁长度
	1			漫水工程	m/处	
		1		过水路面	m/处	
				混合式过水路面	m/处	
	2			涵洞工程	m/道	按不同的结构类型分节
		1		钢筋混凝土管涵	m/道	按管径和单、双孔划分细目
			1	1-ϕ1.0m 圆管涵	m/道	
			2	1-ϕ1.5m 圆管涵	m/道	
			3	倒虹吸管	m/道	
				……		
		2		盖板涵	m/道	按不同的材料和涵径划分细目
			1	2.0m×2.0m 石盖板涵	m/道	
			2	2.0m×2.0m 钢筋混凝土盖板涵	m/道	
				……		
		3		箱涵	m/道	按不同的涵径划分细目
			1	4.0m×4.0m 钢筋混凝土箱涵	m/道	
				……		
		4		拱涵	m/道	按不同的材料和涵径划分细目
			1	4.0m×4.0m 石拱涵	m/道	
			2	4.0m×4.0m 钢筋混凝土拱涵	m/道	
				……		
	3			小桥工程	m/座	按不同的结构类型分节
		1		石拱桥	m/座	按不同的跨径划分细目
		2		钢筋混凝土矩形板桥	m/座	按不同的跨径划分细目
		3		钢筋混凝土空心板桥	m/座	按不同的跨径划分细目
		4		钢筋混凝土 T 形梁桥	m/座	按不同的跨径划分细目
		5		预应力混凝土空心板桥	m/座	按不同的跨径划分细目
				……		
	4			中桥工程	m/座	按不同的结构类型或桥名分节
		1		钢筋混凝土空心板桥	m/座	按不同的跨径或工程部位划分细目
		2		钢筋混凝土 T 形梁桥	m/座	按不同的跨径或工程部位划分细目
		3		钢筋混凝土拱桥	m/座	按不同的跨径或工程部位划分细目
		4		预应力混凝土空心板桥	m/座	按不同的跨径或工程部位划分细目
				……		
	5			大桥工程	m/座	按桥名或不同的工程部位分节
		1		××大桥	m^2/m	按不同的工程部位划分细目
			1	天然基础	m^3	
			2	桩基础	m^3	
			3	沉井基础	m^3	
			4	桥台	m^3	
			5	桥墩	m^3	
			6	上部构造	m^3	注明上部构造跨径组成及结构形式
				……		
		2		……	m^2/m	
	6			××特大桥工程	m^2/m	按桥名分目，按不同的工程部位分节
		1		基础	m^3/座	按不同的形式划分细目
			1	天然基础	m^3	
			2	桩基础	m^3	
			3	沉井基础	m^3	
			4	承台	m^3	
				……		

续上表

项	目	节	细目	工程或费用名称	单位	备注
		2		下部构造	m^3/座	按不同的形式划分细目
四	6		1	桥台	m^3	
			2	桥墩	m^3	
			3	索塔	m^3	
				……		
		3		上部构造	m^3	按不同的形式划分细目，并注明其跨径组成
			1	预应力混凝土空心板	m^3	
			2	预应力混凝土T形梁	m^3	
			3	预应力混凝土连续梁	m^3	
			4	预应力混凝土连续刚构	m^3	
			5	钢管拱桥	m^3	
			6	钢箱梁	t	
			7	斜拉索	t	
			8	主缆	t	
			9	预应力钢材	t	
				……		
		4		桥梁支座	个	按不同的规格划分细目
			1	矩形板式橡胶支座	dm^3	
			2	圆形板式橡胶支座	dm^3	
			3	矩形四氟板式橡胶支座	dm^3	
			4	圆形四氟板式橡胶支座	dm^3	
			5	盆式橡胶支座	个	
				……		
		5		桥梁伸缩缝	m	指伸缩缝长度，按不同的规格划分细目
			1	橡胶伸缩装置	m	
			2	模数式伸缩装置	m	
			3	填充式伸缩装置	m	
				……		
		6		桥面铺装	m^3	按不同的材料划分细目
			1	沥青混凝土桥面铺装	m^3	
			2	水泥混凝土桥面铺装	m^3	
			3	水泥混凝土垫平层	m^3	
			4	防水层	m^2	
				……		
		7		人行道系	m	指桥梁长度，按不同的类型划分细目
			1	人行道及栏杆	m^3/m	
			2	桥梁钢防撞护栏	m	
			3	桥梁波形梁护栏	m	
			4	桥梁水泥混凝土防撞墙	m	
			5	桥梁防护网	m	
				……		
		8		其他工程	m	指桥梁长度，按不同的类型划分细目
			1	看桥房及岗亭	座	
			2	砌筑工程	m^3	
			3	混凝土构件装饰	m^2	
				……		
五				交叉工程	处	按不同的交叉形式分目
	1			平面交叉道	处	按不同的类型分节
		1		公路与铁路平面交叉	处	
		2		公路与公路平面交叉	处	
		3		公路与大车道平面交叉	处	

续上表

项	目	节	细目	工程或费用名称	单 位	备 注
				……		
五	2			通道	m/处	按结构类型分节
		1		钢筋混凝土箱式通道	m/处	
		2		钢筋混凝土板式通道	m/处	
				……		
	3			人行天桥	m/处	
		1		钢结构人行天桥	m/处	
		2		钢筋混凝土结构人行天桥	m/处	
	4			渡槽	m/处	按结构类型分节
		1		钢筋混凝土渡槽	m/处	
		2		……		
	5			分离式立体交叉	处	按交叉名称分节
		1		××分离式立体交叉	处	按不同的工程内容划分细目
			1	路基土石方	m^3	
			2	路基排水防护	m^3	
			3	特殊路基处理	km	
			4	路面	m^2	
			5	涵洞及通道	m^3/m	
			6	桥梁	m^3/m	
				……		
		2		……		
	6			××互通式立体交叉	处	按互通名称分目(注明其类型),按不同的分部工程分节
		1		路基土石方	m^3/km	
			1	清理与掘除	m^3	
			2	挖土方	m^3	
			3	挖石方	m^3	
			4	挖非适用材料	m^3	
			5	弃方运输	m^3	
			6	换填土	m^3	
			7	利用土方填筑	m^3	
			8	借土方填筑	m^3	
			9	利用石方填筑	m^3	
			10	结构台背回填	m^3	
		2		特殊路基处理	km	
			1	特殊路基垫层	m^3	
			2	预压与超载预压	m^2	
			3	袋装砂井	m	
			4	塑料排水板	m	
			5	粉喷桩与旋喷桩	m	
			6	碎石桩	m	
			7	砂桩	m	
			8	土工布	m^2	
			9	土工格栅	m^2	
			10	土工格室	m^2	
				……		
		3		排水工程	m^3	
			1	混凝土边沟、排水沟	m^3/m	
			2	砌石边沟、排水沟	m^3/m	
			3	现浇混凝土急流槽	m^3/m	
			4	浆砌片石急流槽	m^3/m	
			5	暗沟	m^3	

续上表

项	目	节	细目	工程或费用名称	单　位	备　注
			6	渗(盲)沟	m^3/m	
			7	拦水带	m	
五	6		8	排水管	m	
			9	集水井	m^3/个	
				……		
		4		防护工程	m^3	
			1	播种草籽	m^2	
			2	铺(植)草皮	m^2	
			3	土工织物植草	m^2	
			4	植生袋植草	m^2	
			5	液压喷播植草	m^2	
			6	客土喷播植草	m^2	
			7	喷混植草	m^2	
			8	现浇混凝土护坡	m^3/m^2	
			9	预制块混凝土护坡	m^3/m^2	
			10	浆砌片石护坡	m^3/m^2	
			11	浆砌块石护坡	m^3/m^2	
			12	浆砌片石骨架护坡	m^3/m^2	
			13	浆砌片石护面墙	m^3/m^2	
			14	浆砌块石护面墙	m^3/m^2	
			15	喷射混凝土护坡	m^3/m^2	
			16	现浇混凝土挡土墙	m^3/m	
			17	加筋土挡土墙	m^3/m	
			18	浆砌片石挡土墙	m^3/m	
			19	浆砌块石挡土墙	m^3/m	
				……		
		5		路面工程	m^2	
			1	碎石垫层	m^2	
			2	砂砾垫层	m^2	
			3	石灰稳定类底基层	m^2	
			4	水泥稳定类底基层	m^2	
			5	石灰粉煤灰稳定类底基层	m^2	
			6	级配碎(砾)石底基层	m^2	
			7	石灰稳定类基层	m^2	
			8	水泥稳定类基层	m^2	
			9	石灰粉煤灰稳定类基层	m^2	
			10	级配碎(砾)石基层	m^2	
			11	水泥混凝土基层	m^2	
			12	透层、黏层、封层	m^2	
			13	沥青混凝土面层	m^2	
			14	改性沥青混凝土面层	m^2	
			15	沥青玛蹄脂碎石混合料面层	m^2	
			16	水泥混凝土面层	m^2	
			17	中央分隔带回填土	m^2	
			18	路缘石	m^2	
				……		
		6		涵洞工程	m/道	
			1	钢筋混凝土管涵	m/道	
			2	倒虹吸管	m/道	
			3	盖板涵	m/道	
			4	箱涵	m/道	
			5	拱涵	m/道	
		7		桥梁工程	m^2/m	

续上表

项	目	节	细目	工程或费用名称	单　　位	备　　注
			1	天然基础	m^3	
五	6		2	桩基础	m^3	
			3	沉井基础	m^3	
			4	桥台	m^3	
			5	桥墩	m^3	
			6	上部构造	m^3	
				……		
		8		通道	m/处	
六				隧道工程	km/座	按隧道名称分目，并注明其形式
	1			××隧道	m	按明洞、洞门、洞身开挖、衬砌等分节
		1		洞门及明洞开挖	m^3	
			1	挖土方	m^3	
			2	挖石方	m^3	
				……		
		2		洞门及明洞修筑	m^3	
			1	洞门建筑	m^3/座	
			2	明洞衬砌	m^3/m	
			3	遮光棚(板)	m^3/m	
			4	洞口坡面防护	m^3	
			5	明洞回填	m^3	
				……		
		3		洞身开挖	m^3/m	
			1	挖土石方	m^3	
			2	注浆小导管	m	
			3	管棚	m	
			4	锚杆	m	
			5	钢拱架(支撑)	t/榀	
			6	喷射混凝土	m^3	
			7	钢筋网	t	
				……		
		4		洞身衬砌	m^3	
			1	现浇混凝土	m^3	
			2	仰拱混凝土	m^3	
			3	管、沟混凝土	m^3	
				……		
		5		防水与排水	m^3	
			1	防水板	m^2	
			2	止水带、条	m	
			3	压浆	m^3	
			4	排水管	m	
				……		
		6		洞内路面	m^2	按不同的路面结构和厚度划分细目
			1	水泥混凝土路面	m^2	
			2	沥青混凝土路面	m^2	
				……		
		7		通风设施	m	按不同的设施划分细目
			1	通风机安装	台	
			2	风机启动柜洞门	个	
				……		
		8		消防设施	m	按不同的设施划分细目
			1	消防室洞门	个	
			2	通道防火闸门	个	
			3	蓄(集)水池	座	

续上表

项	目	节	细目	工程或费用名称	单　位	备　注
			4	喷防火涂料	m^2	
六	1			……		
		9		照明设施	m	按不同的设施划分细目
			1	照明灯具	m	
				……		
		10		供电设施	m	按不同的设施划分细目
		11		其他工程	m	按不同的设施划分细目
			1	卷帘门	个	
			2	检修门	个	
			3	洞身及洞门装饰	m^2	
				……		
	2			××隧道	m	
七				公路设施及预埋管线工程	公路公里	
	1			安全设施	公路公里	按不同的设施分节
		1		石砌护栏	m^3/m	
		2		钢筋混凝土防撞护栏	m^3/m	
		3		波形钢板护栏	m	按不同的形式划分细目
		4		隔离栅	km	按不同的材料划分细目
		5		防护网	km	
		6		公路标线	km	按不同的类型划分细目
		7		轮廓标	根	
		8		防眩板	m	
		9		钢筋混凝土护柱	根/m	
		10		里程碑、百米桩、公路界碑	块	
		11		各类标志牌	块	按不同的规格和材料划分细目
		12		……		
	2			服务设施	公路公里	按不同的设施分节
		1		服务区	处	按不同的内容划分细目
		2		停车区	处	按不同的内容划分细目
		3		公共汽车停靠站	处	按不同的内容划分细目
	3			管理、养护设施	公路公里	按不同的设施分节
		1		收费系统设施	处	按不同的内容划分细目
			1	设备安装	公路公里	
			2	收费亭	个	
			3	收费天棚	m^2	
			4	收费岛	个	
			5	通道	m/道	
			6	预埋管线	m	
			7	架设管线	m	
				……		
		2		通信系统设施	公路公里	按不同的内容划分细目
			1	设备安装	公路公里	
			2	管道工程	m	
			3	人(手)孔	个	
			4	紧急电话平台	个	
				……		
		3		监控系统设施	公路公里	按不同的内容划分细目
			1	设备安装	公路公里	
			2	光(电)缆敷设	km	
				……		
		4		供电、照明系统设施	公路公里	按不同的内容划分细目
			1	设备安装	公路公里	
				……		

续上表

项	目	节	细目	工程或费用名称	单　位	备　注
		5		养护工区	处	按不同的内容划分细目
七			1	区内道路	km	
				……		
	4			其他工程	公路公里	
			1	悬出路台	m/处	
			2	渡口码头	处	
			3	辅道工程	km	
			4	支线工程	km	
			5	公路交工前养护费	km	按附录一计算
八				绿化及环境保护工程	公路公里	
	1			撒播草种和铺植草皮	m^2	按不同的内容分节
		1		撒播草种	m^2	按不同的内容划分细目
		2		铺植草皮	m^2	按不同的内容划分细目
		3		绿地喷灌管道	m	按不同的内容划分细目
	2			种植乔、灌木	株	按不同的内容分节
		1		种植乔木	株	按不同的树种划分细目
			1	高山榕	株	
			2	美人蕉	株	
				……		
		2		种植灌木	株	按不同的树种划分细目
			1	夹竹桃	株	
			2	月季	株	
				……		
		3		种植攀缘植物	株	按不同的树种划分细目
			1	爬山虎	株	
			2	葛藤	株	
				……		
		4		种植竹类植物	株	按不同的内容划分细目
		5		种植棕榈类植物	株	按不同的内容划分细目
		6		栽植绿篱	m	
		7		栽植绿色带	m^2	
	3			声屏障	m	按不同的类型分节
			1	消声板声屏障	m	
			2	吸音砖声屏障	m^3	
			3	砖墙声屏障	m^3	
				……		
	4			污水处理	处	按不同的内容分节
	5			取、弃土场防护	m^3	按不同的内容分节
				……		
九				管理、养护及服务房屋	m^2	
	1			管理房屋	m^2	
		1		收费站	m^2	
		2		管理站	m^2	
		3		……		
	2			养护房屋	m^2	按房屋名称分节
		1		……		
	3			服务房屋	m^2	按房屋名称分节
				……		
				第二部分　设备及工具、器具购置费	公路公里	
一				设备购置费	公路公里	
	1			需安装的设备	公路公里	
		1		监控系统设备	公路公里	按不同设备分别计算
		2		通信系统设备	公路公里	按不同设备分别计算

续上表

项	目	节	细目	工程或费用名称	单　位	备　注
		3		收费系统设备	公路公里	按不同设备分别计算
		4		供电照明系统设备	公路公里	按不同设备分别计算
	2			不需安装的设备	公路公里	
		1		监控系统设备	公路公里	按不同设备分别计算
		2		通信系统设备	公路公里	按不同设备分别计算
		3		收费系统设备	公路公里	按不同设备分别计算
		4		供电照明系统设备	公路公里	按不同设备分别计算
		5		养护系统设备	公路公里	按不同设备分别计算
二				工具、器具购置	公路公里	
三				办公及生活用家具购置	公路公里	
				第三部分　工程建设其他费用	公路公里	
一				土地征用及拆迁补偿费	公路公里	
二				建设项目管理费	公路公里	
	1			建设单位(业主)管理费	公路公里	
	2			工程质量监督费	公路公里	
	3			工程监理费	公路公里	
	4			工程定额测定费	公路公里	
	5			设计文件审查费	公路公里	
	6			竣(交)工验收试验检测费	公路公里	
三				研究试验费	公路公里	
四				建设项目前期工作费	公路公里	
五				专项评价(估)费	公路公里	
六				施工机构迁移费	公路公里	
七				供电贴费	公路公里	
八				联合试运转费	公路公里	
九				生产人员培训费	公路公里	
十				固定资产投资方向调节税	公路公里	
十一				建设期贷款利息		
				第一、二、三部分费用合计	公路公里	
				预备费	元	
				1. 价差预备费	元	
				2. 基本预备费	元	预算实行包干时列系数包干费
				概(预)算总金额	元	
				其中:回收金额	元	
				公路基本造价	公路公里	

熟悉项目表,对于初学概、预算编制来讲是十分重要的。编制概、预算时,原则上是应该按项目表规定的项目主序列编制;但当实际出现的工程和费用项目,与项目表的内容不完全一致时,应按下列办理:

(1)"一、二、三部分"和"项"的序号保留不变。例如,第二部分的"设备及工具、器具购置费" 在该项工程中不发生时,第三部分的"工程建设其他费用"仍为第三部分。又如,第一部分第六项为"隧道工程",第七项为"公路设施及预埋管线工程",若路线工程中无隧道工程项目,则其序号"六"仍保留不变,而"公路设施及预埋管线工程"则仍为第七项。

(2)"目"、"节"、"细目"可随需要增减,并按项目表的顺序,以实际出现的"目"、"节"、"细目"依次排列,不保留缺少的"目"、"节"、"细目"的序号。亦即依次递补,改变序号。例如,路基工程的 1 目为场地清理方,2 目为挖方,3 目为填方,若工程项目中没有挖方,则填方应为 2 目。

(3)路线建设项目中的互通式立体交叉、辅道、支线,如工程规模较大时,也可按概、预算表单独编制建筑安装工程，然后将其概、预算建筑安装工程总额列入路线总概、预算表中相应的项目内。

(4)概(预)算应按一个建设项目(如一条路线或一座独立大、中桥)进行编制。当一个建设项目需要分段或分部编制时，应根据需要分别编制，但必须汇总编制“总概(预)算汇总表”。

课题二　材料运距的确定与计算

在计算材料费时，需要确定材料的运距，即材料自供应地点至工地仓库(施工地点存放材料的地方)的运输距离。《编制办法》规定:“一种材料如有两个以上的供应点时，都应根据不同的运距、运量、运价采用加权平均的方法计算运费”。下面就材料供应经济范围的确定和平均运距的计算做一介绍。

一、运料终点的确定

由于路线工程是线形构造物，所以材料运料终点的确定对运距的确定影响很大。原则上，运料终点是工地仓库或工地堆料点。但是，当施工组织设计不能提供工地仓库或堆料地点的具体位置时，其运料终点按下列规定确定:

(1)独立大中桥为桥梁中心桩号，大型隧道为中心桩号，集中型工程为范围中心的桩号。

(2)路线工程，对于外购材料一般以路线中心点桩号作为运料终点，当工程用料分布不均衡时，可按加权平均法确定某种材料的卸料重心作为运料终点;对于自采材料，则应根据料场供应范围及各工程点用料量、距料场运距等情况具体计算确定。

二、材料经济供应范围的确定

自采材料料场经济供应范围的划分，有两种方法可供选择，即最大运距相等法和平均运距相等法。这两种方法的计算结果相差不大，下面介绍最大运距相等法。

当一条路线工程，在其沿线有多个供应同种材料的料场，则应在各相邻料场间确定一个经济供应分界点，即经济合理地确定各自采材料料场的经济供应范围。

料场供应范围的经济划分，与料场开采价格、沿路线(各段)各点的用料量、料场到卸料点的运距、运价等有关。

用最大运距相等法确定料场(或供料点)间的经济分界点 K 时，一般认为:

(1)各料场的开采价格(供应价格)相等。

(2)某种材料沿路线的用量是比较均匀的(个别用量特别大的路段材料用量超出平均用量的部分，应另按点式卸料计算其运距)，而且设计阶段无法细算。

(3)各料场至用料地点间的运价是相等的。

按最大运距相等法确定料场间分界点的原则是:当 A 料场与 B 料场相邻，且料价、运价相等，沿线材料用量均匀，则 A、B 两料场至分界点 K 的运距相等(图 5-2)。

当 $a>(b+L_{AB})$ 时，取消 A 料场，由 B 料场供料;

当 $b>(a+L_{AB})$ 时，取消 B 料场，由 A 料场供料;

当 $a<(b+L_{AB})$ 或 $b<(a+L_{AB})$ 时，应确定两料场的经济分界点 K，其计算表达式如下:

$$L_{max}=a+L'_{A}=b+L_{B} \tag{5-1}$$

根据定义:

则

$$L'_A = \frac{1}{2}[L_{AB} + (b - a)] \tag{5-2}$$

$$L_B = \frac{1}{2}[L_{AB} - (b - a)] \tag{5-3}$$

式中：a——A 料场至上路桩号运距；

b——B 料场至上路桩号运距；

L_{AB}——A 料场支线上路点 K_a 至 B 料场支线上路点 K_b 之间的运距；

L'_A——K_a 点至 K 点运距；

L_B——K 点至 K_b 点运距；

L_{max}——最大运距。

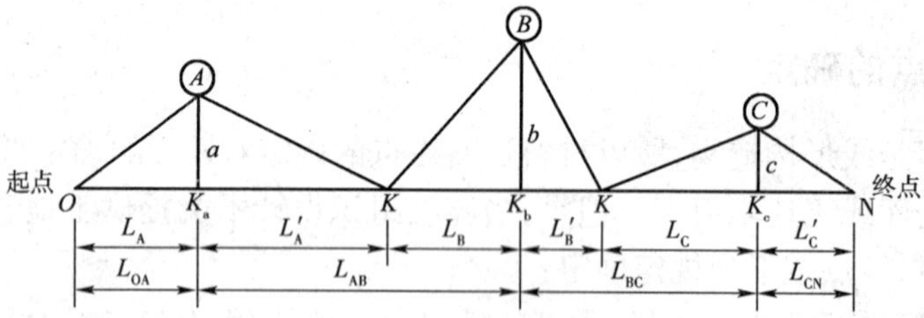

图 5-2 料场供应分界点

确定相邻料场间的经济分界点的注意事项：

(1)路线起点或终点之外无料场时，则路线的起点和终点为自然分界点；若有料场，则应视为路线供应料场之一，按上述方法确定经济分界点。

(2)计算运距时，要考虑断链影响。

(3)支线等运距以调查的实际运距为准(不是距离)。

(4)确定料场的取舍，尚应充分考虑料场开发、运输的可行性；还要考虑运料重载升坡的影响。

(5)若料场料价、运价差异很大时，可按两料场至分界点间加权最大运距相等的原则来划分。

【例 5-1】 某公路工程的料场分布如图 5-3 所示。已知 A 料场的上路桩号为 K2 + 100，支线运距 1.60km；B 料场上路桩号为 K7 + 900，支线运距 2.5km。试确定 A、B 料场间的经济分界点桩号。

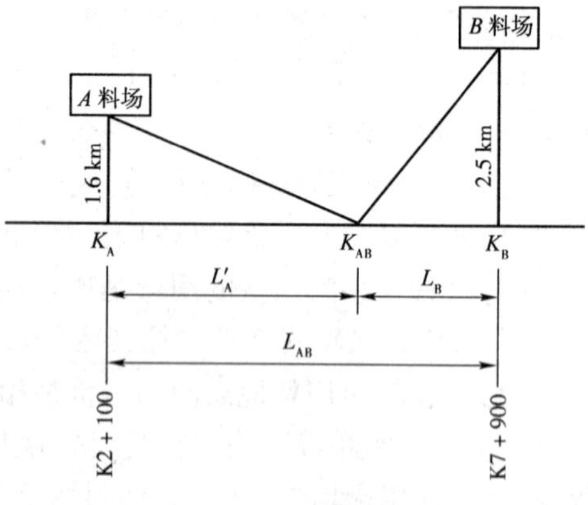

图 5-3 经济供应分界点

解：由图 5-3 知：

$L_{AB} = 7.9 - 2.1 = 5.8$km

$b - a = 2.5 - 1.6 = 0.9$km

$L'_A = (5.8 + 0.9) \div 2 = 3.35$km

$L_B = 5.8 - 3.35 = 2.45$km

分界点 K_{AB} 桩号 = (K2 + 100) + 3350

= K5 + 450

复核：1.6 + 3.35 = 2.5 + 2.45 = 4.95km(正确)

三、路线材料平均运距计算

为了计算构成材料单价的运杂费，必须首先确定各种材料的平均运距。当一种材料有多个供应点时，必须首先确定各供应点的经济供应范围；一种材料有多个卸料点时，必须计算其平均运距。

1. 自采材料平均运距计算

当一种自采材料沿路线有多个供料点且有多个用料点时，可用下列两种方法确定该种材料的平均运距（图 5-4）。

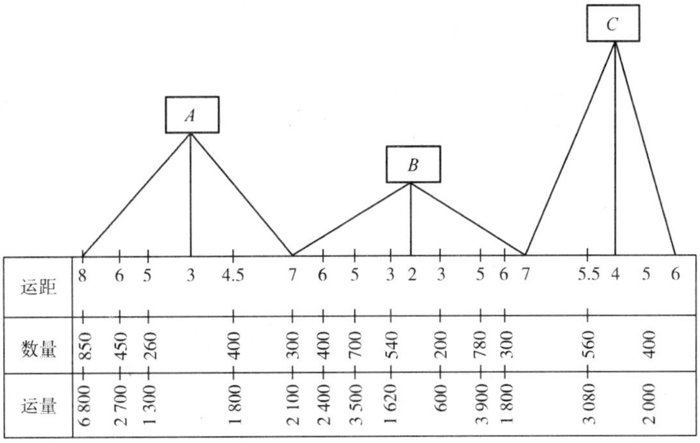

图 5-4　自采材料平均运距计算图

1）加权平均法

当料场供应范围及各卸料点的位置、运距、用料数量确定后，可按下式计算该种材料的全路线加权平均运距。

$$L=\frac{\sum_{i=1}^{n}M_{\mathrm{i}}}{\sum_{i=1}^{n}Q_{\mathrm{i}}}=\frac{\sum_{i=1}^{n}Q_{\mathrm{i}}L_{\mathrm{i}}}{\sum_{i=1}^{n}Q_{\mathrm{i}}}\tag{5-4}$$

式中：L——某种材料全路线加权平均运距，km；

n——卸料点个数；

M_{i}——各卸料点材料运量；

Q_{i}——各卸料点某种材料数量，路面材料卸料点为路段中心点，构造物用料卸料点为仓库或料堆；

L_{i}——各供料点至卸料点间运距，km。

【例 5-2】　试计算图 5-4 所示路段的某种自采材料的加权平均运距。

解：

$$L=\frac{\sum_{i=1}^{n}Q_{\mathrm{i}}L_{\mathrm{i}}}{\sum_{i=1}^{n}Q_{\mathrm{i}}}=\frac{6800+2700+\cdots\cdots+3080+2000}{850+450+\cdots\cdots+560+400}=5.47\text{km}$$

2）算术平均值法

图 5-4 所示路线材料平均运距可采用算术平均值法计算：

$$L'=\frac{\sum_{i=1}^{n}L_{\mathrm{i}}}{n}\tag{5-5}$$

式中：L'——某种材料全路线算术平均运距，km；

其他符号意义同前。

【例 5-3】 试计算上例的算术平均运距。

$$L' = \frac{\sum_{i=1}^{n} L_i}{n} = \frac{8 + 6 + \cdots\cdots + 5.5 + 5}{13} = 5.31\text{km}$$

由上述两例可知：加权平均运距与算术平均运距仅相差3%左右，考虑到运距不一定经过丈量，本身的误差就可能大于计算误差，特别是加权平均法需待各分项预算编完后才有条件计算运距，故在工程用料量分布不是十分不均衡的情况下，用算术平均法较为简便。

2. 外购材料平均运距计算

外购材料一般只有一个供应点，却具有一个或多个用料点（仓库、料堆），如图5-5所示。

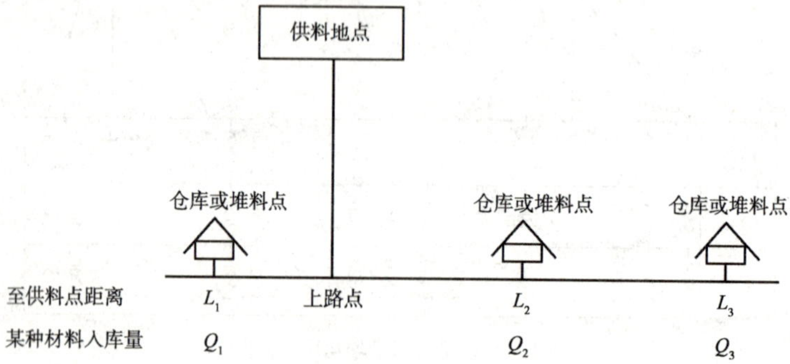

图5-5 外购材料平均运距计算图

外购材料平均运距可按下列公式计算：

（1）加权平均运距

$$L = \frac{\sum_{i=1}^{n} Q_i L_i}{\sum_{i=1}^{n} Q_i} \tag{5-6}$$

（2）算术平均运距

$$L' = \frac{\sum_{i=1}^{n} L_i}{n} \tag{5-7}$$

式中：L——某种外购材料全线加权平均运距，km；

n——卸料仓库（或料堆）个数；

Q_i——某种材料各仓库入库量；

L_i——卸料仓库距供料地点运距，km；

L'——某种外购材料全线算术平均运距，km。

课题三 建筑安装工程费计算

建筑安装工程费，简称建安费，是指概（预）算中直接用于形成工程实体所发生的费用，它由直接费、间接费、利润、税金组成。

一、费用计算中的几项基数

现行《编制办法》规定，直接工程费中的人工费、材料费、施工机械使用费要根据工程实体的数量以及现行定额，按工程所在地的实际价格计算。而其他费用要以一定的费用数值为基数，乘以规定的费率计算。为了区别不同的计算基数，采用以下名称：

直接工程费——即工、料、机费，指按《编制办法》规定计算的工程所在地的人工费、材料费、机械使用费之和。是计算其他工程费中的冬季施工增加费、雨季施工增加费、夜间施工增加费、安全及文明施工措施费、临时设施费、施工辅助费、工地转移费及特殊地区施工增加费中的沿海地区工程施工增加费的计算基数。

人工费——指按《编制办法》规定计算的工程所在地的人工费，是规费和辅助生产间接费的计算基数。

人工费和机械费之和——指按《编制办法》规定计算的工程所在地的人工费、机械使用费之和。是特殊地区施工增加费中的高原地区施工增加费、风沙地区施工增加费、行车干扰工程施工增加费的计算基数。

直接费——指直接工程费与其他工程费之和。是计算企业管理费的基数。

建筑安装工程费——指直接费、间接费、利润、税金之和。是建设项目管理费中建设单位(业主)管理费、工程质量监督费、工程监理费、工程定额测定费、设计文件审查费以及联合试运转费的计算基数。

二、其他工程费及间接费取费标准的工程类别划分

由于其他工程费及间接费是根据工程项目的直接工程费、人工费、人工费和机械费之和、直接费等为基数，以规定的费率计算的，而工程项目内容千差万别，所以无法个别地按各具体工程项目来制定费率标准。因此，只能将性质相近的工程项目合并成若干类别来制定费率。

《编制办法》规定，其他工程费及间接费取费标准的工程类别划分如下：

(1)人工土方。系指人工施工的路基、改河等土方工程，以及人工施工的砍树、挖根、除草、平整场地、挖盖山土等工程项目，并适用于无路面的便道工程。

(2)机械土方。系指机械施工的路基、改河等土方工程，以及机械施工的砍树、挖根、除草等工程项目。

(3)汽车运土。系指汽车、火车、拖拉机、马车运送的路基、改河土(石)方。购买路基填料的费用不作为其他直接费、现场经费和间接费的计算基数。

(4)人工石方。系指人工施工的路基、改河等石方工程，以及人工施工的挖盖山石项目。

(5)机械石方。系指机械施工的路基、改河等石方工程(机械打眼即属机械施工)。

(6)高级路面。系指沥青混凝土路面、厂拌沥青碎石路面和水泥混凝土路面的面层。

(7)其他路面。系指次高级、中级、低级路面的面层，各等级路面的基层、底基层、垫层，采用结合料稳定的路基和软土等特殊路基处理等工程，以及有路面的便道工程。

(8)构造物Ⅰ。系指无夜间施工的桥梁、涵洞、防护及其他工程，沿线设施中的构造物工程，互通式立体交叉工程(包括立交桥、匝道中的路基土石方、路面、防护等工程)，以及临时工程中的便桥、电力电讯线路、轨道铺设等工程项目。

(9)构造物Ⅱ。系指有夜间施工的桥梁工程。

(10)构造物Ⅲ。系指商品混凝土(包括沥青混凝土和水泥混凝土)的浇筑和外购构件及设备的安装工程。商品混凝土和外购构件及设备的费用不作为其他工程费和间接费的计算基数。

(11)技术复杂大桥。系指单孔跨径在120m以上(含120m)和基础水深在10m以上(含

10m)的大桥主桥部分的基础、下部和上部工程。

(12)隧道。系指隧道工程的洞门及洞内工程。

(13)钢材及钢结构。系指钢桥及钢索吊桥的上部构造,钢沉井、钢围堰、钢套箱及钢护筒等基础工程,钢索塔,钢锚箱,钢筋及预应力钢材,模数式及橡胶板式伸缩缝,钢盆式橡胶支座,四氟板式橡胶支座,金属标志牌、防撞钢护栏、防眩板(网)、隔离栅、防护网等工程项目。所有钢筋工程均应按此类别取费。

购买路基填料的费用不作为其他工程费和间接费的计算基数。

三、直接费的计算

直接费由直接工程费和其他工程费组成。

1. 直接工程费

直接工程费是指施工过程中耗费的构成工程实体和有助于工程形成的各项费用,包括人工费、材料费、施工机械使用费。

1)人工费

人工费系指列入概、预算定额的直接从事建筑安装工程施工的生产工人开支的各项费用,内容包括:

(1)基本工资。系指发放生产工人的基本工资,流动施工津贴和生产工人劳动保护费,以及为职工缴纳的养老、失业、医疗保险费和住房公积金等。

生产工人劳动保护费系指按国家有关部门规定标准发放的劳动保护用品的购置费及修理费、徒工服装补贴、防暑降温费、在有碍身体健康环境中施工的保健费用等。

(2)工资性补贴。系指按规定标准发放的物价补贴,煤、燃气补贴,交通补贴,住房补贴,地区津贴等。

(3)生产工人辅助工资。系指生产工人年有效施工天数以外非作业天数的工资,包括开会和执行必要的社会义务时间的工资,职工学习,培训期的工资,调动工作、探亲、休假期间的工资,因气候影响停工期的工资,女工哺乳时间的工资,病假在六个月以内的工资及产、婚、丧假期的工资。

(4)职工福利费。系指按国家规定标准计提的职工福利费。

人工费以概、预算定额人工工日数乘以每工日人工费计算。

人工费金额在编制概、预算时,是通过表格计算的,具体计算方法如下:

$$\text{工程细目人工费} = \text{工程细目工程数量} \times \text{人工定额} \times \text{工资单价} \tag{5-8}$$

式中: 人工定额——编制概、预算时查到的定额值,当编制概算时采用《概算定额》、当编制预算时采用《预算定额》。

工程细目工程数量——是某工程细目实际工程数量,以定额单位为计量单位。因此,该工程数量是指定额单位的倍数。

工资单价——指生产工人每工日的人工费,按式(5-9)计算。

$$\text{人工单价(元/工日)} = [\text{基本工资(元/月)} + \text{地区生活补贴(元/月)} + \text{工资性津贴(元/月)}] \times (1 + 14\%) \times 12\text{月} \div 240\text{(工日)} \tag{5-9}$$

式中各项说明如下:

①生产工人基本工资(元/月):按不低于工程所在地政府主管部门发布的最低工资标准的1.2倍计算。

②地区生活补贴：指国家规定的边远地区生活补贴、特区补贴。

③工资性津贴：指物价补贴，煤、燃气补贴，交通费补贴、住房补贴等。

以上三项标准由各省、自治区、直辖市公路（交通）工程造价（定额）管理站根据当地人民政府的有关规定核定后公布执行，并抄送交通部公路司备案。并应根据最低工资标准的变化及时调整公路工程生产工人工资标准。

④14%：国家规定的职工福利费。

⑤12：指全年按12个月计算。

⑥240：指全年365天中扣除法定节假日、双休日等后的有效工作天数（即全年双休日104天，法定节假日11天，平均带薪休假日按10天计）。

人工费单价仅作为编制概、预算的依据，不作为施工企业实发工资的依据。

【例5-4】 已知某地区生产工人的基本工资为552元/月，工资性津贴为202元/月，不计地区生活补贴，试确定其工人工资单价。

解： 由式(5-9)得：

$$\text{工人工资单价(元/工日)} = [552 + 0 + 202] \times (1 + 14\%) \times 12 \div 240 = 42.98\text{(元/工日)}$$

【例5-5】 试计算上例地区人工伐树及挖根（直径10cm以上）400棵的预算人工费。

解： 查《预算定额》，确定该工程的定额编号为[4-1-1-1-1]，定额值为11.9工日/10棵。

$$\text{预算人工费} = \text{工程细目工程数量} \times \text{人工定额} \times \text{工资单价} = 400 \times \frac{11.9}{10} \times 42.98 = 20\ 458.48\text{(元)}$$

2）材料费

材料费系指施工过程中耗用的构成工程实体的原材料、辅助材料、构（配）件、零件、半成品、成品的用量和周转材料的摊销量，按工程所在地的材料预算价格计算的费用。《编制办法》规定，无论编制概算还是编制预算，其材料单价均采用“材料预算价格”。

材料费按下式计算：

$$\begin{aligned}\text{工程细目材料费} &= \sum(\text{工程细目工程数量} \times \text{材料定额} \times \text{材料预算价格}) \\ &\quad + \text{工程细目工程数量} \times \text{其他材料费} \qquad (5\text{-}10)\end{aligned}$$

式中：材料定额——编制概、预算时查到的某种材料定额值，当编制概算时采用《概算定额》，当编制预算时采用《预算定额》。

工程细目工程数量——是某工程细目实际工程数量，以定额单位为计量单位。因此，该工程数量是指定额单位的倍数。

材料预算价格——材料的综合平均价格，按式(5-11)计算。

其他材料费——由《概算定额》、《预算定额》查得，以“元”为单位的材料费用。

材料预算价格由材料原价、运杂费、场外运输损耗、采购及仓库保管费组成，它是指材料由产地或交货地到达工地仓库或施工现场堆放材料地点的综合平均价格。

$$\begin{aligned}\text{材料预算价格} &= (\text{材料原价} + \text{运杂费}) \times (1 + \text{场外运输损耗率}) \\ &\quad \times (1 + \text{采购及仓库保管费率}) - \text{包装品回收价值} \qquad (5\text{-}11)\end{aligned}$$

（1）材料原价

公路工程建设所耗用的各种建筑材料可分为外购材料、地方性材料、自采材料三种。各种材料原价按以下规定计算。

①外购材料：国家或地方的工业产品，按工业产品出厂价格或供销部门的供应价格计算，并根据情况加计供销部门手续费和包装费。如供应情况、交货条件不明确时，可采用当地规定

的价格计算。

②地方性材料:地方性材料包括外购的砂、石材料等,按实际调查价格或当地主管部门规定的预算价格计算。

③自采材料:自采的砂、石、黏土等自采材料,按《预算定额》第八章“材料采集及加工”中的定额分析工、料、机的费用,并按定额中开采单价加计辅助生产间接费和矿产资源税(如有)计算。按《编制办法》规定辅助生产间接费是按人工费的5%计算的。即自采材料原价(也称料场价格)按式(5-12)计算:

$$自采材料原价 = 人工费 \times (1 + 5\%) + 材料费 + 机械使用费 \tag{5-12}$$

材料原价应通过市场调查或料场调查按实计取,或通过计算确定,同时还应注意执行各省、自治区、直辖市公路(交通)工程定额站的一些补充规定。各省、自治区、直辖市公路(交通)工程造价(定额)管理站应通过调查,编制本地区的材料价格信息,供编制概、预算使用。

目前大部分省、自治区、直辖市的公路工程定额站,都编印了本省当年的“材料价格信息”,所以在编制概预算时,能按这种“价格信息”查得上列三类材料的价格(包括供料地点和有关说明)。

【例5-6】 某料场机械轧碎石,碎石规格为4cm,未筛分。已知人工单价为48元/工日,片石料场价格32元/m^3,400×250电动颚式碎石机149.44元/台班。试求碎石的料场价格。

解: 由《预算定额》[964-8-1-9-5]得:每100m^{3}碎石堆方(4cm)定额值为人工:45.0工日;片石114.90m^3;400×250电动机3.42台班,根据5-12式得:

$$碎石(4cm)的料场价格 = 45.0 \times 48 \times (1 + 5\%) + 32 \times 114.90 + 149.44 \times 3.42$$
$$= 6\ 455.88 元(/100\ m^3) = 64.56(元/m^3)$$

(2)运杂费

运杂费系指材料自供应地点至工地仓库(施工地点存放材料的地方)的运输费和相应的杂费,包括装卸费、运费,有时还应计囤存费及其他杂费(如过磅、标签、支撑加固、路桥通行等费用)。

材料预算单价中的“运杂费”确切地说应是“材料单位运杂费”。材料单位运杂费是指每单位数量的材料(如每t、m^3、kg),从供应点到工地所需的全部运杂费。

$$材料单位运杂费 = 单位运费 + 单位装卸费 + 单位杂费 \tag{5-13}$$

①单位运费。通过铁路、水路和公路运输部门运输的材料,按铁路、航运和当地交通部门规定的运价计算运费。

施工单位自办的运输,单程运距15km以上的长途汽车运输按当地交通部门规定的统一运价计算运费;单程运距5~15km的汽车运输按当地交通部门规定的统一运价计算运费,当工程所在地交通不便、社会运输力量缺乏时,如边远地区和某些山岭区,允许按当地交通部门规定的统一运价加50%计算运费;单程运距5km及以内的汽车运输以及人力场外运输,按预算定额计算运费,其中人力装卸和人力运输另按人工费加计辅助生产间接费。

$$单位运费 = (运价率 \times 运距 + 吨次费) \times 单位毛重 \tag{5-14}$$

式中:运价率——指每吨货物每运输1km所需的运费(元/t·km),按当地交通运输部门的规定采用。

运距——材料供应点到工地仓库的距离。按本单元课题二讲述方法确定。

吨次费——指因短途运输而增加的费用。

单位毛重——单位毛重=单位重×毛重系数。其中单位重根据《预算定额》附录四采用。

毛重系数按表 5-2 确定。

材料毛重系数及单位毛重表 表 5-2

材料名称	单 位	毛重系数	单位毛重
爆破材料	t	1.35	—
水泥、块状沥青	t	1.01	—
铁钉、铁件、焊条	t	1.10	—
液体沥青、液体燃料、水	t	桶装 1.17,油罐车装 1.00	—
木料	m^3	—	1.000t
草袋	个	—	0.004t

由于预算定额中汽车运输台班已考虑工地便道特点,以及定额中已计入了“工地小搬运”项目,因此平均运距中汽车运输便道里程不得乘调整系数,也不得在工地仓库或堆料场之外再加场内运距或二次倒运的运距。

有容器或包装的材料及长大轻浮材料,应按表 5-2 规定的毛重计算。桶装沥青、汽油、柴油按每吨摊销一个旧汽油桶计算包装费(不计回收)。

【例 5-7】 某工地运输钢材,运距 36km,运价率为 0.45 元/t·km,试求单位运费。

解: 由式 5-14 得:单位运费 = 0.45(元/t·km)×36(km) = 16.20 元/t。

②单位装卸费。单位装卸费按《预算定额》第九章“材料运输”的定额计算,或按当地运输部门规定计算;当人工装卸时,应另按人工费的 5% 加计辅助生产间接费。

③单位杂费。单位杂费是指单位材料(每 t、m^3、kg 等)所需的囤存费及过磅、标签、支撑加固、路桥通行等费用。

(3)场外运输损耗

场外运输损耗系指有些材料在正常的运输过程中发生的损耗,如砂、石、散装水泥等松散材料在运输过程中都易发生损耗,这部分损耗应摊入材料单价内。

按《编制办法》规定场外运输损耗费按式 5-15 计算:

单位场外运输损耗费 =(材料原价 + 材料单位运杂费)× 场外运输损耗率 (5-15)

式中:材料原价——材料的供应价格(元/m^3、元/m^2、元/t 等)。

材料场外运输损耗率见表 5-3。

材料场外运输操作损耗率表(%) 表 5-3

材料名称		场外运输(包括一次装卸)	每增加一次装卸
块状沥青		0.5	0.2
石屑、碎砾石、砂砾、煤渣、工业废渣、煤		1.0	0.4
砖、瓦、桶装沥青、石灰、黏土		3.0	1.0
草皮		7.0	3.0
水泥	袋装	1.0	0.4
	散装	1.0	0.4
砂	一般地区	2.5	1.0
	多风地区	5.0	2.0

注:汽车运水泥如运距超过 500 公里时,增加损耗率:袋装 0.5%。

(4)采购及保管费

材料采购及保管费系指材料供应部门(包括工地仓库以及各级材料管理部门)在组织采购、供应和保管材料过程中,所需的各项费用及工地仓库的材料储存损耗。

材料采购及保管费,以材料的原价加运杂费及场外运输损耗的合计数为基数,乘以采购保管费率计算。材料的采购及保管费费率为2.5%。即:

$$材料单位采购及保管费 = (材料原价 + 单位运杂费 + 单位场外运输损耗费) \times 2.5\% \tag{5-16}$$

外购的构件、成品及半成品的预算价格,其计算方法与材料相同,但构件(如外购的钢桁梁、钢筋混凝土构件及加工钢材等半成品)的采购保管费率为1%。

商品混凝土预算价格的计算方法与材料相同,但其采购保管费率为0。

(5)包装品的回收价值

在材料原价中,外购材料的原价是由出厂价、供销手续费、包装费三部分组成。当包装品可以回收时,应在材料预算价格中扣除包装品的回收价值。

综上所述,材料的预算单价是由材料原价、运杂费、场外运输损耗费、采购及保管费、包装品的回收价值等五个方面的内容组成。其中,材料原价、运杂费的计算比较繁杂,需根据不同情况,按不同的方法进行计算。

【例5-8】 某袋装水泥出厂价270元/t,汽车运距45km,运价率0.4元/t·km,装卸费2.0元/t,求水泥预算单价。

解: 由于运距为30km以上,故:

单位运杂费 $=0.4\times45\times1.01+2.0=20.18$ 元/t。

式中1.01为水泥的毛重系数。

场外运输损耗率查表5-3得1.0%。

采购及保管费率为2.5%。

水泥预算单价为 $(270+20.18)\times(1+1.0\%)\times(1+2.5\%)=300.41$ 元/t。

3)施工机械使用费

在概(预)算中发生的施工机械使用费用。包括按台班数量计算的机械使用费和不按台班数量计算的(小型)机具使用费。亦即,施工机械使用费系指列入概(预)算定额的施工机械台班数量,按相应的机械台班费用定额计算的施工机械使用费和小型机具使用费。工程细目的施工机械使用费按下式计算:

$$\begin{aligned}工程细目施工机械使用费 &= \sum(工程细目工程数量 \times 台班定额 \times 台班单价)\\ &\quad + 工程细目工程数量 \times 小型机具使用费\end{aligned} \tag{5-17}$$

式中:台班定额——指《概算定额》、《预算定额》中某种机械的台班消耗标准。

台班单价——根据《公路工程机械台班费用定额》计算而得。

小型机具使用费——由《概算定额》、《预算定额》查得,以“元”为单位。

工程细目工程数量——实际工程量,是定额单位的倍数。

施工机械台班单价应按交通部公布的《公路工程机械台班费用定额》计算,台班单价由不变费用和可变费用组成。不变费用包括折旧费、大修理费、经常修理费、安装拆卸及辅助设施费等;可变费用包括机上人员人工费、动力燃料费、养路费及车船使用税。可变费用中的人工日数及动力燃料消耗量,应以机械台班费用定额中的数值为准。台班人工费工日单价同生产工人人工费单价。动力燃料费用则按材料费的计算规定计算。

$$机械台班单价 = 不变费用 + 可变费用 \tag{5-18}$$

当工程用电为自行发电时，电动机械每 kW·h(度)电的单价可由下述近似公式计算：

$$A = 0.24\frac{K}{N} \tag{5-19}$$

式中：A——每 kW·h 电单价(元)；

K——发电机组的台班单价(元)；

N——发电机组的总功率(kW)。

【例 5-9】 某人工摊铺天然砂砾路面工程，压实厚度 10cm，预算工程数量 65 000m^2。已知人工单价 45.24 元/工日，柴油 6.22 元/kg，计算其机械使用费。

解： 由《预算定额》[134-2-2-2-1]得每 1000m^2 需：

机械：6～8t 光轮压路机 0.27 台班；

12～15t 光轮压路机 0.54 台班。

由《机械台班费用定额》查得：

6～8t 光轮压路机不变费用 107.57 元；人工 1 工日；柴油 19.33kg。

台班单价 = 107.57 + 1 × 45.24 + 6.22 × 19.33 = 273.04 元/台班。

12～15t 光轮压路机不变费用 164.32 元；人工 1 工日；柴油 40.46kg。

台班单价 = 164.32 + 1 × 45.24 + 6.22 × 40.46 = 461.22 元/台班。

由式 5-17 得：

施工机械使用费 = (0.27 × 273.04 + 0.54 × 461.22) × 65 = 20 980.67 元。

综上所述，可求得某工程细目的直接工程费。

$$直接工程费 = 人工费 + 材料费 + 施工机械使用费 \tag{5-20}$$

以上各项费用计算的共同点是计算公式基本相似，不同点是各有各的单价，各单价的计算方法也不一样。

4)定额基价

定额基价可分为定额表基价和分项工程定额基价，这里的定额基价是指分项工程定额基价，它是指按指定的人工工日单价、材料预算价格和机械台班单价计算完成定额单位分项工程所需人工费、材料费和机械使用费之和。其计算公式为：

$$工程细目定额基价 = 工程细目工程数量 \times 定额表基价 \tag{5-21}$$

2. 其他工程费

其他工程费系指直接工程费以外施工过程中发生的直接用于工程的费用。其他工程费包括冬季施工增加费、雨季施工增加费、夜间施工增加费、特殊地区施工增加费、行车干扰工程施工增加费、安全及文明施工措施费、临时设施费、施工辅助费、工地转移费等九项，其中特殊地区施工增加费包括高原地区施工增加费、风沙地区施工增加费和沿海地区工程施工增加费。公路工程中的水、电费及因场地狭小等特殊情况而发生的材料二次搬运等其他工程费已包括在概、预算定额中，不再另计。其他工程费的各项费用均以某项费用为基数按费率取费计算，相应费率按分项工程所属工程类别取定。

1)冬季施工增加费

(1)定义与气温区划分

冬季施工增加费是指按照公路工程施工及验收规范所规定的冬季施工要求，为保证工程质量和安全生产所需采取的防寒保温设施、工效降低和机械作业率降低以及技术操作过程的改变等所增加的有关费用。

冬季施工增加费的内容包括：

①因冬季施工所需增加的一切人工、机械与材料的支出。

②施工机具所需修建的暖棚(包括拆、移)，增加油脂及其他保温设备费用。

③因施工组织设计确定，需增加的一切保温、加温及照明等有关支出。

④与冬季施工有关的其他各项费用，如清除工作地点的冰雪等费用。

冬季施工增加费与工程所在地区有关。在《编制办法》中列有全国冬季施工气温区划分表，冬季气温区的划分是根据气象部门提供的满 15 年以上的气温资料确定的。气温区分为冬一区(包括 I、II 两个副区)、冬二区(包括 I、II 两个副区)、冬三区、冬四区、冬五区、冬六区、准一区、准二区。全国各地的气温区划分详见本书附录 I。若当地气温资料与附录 I 划定的冬季气温区划分有较大的出入时，可按当地气温资料及规定的划分标准确定工程所在地的冬季气温区。

(2)费率与计算

冬季施工增加费的费率根据各类工程的特点及工程所在地的气温区，按表 5-4 确定，其费用是以各类工程的直接工程费之和为基数乘以相应费率计算的。为了简化计算手续，采用全年平均摊销的方法，即不论是否在冬季施工，均按规定的取费标准计取冬季施工增加费。一条路线穿过两个以上的气温区时，可分段计算或按各区的工程量比例求得全线的平均增加率，计算冬季施工增加费。

冬季施工增加费费率表(%) 表 5-4

气温区 \ 工程类别	冬季期平均气温(℃)								准一区	准二区
	-1 以上		-1 ~ -4		-4 ~ -7	-7 ~ -10	-10 ~ -14	-14 以下		
	冬一区		冬二区		冬三区	冬四区	冬五区	冬六区		
	I	II	I	II						
人工土方	0.28	0.44	0.59	0.76	1.44	2.05	3.07	4.61	—	—
机械土方	0.43	0.67	0.93	1.17	2.21	3.14	4.71	7.07	—	—
汽车土方	0.08	0.12	0.17	0.21	0.40	0.56	0.84	1.27	—	—
人工石方	0.06	0.10	0.13	0.15	0.30	0.44	0.65	0.98	—	—
机械石方	0.08	0.13	0.18	0.21	0.42	0.61	0.91	1.37	—	—
高级路面	0.37	0.52	0.72	0.81	1.48	2.00	3.00	4.50	0.06	0.16
其他路面	0.11	0.20	0.29	0.37	0.62	0.80	1.20	1.80	—	—
构造物 I	0.34	0.49	0.66	0.75	1.36	1.84	2.76	4.14	0.06	0.15
构造物 II	0.42	0.60	0.81	0.92	1.67	2.27	3.40	5.10	0.08	0.19
构造物 III	0.83	1.18	1.60	1.81	3.29	4.46	6.69	10.03	0.15	0.37
技术复杂大桥	0.48	0.68	0.93	1.05	1.91	2.58	3.87	5.81	0.08	0.21
隧道	0.10	0.19	0.27	0.35	0.58	0.75	1.12	1.69	—	—
钢材及钢结构	0.02	0.05	0.07	0.09	0.15	0.19	0.29	0.43	—	—

2)雨季施工增加费

(1)定义及雨量区、雨季期划分

雨季施工增加费是指雨季期间施工为保证工程质量和安全生产所需采取的防雨、排水、防潮和防护措施费、工效降低和机械作业率降低以及技术作业过程的改变等所需增加的有关费用。

雨季施工增加费内容包括：

①因雨季施工所需增加的工、料、机费用的支出，包括工作效率的降低及易被雨水冲毁的工程所增加的工作内容等（如基坑坍塌和排水沟等堵塞的清理、路基边坡冲沟的填补等）。

②路基土方工程的开挖和运输，因雨季施工（非土壤中水影响）而引起的黏附工具，降低工效所增加的费用。

③因防止雨水必须采取的防护措施的费用，如挖临时排水沟，防止基坑坍塌所需的支撑、挡板等费用。

④材料因受潮、受湿的耗损费用。

⑤增加防雨、防潮设备的费用。

⑥其他有关雨季施工所需增加的费用，如因河水高涨致使工作困难而增加的费用等。

雨季施工增加费的计算与工程所在地的雨量区及雨季期有关。在《编制办法》附录八中列有“全国雨季施工雨量区及雨季期划分表”。雨量区和雨季期的划分，是根据气象部门提供的满15年以上的降雨资料确定的。雨量区划分为Ⅰ级和Ⅱ级。凡月平均降雨天数在10d以上，月平均日降雨量在3.5～5mm之间者为Ⅰ区，月平均日降雨量在5mm以上者为Ⅱ区。全国各地雨量区及雨季期的划分详见本书附录Ⅱ。若当地气象资料与附录Ⅱ所划定的雨量区及雨季期出入较大时，可按当地气象资料及规定的划分标准确定工程所在地的雨量区及雨季期。

（2）费率与计算

雨季增加费的费率根据各类工程的特点及工程所在地的雨量区和雨季期标准，按表5-5确定，其费用是以各类工程的直接工程费之和为基数乘以相应费率计算的。为了简化计算手续，采用全年平均摊销的方法，即不论是否在雨季施工，均按规定的取费标准计取雨季施工增加费。一条路线通过不同的雨量区和雨季期时，应分别计算雨季施工增加费或按工程量比例求得平均的增加率，计算全线雨季施工增加费。

雨季施工增加费费率表（%） 表5-5

雨季期（月数）	1	1.5	2		2.5		3		3.5		4		4.5		5		6		7	8
工程类别 \ 雨量区	Ⅰ	Ⅰ	Ⅰ	Ⅱ	Ⅰ	Ⅱ	Ⅰ	Ⅱ	Ⅰ	Ⅱ	Ⅰ	Ⅱ	Ⅰ	Ⅱ	Ⅰ	Ⅱ	Ⅰ	Ⅱ	Ⅱ	Ⅱ
人工土方	0.04	0.05	0.07	0.11	0.09	0.13	0.11	0.15	0.13	0.17	0.15	0.20	0.17	0.23	0.19	0.26	0.21	0.31	0.36	0.42
机械土方	0.04	0.05	0.07	0.11	0.09	0.13	0.11	0.15	0.13	0.17	0.15	0.20	0.17	0.23	0.19	0.27	0.22	0.32	0.37	0.43
汽车运输	0.04	0.05	0.07	0.11	0.09	0.13	0.11	0.16	0.13	0.19	0.15	0.22	0.17	0.25	0.19	0.27	0.22	0.32	0.37	0.43
人工石方	0.02	0.03	0.05	0.07	0.06	0.09	0.07	0.11	0.08	0.13	0.09	0.15	0.10	0.17	0.12	0.19	0.15	0.23	0.27	0.32
机械石方	0.03	0.04	0.06	0.10	0.08	0.12	0.10	0.14	0.12	0.16	0.14	0.19	0.16	0.22	0.18	0.25	0.20	0.29	0.34	0.39
高级路面	0.03	0.04	0.06	0.10	0.08	0.13	0.10	0.15	0.12	0.17	0.14	0.19	0.16	0.22	0.18	0.25	0.20	0.29	0.34	0.39
其他路面	0.03	0.04	0.06	0.09	0.08	0.12	0.09	0.14	0.10	0.16	0.12	0.18	0.14	0.21	0.16	0.24	0.19	0.28	0.32	0.37
构造物Ⅰ	0.03	0.04	0.05	0.08	0.06	0.09	0.07	0.11	0.08	0.13	0.10	0.15	0.12	0.17	0.14	0.19	0.16	0.23	0.27	0.31
构造物Ⅱ	0.03	0.04	0.05	0.08	0.07	0.10	0.08	0.12	0.09	0.14	0.11	0.16	0.13	0.18	0.15	0.21	0.17	0.25	0.30	0.34
构造物Ⅲ	0.06	0.08	0.11	0.17	0.14	0.21	0.17	0.25	0.20	0.30	0.23	0.35	0.27	0.40	0.31	0.45	0.35	0.52	0.60	0.69
技术复杂大桥	0.03	0.05	0.07	0.10	0.08	0.12	0.10	0.14	0.12	0.16	0.14	0.19	0.16	0.22	0.18	0.25	0.20	0.29	0.34	0.39
隧道	—	—	—	—	—	—	—	—	—	—	—	—	—	—	—	—	—	—	—	—
钢材及钢结构	—	—	—	—	—	—	—	—	—	—	—	—	—	—	—	—	—	—	—	—

3)夜间施工增加费

(1)定义

夜间施工增加费系指根据设计、施工的技术要求和合理的施工进度要求,必须在夜间连续施工而发生的工效降低、夜班津贴以及有关照明设施(包括所需照明设施的安拆、摊销、维修及油燃料、电)等增加的费用。

(2)费率及计算

夜间施工增加费,按夜间施工工程项目(如桥梁工程项目包括上、下部构造全部工程)的直接工程费之和为基数,按表5-6的费率计算。但设备安装工程及金属标志牌、防撞钢护栏、防眩板(网)、隔离栅、防护网等不计夜间施工增加费。

夜间施工增加费费率表(%) 表5-6

工程类别	费率	工程类别	费率
构造物 II	0.35	技术复杂大桥	0.35
构造物 III	0.70	钢材及钢结构	0.35

4)特殊地区施工增加费

特殊地区施工增加费包括高原地区施工增加费、风沙地区施工增加费和沿海地区施工增加费三项。

(1)高原地区施工增加费

①定义。高原地区施工增加费系指在海拔高度1 500m以上地区施工,由于受气候、气压的影响,致使人工、机械效率降低而增加的费用。

②费率及计算。高原地区施工增加费,以各类工程人工费和机械使用费之和为基数,按表5-7的费率计算。当一条路线通过两个或两个以上不同的海拔高度分区时,应分别计算高原地区施工增加费或按工程量比例求得平均的增加率,计算全线高原地区施工增加费。

高原地区施工增加费费率表(%) 表5-7

工程类别	海拔高度(m)							
	1 501 ~ 2 000	2 001 ~ 2 500	2 501 ~ 3 000	3 001 ~ 3 500	3 501 ~ 4 000	4 001 ~ 4 500	4 501 ~ 5 000	5 000 ~ 以上
人工土方	7.00	13.25	19.75	29.75	43.25	60.00	80.00	110.00
机械土方	6.56	12.60	18.66	25.60	36.05	49.08	64.72	83.80
汽车运输	6.50	12.50	18.50	25.00	35.00	47.50	62.50	80.00
人工石方	7.00	13.25	19.75	29.75	43.25	60.00	80.00	110.00
机械石方	6.71	12.82	19.03	27.01	38.50	52.80	69.92	92.72
高级路面	6.58	12.61	18.69	25.72	36.26	49.41	65.17	84.58
其他路面	6.73	12.84	19.07	27.15	38.74	53.17	70.44	93.60
构造物 I	6.87	13.06	19.44	28.56	41.18	56.86	75.61	102.47
构造物 II	6.77	12.90	19.17	27.54	39.41	54.18	71.85	96.03
构造物 III	6.73	12.85	19.08	27.19	38.81	53.27	70.57	93.84
技术复杂大桥	6.70	12.81	19.01	26.94	38.37	52.61	69.65	92.27
隧道	6.76	12.90	19.16	27.50	39.35	54.06	71.72	95.81
钢材及钢结构	6.78	12.92	19.20	27.66	39.62	54.50	72.30	96.80

(2)风沙地区施工增加费

①定义及风沙地区划分。风沙地区施工增加费系指在沙漠地区施工时，由于受风沙影响，按照施工及验收规范的要求，为保证工程质量和安全生产而增加的有关费用。内容包括防风、防沙及气候影响的措施费，材料费，人工、机械效率降低增加的费用，以及积沙、风蚀的清理修复等费用。

根据《公路自然区划标准》、"沙漠地区公路建设成套技术研究报告"的公路自然区划和沙漠公路区划，结合风沙地区的气候状况，《编制办法》将风沙地区划分为三区九类：半干旱、半湿润沙地为风沙一区，干旱、极干旱寒冷地区为风沙二区，极干旱炎热沙漠地区为风沙三区；根据覆盖度（沙漠中植被、戈壁等覆盖程度）又将每区分为固定沙漠（覆盖度>50%）、半固定沙漠（覆盖度10% ~50%）、流动沙漠（覆盖度<10%）三类，覆盖度由工程勘察设计人员在公路勘察设计时确定。全国风沙地区公路施工区划的划分详见本书附录III。若当地气象资料及自然特征与附录III所划定的风沙地区出入较大时，由工程所在地省、自治区、直辖市公路（交通）工程造价（定额）管理站按当地气象资料和自然特征及上述规定的划分标准确定工程所在地的风沙区划，并抄送交通部公路司备案。

②费率及计算。风沙地区施工增加费，以各类工程的人工费和机械使用费之和为基数，根据工程所在地的风沙区划及工程类别按表5-8的费率计算。当一条路线穿过两个或两个以上不同风沙区时，应按路线长度经过不同的风沙区加权计算项目全线风沙地区施工增加费。

风沙地区施工增加费费率表（%） 表5-8

风沙区划 / 工程类别	风沙一区			风沙二区			风沙三区		
	沙漠类型								
	固定	半固定	流动	固定	半固定	流动	固定	半固定	流动
人工土方	6.00	11.00	18.00	7.00	17.00	26.00	11.00	24.00	37.00
机械土方	4.00	7.00	12.00	5.00	11.00	17.00	7.00	15.00	24.00
汽车运输	4.00	8.00	13.00	5.00	12.00	18.00	8.00	17.00	26.00
人工石方	—	—	—	—	—	—	—	—	—
机械石方	—	—	—	—	—	—	—	—	—
高级路面	0.50	1.00	2.00	1.00	2.00	3.00	2.00	3.00	5.00
其他路面	2.00	4.00	7.00	3.00	7.00	10.00	4.00	10.00	15.00
构造物I	4.00	7.00	12.00	5.00	11.00	17.00	7.00	16.00	24.00
构造物II	—	—	—	—	—	—	—	—	—
构造物III	—	—	—	—	—	—	—	—	—
技术复杂大桥	—	—	—	—	—	—	—	—	—
隧道	—	—	—	—	—	—	—	—	—
钢材及钢结构	1.00	2.00	4.00	1.00	3.00	5.00	2.00	5.00	7.00

(3)沿海地区工程施工增加费

①定义。沿海地区工程施工增加费系指工程项目在沿海地区施工受海风、海浪和潮汐的影响，致使人工、机械效率降低等所需增加的费用。本项费用由沿海各省、自治区、直辖市交通厅（局）制定具体的适用范围（地区），并抄送交通部公路司备案。

②费率及计算。沿海地区工程施工增加费，以各类工程的直接工程费之和为基数，按表

5-9 的费率计算。

沿海地区工程施工增加费费率表(%)　　表 5-9

工程类别	费率	工程类别	费率
构造物 II	0.15	技术复杂大桥	0.15
构造物 III	0.15	钢材及钢结构	0.15

5)行车干扰工程施工增加费

(1)定义

行车干扰工程施工增加费系指由于边施工边维持通车,受行车干扰的影响,致使人工、机械效率降低而增加的费用。

(2)费率及计算

行车干扰工程施工增加费,以受行车影响部分工程项目的人工费和机械使用费之和为基数,按表 5-10 的费率计算。

行车干扰工程施工增加费费率表(%)　　表 5-10

工程类别	施工期间平均每昼夜双向行车次数(汽车、畜力车合计)							
	51 ~ 100	101 ~ 500	501 ~ 1 000	1 001 ~ 2 000	2 001 ~ 3 000	3 001 ~ 4 000	4 001 ~ 5 000	5 000 以上
人工土方	1.64	2.46	3.28	4.10	4.76	5.29	5.86	6.44
机械土方	1.39	2.19	3.00	3.89	4.51	5.02	5.56	6.11
汽车运输	1.36	2.09	2.85	3.75	4.35	4.84	5.36	5.89
人工石方	1.66	2.40	3.33	4.06	4.71	5.24	5.81	6.37
机械石方	1.16	1.71	2.38	3.19	3.70	4.12	4.56	5.01
高级路面	1.24	1.87	2.50	3.11	3.61	4.01	4.45	4.88
其他路面	1.17	1.77	2.36	2.94	3.41	3.79	4.20	4.62
构造物 I	0.94	1.41	1.89	2.36	2.74	3.04	3.37	3.71
构造物 II	0.95	1.43	1.90	2.37	2.75	3.06	3.39	3.72
构造物 III	0.95	1.42	1.90	2.37	2.75	3.05	3.38	3.72
技术复杂大桥	—	—	—	—	—	—	—	—
隧道	—	—	—	—	—	—	—	—
钢材及钢结构	—	—	—	—	—	—	—	—

由于该增加费用是以"受行车影响部分"工程项目的人工费和机械使用费之和为计算基数,必须是边施工边维持通车,受行车影响部分的工程方可计算,所以如何区分受行车影响部分的工程,是正确计算该费用的核心。特别是对于不设便道的半幅施工、半幅通车的工程,在原线路一侧加宽改建、扩建工程等,均应作具体分析,以确定是否可以按局部工程计列该增加费用。一级公路、高速公路路基宽度较宽,半幅施工时行车影响较小,且计算基数中包括了材料费,一些省规定其费率按表 5-10 中规定的费率折减后计算,具体计算时应按当地补充规定执行。

6)安全及文明施工措施费

(1)定义

安全及文明施工措施费系指工程施工期间为满足安全生产、文明施工、职工健康生活所发生的费用。该费用不包括施工期间为保证交通安全而设置的临时安全设施和标志、标牌的费用,需要时,应根据设计要求计算。

(2)费率及计算

安全及文明施工措施费,以各类工程的直接工程费之和为基数,按表5-11的费率计算,对于设备安装工程,其费率按表列费率的50%计算。

安全及文明施工措施费费费率表(%) 表5-11

工程类别	费率	工程类别	费率
人工土方	0.59	构造物I	0.72
机械土方	0.59	构造物II	0.78
汽车运输	0.21	构造物III	1.57
人工石方	0.59	技术复杂大桥	0.86
机械石方	0.59	隧道	0.73
高级路面	1.00	钢材及钢结构	0.53
其他路面	1.02		

7)临时设施费

(1)概念

临时设施费系指施工企业为进行建筑安装工程施工所必需的生活和生产用的临时建筑物、构筑物和其他临时设施的费用等,但不包括概(预)算定额中临时工程在内。

临时设施包括:临时生活及居住房屋(包括职工家属房屋及探亲房屋)、文化福利及公用房屋(如广播室、文体活动室等)和生产、办公房屋(如仓库、加工厂、加工棚、发电站、变电站、空压机站、停车棚等),工地范围内的各种临时的工作便道(包括汽车、畜力车、人力车道)、人行便道,工程临时用水、用电的水管支线和电线支线,临时构筑物(如水井、水塔等)以及其他小型临时设施。临时设施费用内容包括:临时设施的搭设、维修、拆除费或摊销费。

(2)费率及计算

临时设施费以各类工程的直接工程费之和为基数,按表5-12的费率计算。

临时设施费费率表(%) 表5 12

工程类别	费率	工程类别	费率
人工土方	1.57	构造物I	2.65
机械土方	1.42	构造物II	3.14
汽车运输	0.92	构造物III	5.81
人工石方	1.60	技术复杂大桥	2.92
机械石方	1.97	隧道	2.57
高级路面	1.92	钢材及钢结构	2.48
其他路面	1.87		

(3)临时设施用工数量

计算临时设施费的同时,在概(预)算02表的总人工数量中还应计算临时设施的搭设、维修、拆除等所需的用工数量,这部分用工数量不再计价(其费用已计入临时设施费内),只作为编制施工组织设计用工计划的依据。

临时设施用工指标见表5-13,其计算方法是:

$$路线工程用工数量 = 路线长度(km) \times 用工指标 \quad (5\text{-}22)$$

$$独立大中桥工程用工数量 = 桥面面积 \times 用工指标 \quad (5\text{-}23)$$

式中:路线长度——设计路线总里程(km)

桥面面积——按每座桥全桥桥面面积(行车道加人行道或安全带)计。

临时设施用工指标表

表 5-13

项　目	路　线(1km)					独立大中桥(100m² 桥面)
	公路等级					
	高速公路	一级公路	二级公路	三级公路	四级公路	
工日	2 340	1 160	340	160	100	60

8)施工辅助费

(1)定义

施工辅助费系指生产工具用具使用费、检验试验费和工程定位复测、工程点交、场地清理等费用。

生产工具用具使用费系指施工所需不属于固定资产的生产工具、检验用具、试验用具及仪器、仪表等的购置、摊销和维修费,以及支付给生产工人自备工具的补贴费。

检验试验费系指施工企业对建筑材料、构件和建筑安装工程进行一般鉴定、检查所发生的费用,包括自设试验室进行试验所耗用的材料和化学药品的费用,以及技术革新和研究试验费。但不包括新结构、新材料的试验费和建设单位要求对具有出厂合格证明的材料进行检验、对构件破坏性试验及其他特殊要求检验的费用。

(2)费率及计算

施工辅助费以各类工程的直接工程费之和为基数,按表 5-14 的费率计算。

施工辅助费费率表(%)

表 5-14

工程类别	费　率	工程类别	费　率
人工土方	0.89	构造物 I	1.30
机械土方	0.49	构造物 II	1.56
汽车运输	0.16	构造物 III	3.03
人工石方	0.85	技术复杂大桥	1.68
机械石方	0.46	隧道	1.23
高级路面	0.80	钢材及钢结构	0.56
其他路面	0.74		

9)工地转移费

(1)定义

工地转移费系指施工企业根据建设任务的需要,由已竣工的工地或后方基地迁至新工地的搬迁费用,其内容包括:

①施工单位全体职工及随职工迁移的家属向新工地转移的车费、家具行李运费、途中住宿费、行程补助费、杂费及工资与工资附加费等。

②公物、工具、施工设备器材、施工机械的运杂费,以及外租机械的往返费及本工程内部各工地之间施工机械、设备、公物、工具的转移费等。

③非固定工人进退场及一条路线中各工地转移的费用。

转移距离以工程承包单位(如工程处、队等)驻地距离或两路线中点的距离为准;编制概(预)算时,如施工单位不明确时,高速、一级公路及独立大桥、隧道按省会(自治区首府)至工地的里程,二级及以下公路按地区(市、盟)至工地的里程计算工地转移费;工地转移里程数在表5-15所列里程之间时,费率可内插计算。工地转移距离在50km以内的工程不计取本项费用。

(2)费率及费用计算

工地转移费以各类工程的直接工程费之和为基数,按表5-15的费率计算。

工地转移费费率表(%) 表5-15

工程类别	工地转移距离(km)					
	50	100	300	500	1000	每增加100
人工土方	0.15	0.21	0.32	0.43	0.56	0.03
机械土方	0.50	0.67	1.05	1.37	1.82	0.08
汽车运输	0.31	0.40	0.62	0.82	1.07	0.05
人工石方	0.16	0.22	0.33	0.45	0.58	0.03
机械石方	0.36	0.43	0.74	0.97	1.28	0.06
高级路面	0.61	0.83	1.30	1.70	2.27	0.12
其他路面	0.56	0.75	1.18	1.54	2.06	0.10
构造物 I	0.56	0.75	1.18	1.54	2.06	0.11
构造物 II	0.66	0.89	1.40	1.83	2.45	0.13
构造物 III	1.31	1.77	2.77	3.62	4.85	0.25
技术复杂大桥	0.75	1.01	1.58	2.06	2.76	0.14
隧道	0.52	0.71	1.11	1.45	1.94	0.10
钢材及钢结构	0.72	0.97	1.51	1.97	2.64	0.13

以上介绍了其他工程费十一种费用的费率标准和费用计算方法。它们的最大特点是以直接工程费或人工与施工机械使用费之和为计算基数,为了简化计算过程,上述十一项费用在概(预)算表格中均不单独出现,而是在04表(附表V)中逐项确定其费率,求得各项费率之和即其他工程费综合费率I和II,在08-1表(附表V)中形成其他工程费。

$$\text{工程细目其他工程费} = \text{工程细目直接工程费或人工与施工机械使用费之和} \times \text{其他工程费综合费率 I 或 II} \quad (5\text{-}24)$$

综上所述,可得出如下结论:

$$\text{直接费} = \text{直接工程费} + \text{其他工程费} \quad (5\text{-}25)$$

10)冬季、雨季及夜间施工增工

在概(预)算的其他工程费计算出费用之后,还需计算冬季、雨季及夜间施工所增加的人工数(在辅助表计算),这部分增工不再另外计算费用,只作为实物(用工)指标汇入02表中。

(1)冬季施工增加工数

冬季施工增加的人工数量以各类工程概、预算工数之和乘以表5-16的冬季施工增工百分率。

$$\text{冬季施工增加工数} = \text{各类工程概、预算工数之和} \times \text{冬季施工增工百分率} \quad (5\text{-}26)$$

冬雨季施工增工百分率表(%) 表5-16

项目	雨季施工（雨量区）		冬季施工							
			冬一区		冬二区		冬三区	冬四区	冬五区	冬六区
	I	II	I	II	I	II				
路线	0.30	0.45	0.70	1.00	1.40	1.80	2.40	3.00	4.50	6.75
独立大中桥	0.30	0.45	0.30	0.40	0.50	0.60	0.80	1.00	1.50	2.25

(2)雨季施工增加工数

雨季施工增加的人工数量，以各类工程概(预)算工数之和乘以表5-16中雨季施工增工百分率，再乘以雨季期的月数。

雨季施工增加工数 = 各类工程概(预)算工数之和 × 雨季施工增工百分率 × 雨季期月数 (5-27)

(3)夜间施工增加工数

夜间施工增加的人工数，按夜间施工工程项目概(预)算工数乘以4%计算。

夜间施工增加工数 = 夜间施工工程项目工数 ×4% (5-28)

【例5-10】 威海市某独立大桥，用冲击钻冲孔，孔径1.5m，孔深20m，砾石，共30孔，夜间施工，无行车干扰，每10m孔深的人工费为2 200元，材料费为380元，机械使用费为6 100元，工地转移距离100km，试预算其他工程费和增工数量。

解：(1)计算其他工程费

由本书附录I、附录II查得该地区属于冬一(I)区，雨量(I)区，雨季期为4个月，工程类别为构造物II，由此得各项费率为：

冬季施工增加费费率为0.42%。

雨季施工增加费费率为0.11%。

夜间施工增加费费率为0.35%。

高原地区施工增加费费率为0%(海拔高度小于1 500m)。

风沙地区施工增加费费率为0%。

沿海地区施工增加费费率为0.15%。

行车干扰工程施工增加费费率为0%(不受行车干扰)。

安全及文明施工措施费为0.78%。

临时设施费费率为3.14%。

施工辅助费费率为1.56%。

工地转移费费率为0.89%。

其他工程费综合费率I =0.42 +0.11 +0.35 +0.15 +0.78 +3.14 +1.56 +0.89
=7.40(%)。

其他工程费综合费率II =0 +0 +0 =0(%)。

直接工程费 =(2 200 +380 +6 100)×20 ÷10 ×30 =520 800(元)。

人工费 + 机械使用费 =(2200 +6100)×20 ÷10 ×30 =498 000(元)。

其他工程费I = 直接工程费 × 其他工程费综合费率I
=520 800 ×7.40% =38 539.2(元)。

其他工程费Ⅱ =(人工费 + 机械使用费)×其他工程费综合费率Ⅱ

$$=498\ 000\times 0=0\text{(元)}。$$

其他工程费 = 其他工程费Ⅰ + 其他工程费Ⅱ = 38 539.2 元。

(2)计算增工数量

由《预算定额》[352-4-4-4-28]得:预算工日数为 $43.6\times 20\div 10\times 30=2616$(工日)。

冬季施工增工百分率为 0.3%。

雨季施工增工百分率为 $0.30\%\times 4=1.20\%$。

夜间施工增工百分率为 4%。

增工数量共计:$2616\times(0.3+1.20+4)\%=143.9$(工日)。

四、间接费

间接费由规费和企业管理费两项组成。

1. 规费

1)规费的内容

规费系指法律、法规、规章、规程规定施工企业必须缴纳的费用(简称规费),规费包括以下具体费用:

(1)养老保险费。指施工企业按规定标准为职工缴纳的基本养老保险费。

(2)失业保险费。指施工企业按国家规定标准为职工缴纳的失业保险费。

(3)医疗保险费。指施工企业按规定标准为职工缴纳的基本医疗保险费和生育保险费。

(4)住房公积金。指施工企业按规定标准为职工缴纳的住房公积金。

(5)工伤保险费。指施工企业按规定标准为职工缴纳的工伤保险费。

2)费用计算

各项规费以各类工程的人工费之和为基数,按国家或工程所在地法律、法规、规章、规程规定的标准计算。由于各地经济发展不均衡,规费标准也不同,在编制概(预)算时应查阅工程所在地省、自治区、直辖市公路(交通)工程造价(定额)管理站颁布的有关补充规定,如湖北省交通厅颁布的规费标准为38%,湖南省则为40.2%。

2. 企业管理费

企业管理费由基本费用、主副食运费补贴、职工探亲路费、职工取暖补贴和财务费用五项组成。

1)基本费用

(1)基本费用的内容

企业管理费基本费用系指施工企业为组织施工生产和经营管理所需的费用,其内容包括:

①管理人员工资。是指管理人员的基本工资、工资性津贴、职工福利费、劳动保护费以及缴纳的养老、失业、医疗、生育、工伤保险费和住房公积金等。

②办公费。是指企业办公用的文具、纸张、账表、印刷、邮电、书报、会议、水、电、烧水和集体取暖(包括现场临时宿舍取暖)用煤(气)等费用。

③差旅交通费。是指职工因公出差、工作调动(包括随行家属的旅费)的差旅费、住勤补助费,市内交通费和误餐补助费,职工探亲路费,劳动力招募费,职工离退休、退职一次性路费,工伤人员就医路费,以及管理部门使用的交通工具的油料、燃料、养路费及牌照费。

④固定资产使用费。是指管理和试验部门及附属生产单位使用的属于固定资产的房屋、设备、仪器等的折旧、大修、维修或租赁费等。

⑤工具用具使用费。是指管理使用的不属于固定资产的生产工具、器具、家具、交通工具和检验、试验、测绘、消防用具等的购置、维修和摊销费。

⑥劳动保险费。是指企业支付离退休职工的易地安家补助费、职工退职金、六个月以上的病假人员工资、职工死亡丧葬补助费、抚恤费、按规定支付给离休干部的各项经费。

⑦工会经费。是指企业按职工工资总额计提的工会经费。

⑧职工教育经费。是指企业为职工学习先进技术和提高文化水平,按职工工资总额计提的费用。

⑨保险费。是指企业财产保险、管理用车辆等保险费用。

⑩工程保修费。是指工程竣工交付使用后,在规定保修期以内的修理费用。

⑪工程排污费。是指施工现场按规定缴纳的排污费用。

⑫税金。是指企业按规定交纳的房产税、车船使用税、土地使用税、印花税等。

⑬其他费用。是指上述项目以外的其他必要的费用支出,包括技术转让费、技术开发费、业务招待费、绿化费、广告费、投标费、公证费、定额测定费、法律顾问费、审计费、咨询费等。

(2)基本费用的费率与计算

基本费用以各类工程的直接费之和为基数,按表5-17的费率计算:

基本费用费率费率表(%) 表5-17

工程类别	费率	工程类别	费率
人工土方	3.36	构造物I	4.44
机械土方	3.26	构造物II	5.53
汽车运输	1.44	构造物III	9.79
人工石方	3.45	技术复杂大桥	4.72
机械石方	3.28	隧道	4.22
高级路面	1.91	钢材及钢结构	2.42
其他路面	3.28		

2)主副食运费补贴

(1)定义

主副食运费补贴是指施工企业在远离城镇及乡村的野外施工购买生活必需品所需增加的费用。

(2)费率及费用计算

主副食运费补贴的费用以各类工程的直接费之和为基数,根据计算的综合里程按表5-18的费率计算。

其中:

$$综合里程 = 粮食运距 \times 0.06 + 燃料运距 \times 0.09 + 蔬菜运距 \times 0.15 + 水运距 \times 0.70 \tag{5-29}$$

粮食、燃料、蔬菜、水的运距均为全线平均运距;综合里程在表列里程之间时,费率可内插;

综合里程在1km以内的工程不计取本项费用。

主副食运费补贴费率表 表5-18

工程类别	综合里程(km)											
	1	3	5	8	10	15	20	25	30	40	50	每增加10
人工土方	0.17	0.25	0.31	0.39	0.45	0.56	0.67	0.76	0.89	1.06	1.22	0.16
机械土方	0.13	0.19	0.24	0.30	0.35	0.43	0.52	0.59	0.69	0.81	0.95	0.13
汽车运输	0.14	0.20	0.25	0.32	0.37	0.45	0.55	0.62	0.73	0.86	1.00	0.14
人工石方	0.13	0.19	0.24	0.30	0.34	0.42	0.51	0.58	0.67	0.80	0.92	0.12
机械石方	0.12	0.18	0.22	0.28	0.33	0.41	0.49	0.55	0.65	0.76	0.89	0.12
高级路面	0.08	0.12	0.15	0.20	0.22	0.28	0.33	0.38	0.44	0.52	0.60	0.08
其他路面	0.09	0.12	0.15	0.20	0.22	0.28	0.33	0.38	0.44	0.52	0.61	0.09
构造物I	0.13	0.18	0.23	0.28	0.32	0.40	0.49	0.55	0.65	0.76	0.89	0.12
构造物II	0.14	0.20	0.25	0.30	0.35	0.43	0.52	0.60	0.70	0.83	0.96	0.13
构造物III	0.25	0.36	0.45	0.55	0.64	0.79	0.96	1.09	1.28	1.51	1.76	0.24
技术复杂大桥	0.11	0.16	0.20	0.25	0.29	0.36	0.43	0.49	0.57	0.68	0.79	0.11
隧道	0.11	0.16	0.19	0.24	0.28	0.34	0.42	0.48	0.56	0.66	0.77	0.10
钢材及钢结构	0.11	0.16	0.20	0.26	0.30	0.37	0.44	0.50	0.59	0.69	0.80	0.11

3)职工探亲路费

(1)定义

职工探亲路费是指按照有关规定,施工企业职工在探亲期间发生的往返车船费、市内交通费和途中住宿费等费用。

(2)费率及费用计算

职工探亲路费以各类工程的直接费之和为基数,按表5-19的费率标准计算。

职工探亲路费费率表 表5-19

工程类别	费率	工程类别	费率
人工土方	0.10	构造物I	0.29
机械土方	0.22	构造物II	0.34
汽车运输	0.14	构造物III	0.55
人工石方	0.10	技术复杂大桥	0.20
机械石方	0.22	隧道	0.27
高级路面	0.14	钢材及钢结构	0.16
其他路面	0.16		

4)职工取暖补贴

(1)定义

职工取暖补贴是指按规定发放给职工的冬季取暖费或在施工现场设置的临时取暖设施的费用。

(2)费率及费用计算

职工取暖补贴以各类工程的直接费之和为基数,按工程所在地的气温区(见本书附录I)查表5-20的费率标准计算。

职工取暖补贴费率表　　表 5-20

工程类别	气温区						
	准二区	冬一区	冬二区	冬三区	冬四区	冬五区	冬六区
人工土方	0.03	0.06	0.10	0.15	0.17	0.26	0.31
机械土方	0.06	0.13	0.22	0.33	0.44	0.55	0.66
汽车运输	0.06	0.12	0.21	0.31	0.41	0.51	0.62
人工石方	0.03	0.06	0.10	0.15	0.17	0.25	0.31
机械石方	0.05	0.11	0.17	0.26	0.35	0.44	0.53
高级路面	0.04	0.07	0.13	0.19	0.25	0.31	0.38
其他路面	0.04	0.07	0.12	0.18	0.24	0.30	0.36
构造物 I	0.06	0.12	0.19	0.28	0.36	0.46	0.56
构造物 II	0.06	0.13	0.20	0.30	0.41	0.51	0.62
构造物 III	0.11	0.23	0.37	0.56	0.74	0.93	1.13
技术复杂大桥	0.05	0.10	0.17	0.26	0.34	0.42	0.51
隧道	0.04	0.08	0.14	0.22	0.28	0.36	0.43
钢材及钢结构	0.04	0.07	0.12	0.19	0.25	0.31	0.37

5）财务费用

（1）财务费用的内容

财务费用系指企业为筹集资金而发生的各项费用，包括企业经营期间发生的短期贷款利息净支出、汇兑净损失、调剂外汇手续费、金融机构手续费，以及企业筹集资金发生的其他财务费用。

（2）财务费用的费率和计算

财务费用以各类工程的直接费之和为基数，按表 5-21 的费率计算。

财务费用费率表（%）　　表 5-21

工程类别	费率	工程类别	费率
人工土方	0.23	构造物 I	0.37
机械土方	0.21	构造物 II	0.40
汽车运输	0.21	构造物 III	0.82
人工石方	0.22	技术复杂大桥	0.46
机械石方	0.20	隧道	0.39
高级路面	0.27	钢材及钢结构	0.48
其他路面	0.30		

3. 辅助生产间接费

辅助生产间接费系指由施工单位自行开采加工的砂、石等自采材料及施工单位自办的人工装卸和运输的间接费。

辅助生产间接费按人工费的5%计。该项费用并入材料预算单价内构成材料费，不直接出现在概(预)算中。

高原地区施工单位的辅助生产，可按其他工程费中高原地区施工增加费费率，以直接工程费为基数计算高原地区施工增加费(其中:人工采集、加工材料、人工装卸、运输材料按人工土方费率计算;机械采集、加工材料按机械石方费率计算;机械装、运输材料按汽车运输费率计算)。辅助生产高原地区施工增加费不作为辅助生产间接费的计算基数。

间接费各项费用中，规费是以各类工程的人工费之和为基数计算，企业管理费是以各类工程的直接费为基数计算，在概(预)算表格中均不单独出现，而是在04表(附录V)中逐项确定其费率，求得规费综合费率和企业管理费综合费率，在08表(附录V)中形成间接费。

$$\text{工程细目规费} = \text{工程细目人工费} \times \text{规费综合费率} \tag{5-30}$$

$$\text{工程细目企业管理费} = \text{工程细目直接费} \times \text{企业管理费综合费率} \tag{5-31}$$

综上所述，得出如下结论：

$$\text{间接费} = \text{规费} + \text{企业管理费} \tag{5-32}$$

五、利润

1. 费用内容

利润系指施工企业完成所承包工程应取得的盈利。

2. 计算方法

利润按直接费与间接费之和扣除规费后的7%计算。

$$\text{利润} = (\text{直接费} + \text{间接费} - \text{规费}) \times 7\% \tag{5-33}$$

编制概(预)算时，该项费用在03表(附录V)中计算。

六、税金

1. 费用内容

税金系指按国家税法规定应计入建筑安装工程造价内的营业税、城市维护建设税及教育费附加等。

2. 计算方法

税金是按综合税率计算的，即

$$\text{综合税金额} = (\text{直接费} + \text{间接费} + \text{利润}) \times \text{综合税率} \tag{5-34}$$

综合税率按下列规定执行：

(1)纳税地点在市区的企业，综合税率为3.41%，即：

$$\text{综合税率}(\%) = \left(\frac{1}{1 - 3\% - 3\% \times 7\% - 3\% \times 3\%} - 1\right) \times 100 = 3.41(\%)$$

(2)纳税地点在县城、乡镇的企业，综合税率为3.35%，即：

$$\text{综合税率}(\%) = \left(\frac{1}{1 - 3\% - 3\% \times 5\% - 3\% \times 3\%} - 1\right) \times 100 = 3.35(\%)$$

(3)纳税地点不在市区、县城、乡镇的企业，综合税率为3.22%，即：

$$\text{综合税率}(\%) = \left(\frac{1}{1 - 3\% - 3\% \times 1\% - 3\% \times 3\%} - 1\right) \times 100 = 3.22(\%)$$

在编制概(预)算时,税金是通过上面的计算公式在03表(附录V)中做统计的。

综上所述,建筑安装工程费由四大项费用组成,即:

$$建筑安装工程费 = 直接费 + 间接费 + 利润 + 税金 \quad (5\text{-}35)$$

建筑安装工程费在工程总造价中占有很大的比例,通常占概、预算总金额的90%左右。其费用计算正确与否,直接影响概(预)算的编制质量。

【例5-11】 河北保定某人工沿路拌和石灰、粉煤灰稳定土基层,经计算该工程的直接费为599 592元,间接费为35 076元,其中规费为15 000元,试预算该工程的建筑安装工程费。已知纳税地点在县城。

解: 由公式(5-35)知:

建筑安装工程费=直接费+间接费+利润+税金。

由已知条件得:

(1)直接费=599 592元。

(2)间接费=35 076元。

(3)利润=(直接费+间接费-规费)×7%

=(599 592+35 076-15 000)×7%=43 377元。

(4)税金=(直接费+间接费+利润)×综合税率

=(599 592+35 076+43 377)×3.35%=22 715(元)。

(5)建筑安装工程费=599 592+35 076+43 377+22 715=700 760(元)。

课题四 设备、工具、器具及家具购置费计算

设备、工具、器具及家具购置费在概(预)算项目表中属于第二部分费用。这部分费用计算方法可分为按计划购置清单计列和按费用标准计列两类。其内容由如下三项费用组成。编制概(预)算时在05表(附录V)中计算。

一、设备购置费内容及计算方法

设备购置费系指为满足公路的营运、管理、养护需要,购置的达到固定资产标准的设备和虽低于固定资产标准但属于设计明确列入设备清单的设备的费用。包括渡口设备、隧道照明、消防、通风的动力设备,高等级公路的收费、监控、通信、供电设备,养护用的机械、设备和工具、器具等的购置费用。

设备购置费应由设计单位列出计划购置清单(包括设备的规格、型号、数量),以设备原价加综合业务费和运杂费按以下公式计算:

$$\begin{aligned}设备购置费 &= 设备原价 + 运杂费(运输费 + 装卸费 + 搬运费) \\ &\quad + 运输保险费 + 采购及保管费\end{aligned} \quad (5\text{-}36)$$

公式中各项费用的构成及计算按以下规定执行:

1. 设备原价的构成及计算

1)国产设备原价的构成及计算

(1)定义

国产设备的原价一般是指设备制造厂的交货价,即出厂价或订货合同价。

(2)设备原价的构成及计算

国产设备原价一般根据生产厂或供应商的询价、报价、合同价确定，或采用一定的方法计算确定。其内容包括按专业标准规定的在运输过程中不受损失的一般包装费，及按产品设计规定配带的工具、附件和易损件的费用。即：

$$设备原价 = 出厂价(或供货地点价) + 包装费 + 手续费 \tag{5-37}$$

2)进口设备原价的构成及计算

(1)定义

进口设备的原价是指进口设备的抵岸价，即抵达买方边境港口或边境车站，且交完关税为止形成的价格。

(2)设备原价的构成及计算

进口设备原价应根据货价、国际运费、运输保险费、银行财务费、外贸手续费、关税、增值税、消费税、商检费、检疫费、车辆购置附加费等项目按下列公式计算：

$$\begin{aligned}进口设备原价 =& 货价 + 国际运费 + 运输保险费 + 银行财务费 + 外贸手续费 + 关税\\ &+ 增值税 + 消费税 + 商检费 + 检疫费 + 车辆购置附加费\end{aligned} \tag{5-38}$$

公式中各项费用的意义及计算如下：

①货价。一般指装运港船上交货价(FOB，习惯称离岸价)。设备货价分为原币货价和人民币货价。原币货价一律折算为美元表示，人民币货价按原币货价乘以外汇市场美元兑换人民币的中间价确定。进口设备货价按有关生产厂商询价、报价、订货合同价计算。

②国际运费。指从装运港(站)到达我国抵达港(站)的运费。即：

$$国际运费 = 原币货价(FOB价) \times 运费费率 \tag{5-39}$$

现阶段我国进口设备大多采用海洋运输，小部分采用铁路运输，个别采用航空运输。运费费率参照有关部门或进出口公司的规定执行，海运费费率一般为6%。

③运输保险费。对外贸易货物运输保险是由保险人(保险公司)与被保险人(出口人或进口人)订立保险契约，在被保险人交付议定的保险费后，保险人根据保险契约的规定对货物在运输过程中发生的承保责任范围内的损失给予经济上的补偿。这是一种财产保险。计算公式为：

$$运输保险费 = [原币货价(FOB价) + 国际运费] \div (1 - 保险费费率) \times 保险费费率 \tag{5-40}$$

保险费费率按保险公司规定的进口货物保险费费率计算，一般为0.35%。

④银行财务费。一般指中国银行手续费。银行财务费可按下式简化计算：

$$银行财务费 = 人民币货价(FOB价) \times 银行财务费费率 \tag{5-41}$$

银行财务费费率一般为0.4%~0.5%。

⑤外贸手续费。指按规定计取的外贸手续费。其计算公式为：

$$外贸手续费 = [人民币货价(FOB价) + 国际运费 + 运输保险费] \times 外贸手续费费率 \tag{5-42}$$

外贸手续费费率一般为1%~1.5%。

⑥关税。指海关对进出国境或关境的货物和物品征收的一种税。其计算公式为：

$$关税 = [人民币货价(FOB价) + 国际运费 + 运输保险费] \times 进口关税税率 \tag{5-43}$$

进口关税税率按我国海关总署发布的进口关税税率计算。

⑦增值税。是对从事进口贸易的单位和个人，在进口商品报关进口后征收的税种。按《中华人民共和国增值税条例》的规定，进口应税产品均按组成计税价格和增值税税率直接计

算应纳税额。即:

$$增值税 = [人民币货价(FOB价) + 国际运费 + 运输保险费 + 关税 + 消费税] \times 增值税税率 \quad (5\text{-}44)$$

增值税税率根据规定的税率计算,目前进口设备适用的税率为17%。

⑧消费税。对部分进口设备(如轿车、摩托车等)征收的税种。其计算公式为:

$$应纳消费税额 = [人民币货价(FOB价) + 国际运费 + 运输保险费 + 关税] \div (1 - 消费税税率) \times 消费税税率 \quad (5\text{-}45)$$

消费税税率根据规定的税率计算。

⑨商检费。指进口设备按规定付给商品检查部门的进口设备检验鉴定费。其计算公式为:

$$商检费 = [人民币货价(FOB价) + 国际运费 + 运输保险费] \times 商检费费率 \quad (5\text{-}46)$$

商检费费率一般为0.8%。

⑩检疫费。指进口设备按规定付给商品检疫部门的进口设备检验鉴定费。其计算公式为:

$$检疫费 = [人民币货价(FOB价) + 国际运费 + 运输保险费] \times 检疫费费率 \quad (5\text{-}47)$$

检疫费费率一般为0.17%。

车辆购置附加费:指进口车辆需缴纳的进口车辆购置附加费。其计算公式为:

$$进口车辆购置附加费 = [人民币货价(FOB价) + 国际运费 + 运输保险费 + 关税 + 消费税 + 增值税] \times 进口车辆购置附加费费率 \quad (5\text{-}48)$$

在计算进口设备原价时,应注意工程项目的性质,有无按国家有关规定减免进口环节税的可能。对于上述各项费用中的费率,应根据进口设备的种类,到相关部门调查取定,并密切注意随国内和国际经济变化而变化。

2. 设备运杂费的构成与计算

(1)设备运杂费的构成

国产设备运杂费指由设备制造厂交货地点起至工地仓库(或施工组织设计指定的需要安装设备的堆放地点)止所发生的运费和装卸费;进口设备运杂费指由我国到岸港口或边境车站起至工地仓库(或施工组织设计指定的需要安装设备的堆放地点)止所发生的运费和装卸费。

(2)设备运杂费的计算

设备运杂费应根据运输里程按表5-22确定其费率,采用公式5-49计算。

$$运杂费 = 设备原价 \times 运杂费费率 \quad (5\text{-}49)$$

设备运杂费费率表(%) 表5-22

运输里程(km)	100以内	101~200	201~300	301~400	401~500	501~750	751~1 000	1 001~1 250	1 251~1 500	1 501~1 750	1 751~2 000	2 000以上每增250
费率(%)	0.8	0.9	1.0	1.1	1.2	1.5	1.7	2.0	2.2	2.4	2.6	0.2

3. 设备运输保险费的构成及计算

(1)定义

设备运输保险费指国内运输保险费。

(2)设备运输保险费的构成及计算

设备运输保险费根据设备原价和保险费费率按下式计算：

$$运输保险费 = 设备原价 \times 保险费费率 \tag{5-50}$$

设备运输保险费费率一般为1%。

4. 设备采购及保管费的构成及计算

(1)设备采购及保管费的构成

设备采购及保管费指采购、验收、保管和收发设备所发生的各种费用，包括设备采购人员、保管人员和管理人员的工资、工资附加费、办公费、差旅交通费，设备供应部门办公和仓库所占固定资产使用费、工具用具使用费、劳动保护费、检验试验费等。

(2)设备采购及保管费的计算

设备采购及保管费根据设备原价和采购及保管费费率按下式计算：

$$采购及保管费 = 设备原价 \times 采购及保管费费率 \tag{5-51}$$

需要安装的设备的采购及保管费费率为2.4%，不需要安装的设备的采购及保管费费率为1.2%。

需要安装的设备，应在第一部分建安工程费的有关项目内另计设备的安装工程费。

在确定设备购置清单时，应正确掌握工程建设设备与材料的划分标准，这直接关系到投资构成的合理划分、概(预)算的编制以及施工产值的计算等方面。为合理确定工程造价，加强对建设过程投资管理，统一概(预)算编制口径，《编制办法》对交通工程中设备与材料的划分提出了划分原则和规定，具体的划分标准见附录Ⅳ。

二、工器具及生产家具(简称工器具)购置费

1. 费用内容

工器具购置费系指建设项目交付使用后为满足初期正常营运必须购置的第一套不构成固定资产的设备、仪器、仪表、工卡模具、器具、工作台（框、架、柜）等的费用。该费用不包括构成固定资产的设备、工器具和备品、备件，及已列入设备购置费中的专用工具和备品、备件。

2. 计算方法

对于工器具购置，应由设计单位列出计划购置的清单(包括规格、型号、数量)，购置费的计算方法同设备购置费。

三、办公和生活用家具购置费

1. 费用内容

办公和生活用家具购置费系指为保证新建、改建项目初期正常生产、使用和管理所必须购置的办公和生活用家具、用具的费用。具体范围包括：行政、生产部门的办公室、会议室、资料档案室、阅览室、单身宿舍及生活福利设施等的家具、用具。

2. 计算办法

办公和生活用家具购置费按路线的设计里程和有看桥房的独立大中桥的座数按表5-23的规定计算。

办公和生活用家具购置费标准

表 5-23

工程所在地	路线(元/公路公里)				有看桥房的独立大桥(元/座)	
	高速公路	一级公路	二级公路	三、四级公路	一般大桥	技术复杂大桥
内蒙古、黑龙江、青海、新疆、西藏	21 500	15 600	7 800	4 000	24 000	60 000
其他省、自治区直辖市	17 500	14 600	5 800	2 900	19 800	49 000

注:改建工程按表列数 80% 计。

课题五　工程建设其他费用计算

工程建设其他费用,在概(预)算项目表中属于第三部分费用。该部分费用包括土地征用及拆迁补偿费、建设项目管理费、研究试验费、建设项目前期工作费、专项评价(估)费、施工机构迁移费、供电贴费、联合试运转费、生产工人培训费、固定资产投资方向调节税、建设期贷款利息共十一项。

关于工程建设其他费用的计算,各省、自治区、直辖市交通厅(局)均有许多具体补充规定,计列时应予以注意。

一、土地征用及拆迁补偿费

土地征用及拆迁补偿费系指按照《中华人民共和国土地管理法》及《中华人民共和国土地管理法实施条例》、《中华人民共和国基本农田保护条例》等法律、法规的规定,为进行公路建设需征用土地所支付的土地征用及拆迁补偿费等费用。

1. 费用内容

(1)土地补偿费。指被征用土地地上、地下附着物及青苗补偿费,征用城市郊区的菜地等缴纳的菜地开发建设基金,租用土地费,耕地占用税,用地图编制费及勘界费,征地管理费等。

(2)征用耕地安置补助费。指征用耕地需要安置农业人口的补助费。

(3)拆迁补偿费。指被征用或占用土地上的房屋及附属构筑物、城市公用设施等拆除、迁建补偿费,拆迁管理费等。

(4)复耕费。指临时占用的耕地、鱼塘等,待工程竣工后将其恢复到原有标准所发生的费用。

(5)耕地开垦费。指公路建设项目占用耕地的,应由建设项目法人(业主)负责补充耕地所发生的费用;没有条件开垦或者开垦的耕地不符合要求的,按规定缴纳的耕地开垦费。

(6)森林植被恢复费。指公路建设项目需要占用、征用或者临时占用林地的,经县级以上林业主管部门审核同意或批准,建设项目法人(业主)单位按照有关规定向县级以上林业主管部门预缴的森林植被恢复费。

2. 计算方法

土地征用及拆迁补偿费应根据审批单位批准的建设工程用地和临时用地面积及其附着物的情况,以及实际发生的费用项目,按国家有关规定及工程所在地的省(自治区、直辖市)人民政府颁发的有关规定和标准计算。

森林植被恢复费应根据审批单位批准的建设工程占用林地的类型及面积，按国家有关规定及工程所在地的省（自治区、直辖市）人民政府颁发的有关规定和标准计算。

当与原有的电力电信设施、水利工程、铁路及铁路设施互相干扰时，应与有关部门联系，商定合理的解决方案和补偿金额，也可由这些部门按规定编制费用以确定补偿金额。

编制概（预）算时该项费用通过06表（附录V）计算。

二、建设项目管理费

建设项目管理费包括建设单位（业主）管理费、工程质量监督费、工程监理费、工程定额测定费、设计文件审查费和竣（交）工验收试验检测费。

1. 建设单位（业主）管理费

1）费用内容

建设单位（业主）管理费系指建设单位（业主）为建设项目的立项、筹建、建设、竣（交）工验收、总结等工作所发生的费用。不包括应计入设备、材料预算价格的建设单位采购及保管设备、材料所需的费用。

费用内容包括：工作人员的工资、工资性补贴、施工现场津贴、社会保险费用（基本养老、基本医疗、失业、工伤保险）、住房公积金、职工福利费、工会经费、劳动保护费；办公费、会议费、差旅交通费、固定资产使用费（包括办公及生活房屋折旧、维修或租赁费，车辆折旧、维修、使用或租赁费，通讯设备购置、使用费，测量、试验设备仪器折旧、维修或租赁费，其他设备折旧、维修或租赁费等）、零星固定资产购置费、招募生产工人费；技术图书资料费、职工教育经费、工程招标费（不含招标文件及标底或造价控制值编制费）；合同契约公证费、法律顾问费、咨询费；建设单位的临时设施费、完工清理费、竣（交）工验收费（含其他行业或部门要求的竣工验收费用）、各种税费（包括房产税、车船使用税、印花税等）；建设项目审计费、境内外融资费用（不含建设期贷款利息）、业务招待费、安全生产管理费和其他管理性开支。

由施工企业代建设单位（业主）办理"土地、青苗等补偿费"的工作人员所发生的费用，应在建设单位（业主）管理费项目中支付。当建设单位（业主）委托有资质的单位代理招标时，其代理费应在建设单位（业主）管理费中支出。

2）计算方法

建设单位（业主）管理费以建筑安装工程费总额为基数，按表5-24的费率，以累进办法计算。

建设单位（业主）管理费费率表 表5-24

第一部分 建筑安装工程费（万元）	费率（%）	算例（万元）	
		建筑安装工程费	建设单位（业主）管理费
500 以下	3.48	500	500 × 3.48% = 17.4
501 ~ 1 000	2.73	1 000	17.4 + 500 × 2.73% = 31.05
1 001 ~ 50 00	2.18	5 000	31.05 + 4 000 × 2.18% = 118.25
5 001 ~ 10 000	1.84	10 000	118.25 + 5 000 × 1.84% = 210.25
10 001 ~ 30 000	1.52	30 000	210.25 + 20 000 × 1.52% = 514.25
30 001 ~ 50 000	1.27	50 000	514.25 + 20 000 × 1.27% = 768.25
50 001 ~ 100 000	0.94	100 000	768.25 + 50 000 × 0.94% = 1 238.25

续上表

第一部分　建筑安装工程费（万元）	费率（%）	算例(万元)	
		建筑安装工程费	建设单位(业主)管理费
100 001 ~ 150 000	0.76	150 000	1 238.25 + 50 000 × 0.76% = 1 618.25
150 001 ~ 200 000	0.59	200 000	1 618.25 + 50 000 × 0.59% = 1 913.25
200 001 ~ 300 000	0.43	300 000	1 913.25 + 100 000 × 0.43% = 2 343.25
300 000 以上	0.32	310 000	2 343.25 + 10 000 × 0.32% = 2 375.25

注:1. 水深>15m、跨度≥400m的斜拉桥和跨度≥400m的悬索桥等独立特大型桥梁工程的建设单位(业主)管理费,按表中费率乘以1.0~1.2的系数计算。

2. 海上工程(指由于风浪影响,工程施工期(不包括封冻期)全年月平均工作日少于15d的工程)的建设单位(业主)管理费按表中费率乘以1.0~1.3的系数计算。

2. 工程质量监督费

1)费用内容

工程质量监督费系指根据国家有关部门规定,各级公路工程质量监督机构对工程建设质量和安全生产实施监督应收取的管理费用。

2)计算方法

工程质量监督费以建筑安装工程费总额为基数,按0.15%计算。

$$工程质量监督费 = 建筑安装工程费总额 \times 0.15\% \quad (5\text{-}52)$$

3. 工程监理费

1)费用内容

工程监理费系指建设单位(业主)委托具有公路工程监理资格的单位,按施工监理规范进行全面的监督和管理所发生的费用。

费用内容包括:工作人员的基本工资、工资性津贴、社会保险费用(基本养老、基本医疗、失业、工伤保险)、住房公积金、职工福利费、工会经费、劳动保护费;办公费、会议费、差旅交通费、固定资产使用费(包括办公及生活房屋折旧、维修或租赁费,车辆折旧、维修、使用或租赁费,通讯设备购置、使用费,测量、试验、检测设备仪器折旧、维修或租赁费,其他设备折旧、维修或租赁费等)、零星固定资产购置费、招募生产工人费;技术图书资料费、职工教育经费、投标费用;合同契约公证费、咨询费、业务招待费;财务费用、监理单位的临时设施费、各种税费和其他管理性开支。

2)计算方法

工程监理费以建筑安装工程费总额为基数,按表5-25的费率计算。

工程监理费费率表　　表5-25

工程类别	高速公路	一级及二级公路	三级及四级公路	桥梁及隧道
费率(%)	2.0	2.5	3.0	2.5

注:桥梁指水深>15m、斜拉桥和悬索桥等独立特大型桥梁工程;隧道指水下隧道工程。

$$工程监理费 = 建筑安装工程费总额 \times 费率 \quad (5\text{-}53)$$

建设单位(业主)管理费和工程监理费均为实施建设项目管理的费用,执行时可根据建设单位(业主)和施工监理单位所实际承担的工作内容和工作量,在保证监理费用的前提下,可统筹使用。

4. 工程定额测定费

1)费用内容

工程定额测定费系指各级公路(交通)工程定额(造价管理)站为测定劳动定额、搜集定额资料、编制工程定额及定额管理所需要的工作经费。

2)计算方法

工程定额测定费以建筑安装工程费总额为基数,按0.12%计列。

$$工程定额测定费 = 建筑安装工程费总额 \times 0.12\% \tag{5-54}$$

5. 设计文件审查费

1)费用内容

设计审查费系指国家和省级交通主管部门在项目审批前,为保证勘察设计工作的质量,组织有关专家或委托有资质的单位,对设计单位提交的建设项目可行性研究报告和勘察设计文件以及对设计变更、调整概算进行审查所需要的相关费用。

2)计算方法

设计文件审查费以建筑安装工程费总额为基数,按0.1%计列。

$$设计文件审查费 = 建筑安装工程费总额 \times 0.1\% \tag{5-55}$$

6. 竣(交)工验收试验检测费

1)费用内容

竣(交)工验收试验检测费系指在公路建设项目交工验收和竣工验收前,由建设单位(业主)或工程质量监督机构委托有资质的公路工程质量检测单位按照有关规定对建设项目的工程质量进行检测,并出具检测意见所需要的相关费用。

2)计算方法

竣(交)工验收试验检测费根据公路里程或独立大桥的类型和座数按表5-26的规定标准计算。

竣(交)工验收试验检测费标准表 表5-26

项目	路线(元/公路公里)				独立大桥(元/座)	
	高速公路	一级公路	二级公路	三、四级公路	一般大桥	技术复杂大桥
试验检测费	15 000	12 000	10 000	5 000	30 000	100 000

注:关于竣(交)工验收试验检测费,高速公路、一级公路按四车道计算,二级及以下等级公路按双车道计算,每增加一条车道,费用增加10%。

【例5-12】 某高速公路水泥混凝土路面,路线长16km,四车道,已知其建筑安装工程费总额为846 645 680元。永久性占用旱地7.26亩,每亩补偿费2 800元/亩,占用菜地3.6亩,每亩补偿费为3 200元/亩,征地服务费按占地各项费用之和的4%。求其土地、青苗补偿费及建设项目管理费。

解:(1)土地、青苗补偿费:

旱地补偿费 $=7.26\times2\ 800=20\ 328$ 元。

菜地补偿费 $=3.6\times3\ 200=11\ 520$ 元。

征地服务费 $=(20\ 328+11\ 520)\times4\%=1\ 274$ 元。

土地、青苗补偿费 $=20\ 328+11\ 520+1\ 274=33\ 122$ 元。

(2)建设单位管理费:

建设单位管理费 $=768.25+(84\ 664.568-50\ 000)\times0.94\%=1\ 094.096\ 9$ 万元。

工程质量监督费 =846 645 680 ×0.15% =1 269 969 元。

工程监理费 =846 645 680 ×2.0% =16 932 914 元。

工程定额测定费 =846 645 680 ×0.12% =1 015 975 元。

设计文件审查费 =846 645 680 ×0.1% =846 646 元。

竣(交)工验收试验检测费 =15 000 ×16 =240 000 元。

建设项目管理费 =10 940 969 +1 269 969 +16 932 914 +1 015 975 +846 646 +240 000
=31 246 473 元。

三、研究试验费

1. 费用内容

研究试验费系指为本建设项目提供或验证设计数据、资料进行必要的研究试验和按照设计规定在施工过程中必须进行试验所需的费用,以及支付科技成果、先进技术的一次性技术转让费。该费用不包括:

(1)应由科技三项费用(即新产品试制费、中间试验费和重要科学研究补助费)开支的项目。

(2)应由施工辅助费开支的施工企业对建筑材料、构件和建筑物进行一般鉴定、检查所发生的费用及技术革新研究试验费。

(3)应由勘察设计费或建筑安装工程费用中开支的项目。

2. 计算方法

按照设计提出的研究试验内容和要求进行编制,不需验证设计基础资料的不计本项费用。

四、建设项目前期工作费

1. 费用内容

建设项目前期工作费系指委托勘察设计、咨询单位对建设项目进行可行性研究、工程勘察设计,以及设计、监理、施工招标文件及招标标底或造价控制值文件编制时,按规定应支付的费用。该费用包括:

(1)编制项目建议书(或预可行性研究报告)、工程可行性研究报告、投资估算,以及相应的勘察、设计、专题研究等所需的费用。

(2)初步设计和施工图设计的勘察费(包括测量、水文调查、地质勘探等)、设计费、概(预)算及调整概算编制费等。

(3)设计、监理、施工招标文件及施工招标标底(或造价控制值或清单预算)文件编制费等。

2. 计算方法

该项费用依据委托合同计列,或按国家颁发的收费标准和有关规定进行编制。

五、专项评价(估)费

1. 费用内容

专项评价(估)费系指依据国家法律、法规规定须进行评价(评估)、咨询,按规定应支付的费用。该费用包括环境影响评价费、水土保持评估费、地震安全性评价费、地质灾害危险性评价费、压覆重要矿床评估费、文物勘察费、通航论证费、行洪论证(评估)费、使用林地可行性研究报告编制费、用地预审报告编制费等费用。

2. 计算方法

按国家颁发的收费标准和有关规定进行编制。

六、施工机构迁移费

1. 费用内容

施工机构迁移费系指施工机构根据建设任务的需要,经有关部门决定成建制地(指工程处等)由原驻地迁移到另一地区所发生的一次性搬迁费用。该项费用不包括:

(1)应由施工企业自行负担的,在规定距离范围内调动施工力量以及内部平衡施工力量所发生的迁移费用。

(2)由于违反基建程序,盲目调迁队伍所发生的迁移费。

(3)因中标而引起施工机构迁移所发生的迁移费。

费用内容包括:职工及随同家属的差旅费,调迁期间的工资,施工机械、设备、工具、用具和周转性材料的搬运费。

2. 计算方法

施工机构迁移费应经建设项目的主管部门同意按实计算。但计算施工机构迁移费后,如迁移地点即新工地地点(如独立大桥),则其他工程费内的工地转移费应不再计算;如施工机构迁移地点至新工地地点尚有部分距离,则工地转移费的距离,应以施工机构新地点为计算起点。

3. 注意事项

施工机构迁移费是一项计量出入比较大、甲乙双方易发生争议的费用,所以计算难度较大。计算该费用时,必须经建设单位主管部门同意,并签订协议或纪要后,设计单位方可根据有关规定和标准公正地按实计算施工机构迁移费。

七、供电贴费

1. 费用内容

供电贴费系指按照国家规定,建设项目应交付的供电工程贴费、施工临时用电贴费。

2. 计算方法

按国家有关规定计列(目前停止征收)。

编制概(预)算时,供电贴费在06表(附录V)中计算。

八、联合试运转费

1. 费用内容

联合试运转费系指新建、改(扩)建工程项目,在竣工验收前按照设计规定的工程质量标准,进行动(静)载荷载实验所需的费用,或进行整套设备带负荷联合试运转期间所需的全部费用抵扣试车期间收入的差额。该费用不包括应由设备安装工程项下开支的调试费的费用。

费用内容包括:联合试运转期间所需的材料、油燃料和动力的消耗,机械和检测设备使用费,工具用具和低值易耗品费,参加联合试运转人员工资及其他费用等。

2. 计算方法

联合试运转费以建筑安装工程费总额为基数,独立特大型桥梁按0.075%、其他工程按0.05%计算。

$$独立特大型桥梁联合试运转费 = 建筑安装工程费总额 \times 0.075\% \tag{5-56}$$

$$其他工程联合试运转费 = 建筑安装工程费总额 \times 0.05\% \tag{5-57}$$

九、生产人员培训费

1. 费用内容

生产人员培训费系指新建、改(扩)建公路工程项目,为保证生产的正常运行,在工程竣工验收交付使用前对运营部门生产人员和管理人员进行培训所必需的费用。

费用内容包括:培训人员的工资、工资性补贴、职工福利费、差旅交通费、劳动保护费、培训及教学实习费等。

2. 计算方法

计算生产人员培训费时应先确定运营部门生产人员和管理人员的设计定员,按每人2 000元的标准计算。

$$生产人员培训费 = 设计定员 \times 2\,000 元/人 \tag{5-58}$$

十、固定资产投资方向调节税

1. 费用内容

固定资产投资方向调节税系指为了贯彻国家产业政策,控制投资规模,引导投资方向,调整投资结构,加强重点建设,促进国民经济持续稳定协调发展,依照《中华人民共和国固定资产投资方向调节税暂行条例》规定,公路建设项目应缴纳的固定资产投资方向调节税。

2. 计算方法

按国家的有关规定计算(目前暂停征收)。

十一、建设期贷款利息

1. 费用内容

建设期贷款利息系指建设项目中分年度使用国内贷款或国外贷款部分,在建设期内应归还的贷款利息。费用内容包括各种金融机构贷款、企业集资、建设债券和外汇贷款等利息。

2. 计算方法

根据不同的资金来源,按需付息的分年度投资按式5-10计算。

$$S = \sum_{n=1}^{N} (F_{n-1} + b_n \div 2) \times i \tag{5-59}$$

式中:S——建设期贷款利息,元;

N——项目建设期,年;

n——施工年度;

F_{n-1}——建设期第$(n-1)$年末需付息贷款本息累计,元;

b_n——建设期第n年度付息贷款额,元;

i——建设期贷款年利率,%。

课题六 预备费及回收金额计算

一、预备费

预备费是概(预)算总金额中的最后一项费用,由价差预备费和基本预备费两部分组成。在公路工程建设期限内,凡需动用预备费时,属于公路交通部门投资的项目,需经建设单位提出,按建设项目隶属关系,报交通部或交通厅(局、委)基建主管部门核定批准;属于其他部门投资的建设项目,按其隶属关系报有关部门核定批准。

1. 价差预备费

1)费用内容

价差预备费系指设计文件编制年至工程竣工年期间,第一部分费用的人工费、材料费、施工机械使用费、其他工程费、间接费等以及第二、三部分费用由于政策、价格变化可能发生上浮而预留的费用及外资贷款汇率变动部分的费用。

2)计算方法

价差预备费以概(预)算或修正概算第一部分建筑安装工程费总额为基数,按设计文件编制年始至建设项目工程竣工年终的年数和年工程造价增涨率计算。

价差预备费按公式(5-60)计算。

$$价差预备费 = P \times [(1+i)^{n-1} - 1] \tag{5-60}$$

式中:P——建筑安装工程费总额,元;

i——年工程造价增涨率,%;

n——设计文件编制年至建设项目开工年 + 建设项目建设期限,年。

年工程造价增涨率按有关部门公布的工程投资价格指数计算,或由设计单位会同建设单位根据该工程人工费、材料费、施工机械使用费、其他工程费、间接费以及第二、三部分费用可能发生的上浮等因素,以第一部分建安费为基数进行综合分析预测。

设计文件编制至工程完工在一年以内的工程,不列此项费用。

2. 基本预备费

1)费用内容

基本预备费系指在初步设计和概算中难以预料的工程和费用,其用途如下:

(1)在进行技术设计、施工图设计和施工过程中,在批准的初步设计和概算范围内所增加的工程费用。

(2)在设备订货时,由于规格、型号改变的价差;材料货源变更、运输距离或方式的改变以及因规格不同而代换使用等原因发生的价差。

(3)由于一般自然灾害所造成的损失和预防自然灾害所采取的措施费用。

(4)在项目主管部门组织竣(交)工验收时,验收委员会(或小组)为鉴定工程质量必须开挖和修复隐蔽工程的费用。

(5)投保的工程根据工程特点和保险合同发生的工程保险费用。

2)计算方法

以第一、二、三部分费用之和(扣除固定资产投资方向调节税和建设期贷款利息两项费用)为基数按公式(5-61)计算。

$$基本预备费 = (第一、二、三部分费用之和 - 固定资产投资方向调节税 - 建设期贷款利息) \times 费率 \quad (5\text{-}61)$$

式中费率：设计概算按5%计列，修正概算按4%计列，施工图预算按3%计列。

当工程采用施工图预算加系数包干承包时，包干系数为施工图预算中直接费与间接费之和的3%。施工图预算包干费由施工单位包干使用。该包干费用的内容为：

(1)在施工过程中，设计单位对分部分项工程修改设计而增加的费用。但不包括因水文地质条件变化造成的基础变更、结构变更、标准提高、工程规模改变而增加的费用。

(2)预算审定后，施工单位负责采购的材料由于货源变更、运输距离或方式的改变以及规格不同而代换使用等原因发生的价差。

(3)由于一般自然灾害所造成的损失和预防自然灾害所采取的措施费用(例如一般防台风、防洪的费用)等。

二、回收金额

概(预)算定额所列材料一般不计回收，只对按全部材料计价的一些临时工程项目如临时输电、电讯线路等和由于工程规模或工期限制达不到规定周转次数的拱盔、支架及施工金属设备的材料计算回收金额。回收率见表5-27。

回收率表 表5-27

回收项目	使用年限或周转次数				计算基数
	一年或一次	两年或两次	三年或三次	四年或四次	
临时电力、电信线路	50%	30%	10%	—	材料原价
拱盔、支架	60%	45%	30%	15%	
施工金属设备	65%	65%	50%	30%	

注：施工金属设备指钢壳沉井、钢护筒等。

课题七　公路交工前养护费及绿化补助费

公路交工前养护费及绿化工程费是建筑安装工程费中的工程项目，该项费用是按《编制办法》附录一和附录二中的规定计算的。

一、公路交工前养护费

1. 费用内容

公路交工前养护费，是指陆续完工的路段，在路段交工初验时止，以路面为主包括路基、构造物在内的养护费用。

2. 计算方法

公路交工前养护费按全线里程及平均养护月数，以下列标准计算：

(1)三、四级公路每月养护费按每公里每月60个工日计算。

(2)二级及二级以上公路每月养护费按每公里每月30个工日计算。

另按路面工程类别计算其他工程费和间接费。

3. 养护用工计算

公路交工前养护用工，也要在概、预算中反映，但不再另计费用(因已按指标形式计算)。

公路交工前养护用工数量按上述指标标准，以路线里程及平均养护月数之乘积计算，并在02表（附录V）中单列分项计算。

二、绿化补助费

1. 费用内容

绿化工程属于建筑安装工程费的工程项目，是指为进行公路绿化而植树、种草、栽花发生的费用。

2. 计算方法

新建公路的绿化补助费是按路线总里程，以下列指标计算：

(1)平原微丘区：5 000 元/km。

(2)山岭重丘区：1 000 元/km。

由于以上费用标准内已包括其他工程费和间接费，故编制概、预算时，不再计列。

本指标仅适用于无绿化设计的二级以下等级公路建设项目。

课题八　概（预）算文件的编制

一、公路工程建设各项费用的计算

在上述各课题中，对公路工程概（预）算各项费用的内容、取费标准和计算方法逐一进行了介绍，为了便于掌握各项费用的计算程序和计算方法，将各项费用的计算过程及相互关系归纳为表5-28。对于初学者来说，认真学习和掌握该表，具有实际操作的指导意义。

公路工程建设各项费用的计算程序及计算方法　　表5-28

代　号	项　　　目	说明及计算式
（一）	直接工程费（即工、料、机费）	按编制年工程所在地的预算价格计算
（二）	其他工程费	（一）×其他工程费综合费率或各类工程人工费和机械费之和×其他工程费综合费率
（二）	直接费	（一）+（二）
（四）	间接费	各类工程人工费×规费综合费率+（三）×企业管理费综合费率
（五）	利润	[（三）+（四）－规费]×利润率
（六）	税金	[（三）+（四）+（五）]×综合税率
（七）	建筑安装工程费	（三）+（四）+（五）+（六）
（八）	设备、工具、器具购置费（包括备品备件）	Σ（设备、工具、器具购置数量×单价+运杂费）×（1+采购保管费率）
	办公及生活用家具购置费	按有关规定计算
（九）	工程建设其他费用	
	土地征用及拆迁补偿费	按有关规定计算
	建设单位（业主）管理费	（七）×费率
	工程质量监督费	（七）×费率
	工程监理费	（七）×费率

续上表

代　号	项　　目	说明及计算式
(九)	工程定额测定费	(七)×费率
	设计文件审查费	(七)×费率
	竣(交)工验收试验检测费	按有关规定计算
	研究试验费	按批准的计划编制
	前期工作费	按有关规定计算
	专项评价(估)费	按有关规定计算
	施工机构迁移费	按实计算
	供电贴费	按有关规定计算
	联合试运转费	(七)×费率
	生产人员培训费	按有关规定计算
	固定资产投资方向调节税	按有关规定计算
	建设期贷款利息	按实际贷款数及利率计算
(十)	预备费	包括价差预备费和基本预备费两项
	价差预备费	按规定的公式计算
	基本预备费	[(七)+(八)+(九)－固定资产投资方向调节税－建设期贷款利息]×费率
	预备费中施工图预算包干系数	[(三)+(四)]×费率
(十一)	建设项目总费用	(七)+(八)+(九)+(十)

二、概(预)算文件的组成

一份完整的概(预)算文件应由封面及目录,概(预)算编制说明及全部概(预)算计算表格组成。

1. 封面及目录

概(预)算文件的封面和扉页应按《编制办法》中的规定制作,《编制办法》的附录五也提供了封面、目录的样式。扉页的次页应有建设项目名称、编制范围、编制单位、编制、复核人员签名并加盖执业(从业)资格印章,编制日期及第几册共几册等内容。目录应按概(预)算表的编制说明及表号顺序编排。

2. 概(预)算编制说明

概(预)算表格编制完成后,应写出编制说明,文字力求简明扼要。应叙述的内容一般有:

(1)建设项目设计资料的依据及有关文号,如建设项目可行性研究报告批准文件号、初步设计和概算批准文号(编修正概算及预算时),以及根据何时的测设资料及比选方案进行编制的等等。

(2)采用的定额、费用标准,人工、材料、机械台班单价的依据或来源,补充定额及编制依据的详细说明。

(3)与概(预)算有关的委托书、协议书、会议纪要的主要内容(或将抄件附后)。

(4)总概(预)算金额,人工、钢材、水泥、木料、沥青的总需要量情况,各设计方案的经济比较,以及编制中存在的问题。

(5)其他与概(预)算有关但不能在表格中反映的事项。

3. 概(预)算表格

公路工程概(预)算应按统一的概(预)算表格计算(表格样式及计算方法见本书附录V),其中概(预)算相同的表式,在印制表格时,应将概算表与预算表分别印制。

概(预)算表格是一个有机的整体,它们互相联系,共同反映出工程的费用。各种表格的计算顺序及相互关系见图5-6。

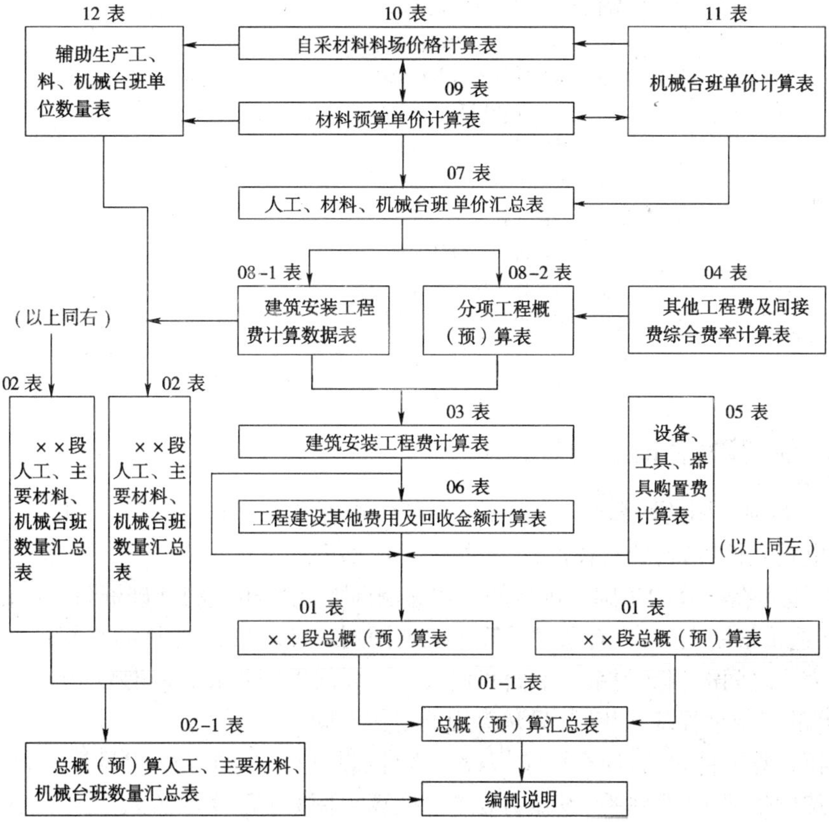

图5-6 各种表格的计算顺序和相互关系

4. 甲组文件与乙组文件

概(预)算文件是设计文件的组成部分,应按《公路工程基本建设项目设计文件编制办法》关于设计文件报送份数,随设计文件一并报送。

概(预)算文件按不同的需要分为两组,甲组文件为各项费用计算表;乙组文件为建筑安装工程费用各项基础数据计算表,只供审批使用。乙组文件表式征得省、自治区、直辖市交通厅(局)同意后,结合实际情况允许变动或增加某些计算过渡表式。报送乙组文件时,还应提供"建筑安装工程费各项基础数据计算表"的电子文档和编制补充定额的详细资料,并随同概(预)算文件一并报送。

乙组文件中的"建筑安装工程费计算数据表"(08-1表)和"分项工程概(预)算表"(08-2表)应根据审批部门或建设项目业主单位的要求全部提供或仅提供其中的一种。

概(预)算应按一个建设项目(如一条路线或一座独立大(中)桥、隧道)进行编制。当一个建设项目需要分段或分部编制时,应根据需要分别编制,但必须汇总编制"总概(预)算汇总表”。

甲、乙组文件包括的内容如图 5-7。

甲组文件：
- 编制说明
- 总概(预)算汇总表(01-1 表)
- 总概(预)算人工、主要材料、机械台班数量汇总表(02-1 表)
- 总概(预)算(01 表)
- 人工、主要材料、机械台班数量汇总表(02 表)
- 建筑安装工程费计算表(03 表)
- 其他工程费及间接费综合费率计算表(04 表)
- 设备、工具、器具购置费计算表(05 表)
- 工程建设其他费用及回收金额计算表(06 表)
- 人工、材料、机械台班单价汇总表(07 表)

乙组文件：
- 建筑安装工程费计算数据表(08-1 表)
- 分项工程概(预)算表(08-2 表)
- 材料预算单价计算表(09 表)
- 自采材料料场价格计算表(10 表)
- 机械台班单价计算表(11 表)
- 辅助生产工、料、机械台班单位数量表(12 表)

图 5-7　甲、乙组文件包括的内容

三、概(预)算文件的编制步骤

概(预)算各项费用的计算要按照一定的程序、步骤和方法进行。目前,概(预)算的编制一般都运用电算软件进行,即具体的计算、填表工作都由计算机完成。但即使是用电算软件编制概(预)算,也是在手算的基础上进行的。在编制前要准备相应的基础资料,并加以整理,因此,作为一名造价编制人员,只有通过手算才能更深刻地理解概(预)算的编制过程,真正掌握各种数据和表格之间的相互关系。下面我们按照手算的编制步骤,介绍概(预)算的编制步骤(概算和预算的编制过程基本相同,只是套用的定额不同)。

在编制概预算文件之前,应全面掌握设计文件、设计图纸、施工组织设计资料、概(预)算调查资料等编制依据,还要熟悉《编制办法》、《概算定额》、《预算定额》、《公路工程机械台班费用定额》及工程所在地的“补充规定”和“补充定额”等全部内容,并要收集国家和地方的与编制概(预)算有关的政策和文件规定,同时要准备好编制概(预)算使用的各种表格。然后按下述步骤进行。

1. 编 08-1 表

08-1 表是建筑安装工程费计算数据表,编 08-1 表的过程也就是列项的过程。列项是根据工程设计的内容及“概、预算项目表”的要求,将一个复杂的建设项目分解成若干个分项工程,并按项、目、节、细目的顺序依次列出。然后按照定额项目表的要求,将分项后的每一项细目与相应的定额表号一一对应,并按工程量计量规则逐项计算出工程量。

列项是一项非常重要的基础工作。编制人员不仅要精通工程项目的全部设计内容,而且还要有科学、严谨的工作态度。既不能漏列、重列,更不能巧立名目。在列项时,最好先列在草稿上,待复核无误后再正式填入项目表。

设计图纸提供的内容有一些较明确,但有一些则反映的较为隐蔽,甚至个别工程量可能包含了多个定额内容,列项时一定要仔细分析。除施工图纸上反映的工程项目外,与施工方案、施工组织设计相关的内容所涉及的工程项目与工程量也要一一列出。

2. 初编 08-2 表

08-2 表是“分项工程概(预)算表”。概(预)算的总金额是以分项工程概(预)算为基础,计算、汇总而来的。初编 08-2 表是指只能按照 08-1 表中项、目、节、细目的逻辑关系,将各分项工程费用的名称、定额编号、定额值等列入 08-2 表中。由于工、料、机的单价及各种费率尚未确定,故 08-2 表只能初编,还不能计算。即编制 08-2 表时,根据已填好的 08-1 表及所用的定额,逐“细目”(无“细目”时按“节”,无“节”时按“目”)分别在 08-2 表中填列编制范围、工程名称、工程细目、定额单位、工程数量、定额表号以及工、料、机名称、定额值、基价等栏。

3. 编制 09 表

09 表是“材料预算单价计算表”。根据 08-2 表中出现的各种材料,将其名称、来源及运输方式等内容,先在 09 表草稿上按调拨、外购、自采加工顺序并考虑其材料代号次序进行登记、填表计算,然后随着 08-2 表编制的需要不断登记、计算,最后再在草稿的基础上正式编制 09 表。对于自采材料,由于其料场价格还未能确定,需转入 10 表计算自采材料料场价格。本表需要与 08-2 表交叉进行,相辅相成。材料预算单价计算后,将其值分别转入 08-2 表、09 表、11 表相应的材料预算单价栏中。

4. 编制 10 表

10 表是“自采材料料场价格计算表”。根据初编 08-2 表中所发生的自采材料的规格名称、相应的定额表号及所消耗的外购材料名称、机械名称、定额值等填入相应栏内。外购材料的预算单价转入 09 表计算,机械台班单价转入 11 表计算,待结果出来后再转入 09 表计算自采材料料场价格。

5. 编制 11 表

11 表是“机械台班单价计算表”。编制时应根据 08-2 表、10 表中出现的机械名称,按《公路工程机械台班费用定额》的内容及 09 表中相应的材料预算单价填入相应栏内,并按代号的顺序依次登记、计算机械台班单价,然后将其值分别转入 08-2 表、10 表相应的机械台班单价栏中。在概、预算编制过程中,08-2 表、09 表、10 表、11 表是交叉进行的。

6. 编制 07 表

07 表是“人工、材料、机械台班单价汇总表”。将人工单价、09 表中材料预算单价、11 表中机械台班单价,按人工、材料、机械的代号顺序依次汇总于 07 表中。在后续的工作中,就可以从 07 表中查用单价了。

7. 编制 04 表

04 表是“其他工程及间接费综合费率计算表”。编制时,应根据工程所在地的自然环境、施工条件等具体情况,按工程类别的顺序依次计算各项费率,并将其值转入 08-2 表相应费率栏内计算其他工程及间接费,进一步计算利润、税金和建筑安装工程费。

8. 编制 05 表

05 表是“设备、工具、器具购置费计算表”。编制时,应根据设计列出的设备、工具、器具计划购置清单计算设备、工具、器具各项费用,并按规定标准计算办公和生活用家具购置费。需安装的设备,在第一部分建安费的有关项目内另计安装工程费。

9. 编制 08-2 表

完成 07 表、04 表的计算后,08-2 表中的工、料、机单价及各项费率均为已知,这样就可以逐项完成 08-2 表的计算。

10. 编制03表

03表是“建筑安装工程费计算表”。编制时，将08-2表中各分项工程的人工费、材料费、机械使用费填入相应栏内，并在表中计算相应的直接工程费、其他工程费、直接费、间接费、利润、税金，最后核算各分项工程的建筑安装工程费及单价。

11. 编制06表

06表是“工程建设其他费用及回收金额计算表”。将建设项目中所发生的其他费用，按照《编制办法》中的费用内容和外业调查资料，包括协议书、委托书、合同等编制各项费用。此外，预备费及回收金额的计算也在该表进行。

12. 编制01表及01-1表

01表是“总概(预)算表”。根据“概(预)算项目表”的格式，将工程项目中实际发生的费用，按项、目、节、细目的顺序填入相应栏内。当实际出现的工程费用与项目表的内容不完全相符时，“部分”和“项”的序号保持不变，“目”、“节”和“细目”的序号可以根据需要增减。然后根据工程数量和概预算金额，计算技术经济指标及各项费用比重。

01-1表为“总概(预)算汇总表”。当按一个总体设计申报立项的建设项目跨越不同的行政区域，需分段或分部分编制01表时，应将各分段(或部分)从01表汇总到01-1表中。

若建设项目不需分段编制概、预算时，可不编总概(预)算汇总表。

根据01表或01-1表中提供的概、预算总金额，各单位工程或分项工程的费用比值和各项技术经济指标，我们可以从经济角度对设计是否合理予以评价，并找出挖潜措施。

13. 编制12表

12表是“辅助生产工、料、机械台班单位数量表”。将10表中所列的各自采材料规格名称及其他辅助生产项目列入“规格名称”栏内。将每生产单位合格产品所消耗的各种资源及定额值列入表中。以供02表计算辅助生产工、料、机之用。

14. 编制02表及02-1表

02表是“人工、主要材料、机械台班数量汇总表”。将工程项目中所消耗的人工、主要材料、机械台班等规格名称按代号的顺序列入“规格名称”栏内。然后以“项”为单位，分别统计各实物的消耗量及总数量。填本表时，要将自办运输人工装卸用工、冬季、雨季及夜间施工增加工、临时设施用工、公路交工前养护用工等数量也统计在内。

02-1表为“总概(预)算人工、主要材料、机械台班数量汇总表”。当分段编制概、预算时，应将各段的02表汇总到02-1表中。若建设项目不需分段编制概、预算时，可不编总概(预)算人工、主要材料、机械台班数量汇总表。

15. 撰写编制说明

在编完概、预算全部计算表格后，应根据《编制办法》中对概、预算编制说明的要求，编写“编制说明”。

16. 复核、印刷、装订、报批

当概预算各表格和编制说明全部完成后，应再进行一次全面的复核，当确认无误并签字后，即可按规定对甲组文件印刷规定份数，并对甲、乙组文件分别装订成册，上报待批。

上述步骤并非一成不变。不仅有些表格可以按规定不编，而且各表的编制次序也是可以变换的。为了正确地编制概、预算，仅仅了解编制步骤是不够的。最根本的还是要掌握《编制办法》的各项规定，明确各表格的作用和相互关系，精通表格中各栏的填写方法。

编制概、预算时各表格的格式和填写方法，参见本教材附录V概预算示例的表格。

四、概(预)算文件编制注意事项

为了提高概(预)算的编制质量,除了掌握上述编制原则、方法步骤以外,还必须注意以下问题:

1. 正确引用定额值

在引用定额值时,必须瞻前顾后,注意总说明、章说明、节说明和表下小注。特别是在每次编制之前,都要查询是否有新的定额或文件下达,切不可墨守成规。

2. 正确计算工程量

正确计算工程量是编好概(预)算至关重要的一环。对各项、目、节、细目的工程量计算一定要严格按照定额的口径、要求以及工程量计算规则进行,既不要多算也不要少算。工程量出错,一动百摇,修改工作费时费力。在计算和分列工程量时要与设计人员紧密配合,理顺和计算适于概、预算的工程量,使其与定额分项口径“对号入座”。

3. 准确统计实物量

在编制 02 表时不要忘记汇总那些按费率或指标计算的增工、增料数量。如自办运输、人工装卸用工、公路交工前养护用工、冬雨夜增工、临时设施用工及辅助生产所需工、料、机数量等。为了统计这些工、料、机数量,最主要的是不要忘记在 02 表的“分项”中列出,特别是 12 表单位数量的应用更要注意。

4. 编制概(预)算的原始资料均应有据可查

编制概(预)算的原始资料都要明确其来源,并真实可靠。特别是对 06 表的计算内容、05 表中设备购置内容以及年造价增涨率等伸缩性较大的项目、数量、指标、费率的确定,更应项项有据,切勿夸大其词、以权谋私。

若材料价格可以按各地交通厅(局)规定的价格计列时,要有相应的文件,并不必编 10 表。

5. 加强复核

编制概(预)算有环环相扣的特点,即一步算错,步步连错。因此,在编制时应加强复核工作。每张表格应由“编制”和“复核”两人完成,并应分步完成,每步复核无误后再进行下一步,切勿单人自编自核,更不要未复核就引用。

6. 其他

在编制概(预)算各表格的过程中,有些表格是互相利用、交叉进行、相互补充的,编制时要理顺关系,正确填列。

思考题

1. 什么是概(预)算?
2. 概(预)算的作用是什么?
3. 概(预)算有哪些类型?
4. 概(预)算由哪些费用组成?
5. 概(预)算文件包括哪些内容?
6. 概(预)算项目表有何作用?
7. 材料的运料终点如何确定?

8. 料场的经济供应范围如何确定？

9. 路线材料平均运距的计算有几种方法？各有什么特点？

10. 人工工日单价如何确定？

11. 如何计算材料的运杂费？

12. 如何计算材料的预算价格？

13. 如何计算机械台班单价？

14. 什么是基价？

15. 概(预)算总金额由哪几项费用组成？

16. 建筑安装工程费由哪几项费用组成？

17. 其他工程费由哪些费用组成？

18. 如何计算其他工程费各种综合费率？

19. 设备、工具、器具及家具购置费包括哪几项费用？

20. 工程建设其他费用包括哪些费用项目？如何计算？

21. 预备费包括哪几项费用？

附　录

附录Ⅰ　全国冬季施工气温区划分表

省、自治区、直辖市	地区、市、自治州、盟（县）	气温区	
北京	全境	冬二	Ⅰ
天津	全境	冬二	Ⅰ
河北	石家庄、邢台、邯郸、衡水市（冀州市、枣强县、故城县）	冬一	Ⅱ
	廊坊、保定（涞源县及以北除外）、衡水（冀州市、枣强县、故城县除外）、沧州市	冬二	Ⅰ
	唐山、秦皇岛市		Ⅱ
	承德（围场县除外）、张家口（沽源县、张北县、尚义县、康保县除外）、保定市（涞源县及以北）	冬三	
	承德（围场县）、张家口市（沽源县、张北县、尚义县、康保县）	冬四	
山西	运城市（万荣县、夏县、绛县、新绛县、稷山县、闻喜县除外）	冬一	Ⅱ
	运城（万荣县、夏县、绛县、新绛县、稷山县、闻喜县）、临汾（尧都区、侯马市、曲沃县、翼城县、襄汾县、洪洞县）、阳泉（孟县除外）、长治（黎城县）、晋城市（城区、泽州县、沁水县、阳城县）	冬二	Ⅰ
	太原（娄烦县除外）、阳泉（孟县）、长治（黎城县除外）、晋城（城区、泽州县、沁水县，阳城县除外）、晋中（寿阳县、和顺县、左权县除外）、临汾（尧都区、侯马市、曲沃县、翼城县、襄汾县、洪洞县除外）、吕梁市（孝义市、汾阳市、文水县、交城县、柳林县、石楼县、交口县、中阳县）		Ⅱ
	太原（娄烦县）、大同（左云县除外）、朔州（右玉县除外）、晋中（寿阳县、和顺县、左权县）、忻州、吕梁市（离石区、临县、岚县、方山县、兴县）	冬三	
	大同（左云县）、朔州市（右玉县）	冬四	
内蒙古	乌海市，阿拉善盟（阿拉善左旗、阿拉善右旗）	冬二	Ⅰ
	呼和浩特（武川县除外）、包头（固阳县除外）、赤峰、鄂尔多斯、巴彦淖尔、乌兰察布市（察哈尔右翼中旗除外），阿拉善盟（额济纳旗）	冬三	
	呼和浩特（武川县）、包头（固阳县）、通辽、乌兰察布市（察哈尔右翼中旗），锡林郭勒（苏尼特右旗、多伦县）、兴安盟（阿尔山市除外）	冬四	
	呼伦贝尔市（海拉尔区、新巴尔虎右旗、阿荣旗），兴安（阿尔山市）、锡林郭勒盟（冬四区以外各地）	冬五	
	呼伦贝尔市（冬五区以外各地）	冬六	
辽宁	大连（瓦房店市、普兰店市、庄河市除外）、葫芦岛市（绥中县）	冬二	Ⅰ
	沈阳（康平县、法库县除外）、大连（瓦房店市、普兰店市、庄河市）、鞍山、本溪（桓仁县除外）、丹东、锦州、阜新、营口、辽阳、朝阳（建平县除外）、葫芦岛（绥中县除外）、盘锦市	冬三	
	沈阳（康平县、法库县）、抚顺、本溪（桓仁县）、朝阳（建平县）、铁岭市	冬四	

续上表

<table>
<tr><th>省、自治区、直辖市</th><th>地区、市、自治州、盟(县)</th><th colspan="2">气温区</th></tr>
<tr><td rowspan="2">吉林</td><td>长春(榆树市除外)、四平、通化(辉南县除外)、辽源、白山(靖宇县、抚松县、长白县除外)、松原(长岭县)、白城市(通榆县),延边自治州(敦化市、汪清县、安图县除外)</td><td colspan="2">冬四</td></tr>
<tr><td>长春(榆树市)、吉林、通化(辉南县)、白山(靖宇县、抚松县、长白县)、白城(通榆县除外)、松原市(长岭县除外),延边自治州(敦化市、汪清县、安图县)</td><td colspan="2">冬五</td></tr>
<tr><td rowspan="3">黑龙江</td><td>牡丹江市(绥芬河市、东宁县)</td><td colspan="2">冬四</td></tr>
<tr><td>哈尔滨(依兰县除外)、齐齐哈尔(讷河市、依安县、富裕县、克山县、克东县、拜泉县除外)、绥化(安达市、肇东市、兰西县)、牡丹江(绥芬河市、东宁县除外)、双鸭山(宝清县)、佳木斯(桦南县)、鸡西、七台河、大庆市</td><td colspan="2">冬五</td></tr>
<tr><td>哈尔滨(依兰县)、佳木斯(桦南县除外)、双鸭山(宝清县除外)、绥化(安达市、肇东市、兰西县除外)、齐齐哈尔(讷河市、依安县、富裕县、克山县、克东县、拜泉县)、黑河、鹤岗、伊春市,大兴安岭地区</td><td colspan="2">冬六</td></tr>
<tr><td>上海</td><td>全境</td><td colspan="2">准二</td></tr>
<tr><td rowspan="2">江苏</td><td>徐州、连云港市</td><td>冬一</td><td>I</td></tr>
<tr><td>南京、无锡、常州、淮安、盐城、宿迁、扬州、泰州、南通、镇江、苏州市</td><td colspan="2">准二</td></tr>
<tr><td>浙江</td><td>杭州、嘉兴、绍兴、宁波、湖州、衢州、舟山、金华、温州、台州、丽水市</td><td colspan="2">准二</td></tr>
<tr><td rowspan="3">安徽</td><td>亳州市</td><td>冬一</td><td>I</td></tr>
<tr><td>阜阳、蚌埠、淮南、滁州、合肥、六安、马鞍山、巢湖、芜湖、铜陵、池州、宣城、黄山市</td><td colspan="2">准一</td></tr>
<tr><td>淮北、宿州市</td><td colspan="2">准二</td></tr>
<tr><td>福建</td><td>宁德(寿宁县、周宁县、屏南县)、三明市</td><td colspan="2">准一</td></tr>
<tr><td>江西</td><td>南昌、萍乡、景德镇、九江、新余、上饶、抚州、宜春市</td><td colspan="2">准一</td></tr>
<tr><td>山东</td><td>全境</td><td>冬一</td><td>I</td></tr>
<tr><td rowspan="2">河南</td><td>安阳、商丘、周口(西华县、淮阳县、鹿邑县、扶沟县、太康县)、新乡、三门峡、洛阳、郑州、开封、鹤壁、焦作、济源、濮阳、许昌市</td><td>冬一</td><td>I</td></tr>
<tr><td>驻马店、信阳、南阳、周口(西华县、淮阳县、鹿邑县、扶沟县、太康县除外)、平顶山、漯河市</td><td colspan="2">准二</td></tr>
<tr><td rowspan="2">湖北</td><td>武汉、黄石、荆州、荆门、鄂州、宜昌、咸宁、黄岗、天门、潜江、仙桃市,恩施自治州</td><td colspan="2">准一</td></tr>
<tr><td>孝感、十堰、襄樊、随州市,神农架林区</td><td colspan="2">准二</td></tr>
<tr><td>湖南</td><td>全境</td><td colspan="2">准一</td></tr>
<tr><td rowspan="6">四川</td><td>阿坝(黑水县)、甘孜自治州(新龙县、道浮县、泸定县)</td><td>冬一</td><td>II</td></tr>
<tr><td>甘孜自治州(甘孜县、康定县、白玉县、炉霍县)</td><td rowspan="2">冬二</td><td>I</td></tr>
<tr><td>阿坝(壤塘县、红原县、松潘县)、甘孜自治州(德格县)</td><td>II</td></tr>
<tr><td>阿坝(阿坝县、若尔盖县、九寨沟县)、甘孜自治州(石渠县、色达县)</td><td colspan="2">冬三</td></tr>
<tr><td>广元市(青川县),阿坝(汶川县、小金县、茂县、理县)、甘孜(巴塘县、雅江县、得荣县、九龙县、理塘县、乡城县、稻城县)、凉山自治州(盐源县、木里县)</td><td colspan="2">准一</td></tr>
<tr><td>阿坝(马尔康县、金川县)、甘孜白治州(丹巴县)</td><td colspan="2">准二</td></tr>
</table>

续上表

省、自治区、直辖市	地区、市、自治州、盟（县）	气温区	
贵州	贵阳、遵义（赤水市除外）、安顺市，黔东南、黔南、黔西南自治州	准一	
	六盘水市，毕节地区	准二	
云南	迪庆自治州（德钦县、香格里拉县）	冬一	Ⅱ
	曲靖（宣威市、会泽县）、丽江（玉龙县、宁蒗县）、昭通市（昭阳区、大关县、威信县、彝良县、镇雄县、鲁甸县），迪庆（维西县）、怒江（兰坪县）、大理自治州（剑川县）	准一	
西藏	拉萨市（当雄县除外），日喀则（拉孜县）、山南（浪卡子县、错那县、隆子县除外）、昌都（芒康县、左贡县、类乌齐县、丁青县、洛隆县除外）、林芝地区	冬一	Ⅰ
	山南（隆子县）、日喀则地区（定日县、聂拉木县、亚东县、拉孜县除外）		Ⅱ
	昌都地区（洛隆县）	冬二	Ⅰ
	昌都（芒康县、左贡县、类乌齐县、丁青县）、山南（浪卡子县）、日喀则（定日县、聂拉木县）、阿里地区（普兰县）		Ⅱ
	拉萨市（当雄县），那曲（安多县除外）、山南（错那县）、日喀则（亚东县）、阿里地区（普兰县除外）	冬三	
	那曲地区（安多县）	冬四	
陕西	西安、宝鸡、渭南、咸阳（彬县、旬邑县、长武县除外）、汉中（留坝县、佛坪县）、铜川市（耀州区）	冬一	Ⅰ
	铜川（印台区、王益区）、咸阳市（彬县、旬邑县、长武县）		Ⅱ
	延安（吴起县除外）、榆林（清涧县）、铜川市（宜君县）	冬二	Ⅱ
	延安（吴起县）、榆林市（清涧县除外）	冬三	
	商洛、安康、汉中市（留坝县、佛坪县除外）	准二	
甘肃	陇南市（两当县、徽县）	冬一	Ⅱ
	兰州、天水、白银（会宁县、靖远县）、定西、平凉、庆阳、陇南市（西和县、礼县、宕昌县），临夏、甘南自治州（舟曲县）	冬二	Ⅱ
	嘉峪关、金昌、白银（白银区、平川区、景泰县）、酒泉、张掖、武威市，甘南自治州（舟曲县除外）	冬三	
	陇南市（武都区、文县）	准一	
	陇南市（成县、康县）	准二	
青海	海东地区（民和县）	冬二	Ⅱ
	西宁市，海东地区（民和县除外），黄南（泽库县除外）、海南、果洛（班玛县、达日县、久治县）、玉树（囊谦县、杂多县、称多县、玉树县）、海西自治州（德令哈市、格尔木市、都兰县、乌兰县）	冬三	
	海北（野牛沟、托勒除外）、黄南（泽库县）、果洛（玛沁县、甘德县、玛多县）、玉树（曲麻莱县、治多县）、海西自治州（冷湖、茫崖、大柴旦、天峻县）	冬四	
	海北（野牛沟、托勒）、玉树（清水河）、海西自治州（唐古拉山区）	冬五	
宁夏	全境	冬二	Ⅱ

续上表

省、自治区、直辖市	地区、市、自治州、盟（县）	气温区	
新疆	阿拉尔市，喀什（喀什市、伽师县、巴楚县、英吉沙县、麦盖提县、莎车县、叶城县、泽普县）、哈密（哈密市泌城镇）、阿克苏（沙雅县、阿瓦提县）、和田地区，伊犁（伊宁市、新源县、霍城县霍尔果斯镇）、巴音郭楞（库尔勒市、若羌县、且末县、尉犁县铁干里可）、克孜勒苏自治州（阿图什市、阿克陶县）	冬二	I
	喀什地区（岳普湖县）		II
	乌鲁木齐市（牧业气象试验站、达板城区、乌鲁木齐县小渠子乡），塔城（乌苏市、沙湾县、额敏县除外）、阿克苏（沙雅县、阿瓦提县除外）、哈密（哈密市十三间房、哈密市红柳河、伊吾县淖毛湖）、喀什（塔什库尔干县）、吐鲁番地区，克孜勒苏（乌恰县、阿合奇县）、巴音郭楞（和静县、焉耆县、和硕县、轮台县、尉犁县、且末县塔中）、伊犁自治州（伊宁市、霍城县、察布查尔县、尼勒克县、巩留县、昭苏县、特克斯县）	冬三	
	乌鲁木齐市（冬三区以外各地），塔城（额敏县、乌苏县）、阿勒泰（阿勒泰市、哈巴河县、吉木乃县）、哈密地区（巴里坤县），昌吉（昌吉市、米泉市、木垒县、奇台县北塔山镇、阜康市天池）、博尔塔拉（温泉县、精河县、阿拉山口口岸）、克孜勒苏自治州（乌恰县吐尔尕特口岸）	冬四	
	克拉玛依、石河子市，塔城（沙湾县）、阿勒泰地区（布尔津县、福海县、富蕴县、青河县），博尔塔拉（博乐市）、昌吉（阜康市、玛纳斯县、呼图壁县、吉木萨尔县、奇台县、米泉市蔡家湖）、巴音郭楞自治州（和静县巴音布鲁克乡）	冬五	

注：表中行政区划以2006年地图出版社出版的《中华人民共和国行政区划简册》为准。为避免繁冗，各民族自治州名称予以简化，如青海省的“海西蒙古族藏族自治州”简化为“海西自治州”。

附录II 全国雨季施工雨量区及雨季期划分表

省、自治区、直辖市	地区、市、自治州、盟（县）	雨量区	雨季期（月数）
北京	全境	II	2
天津	全境	I	2
河北	张家口、承德市（围场县）	I	1.5
	承德（围场县除外）、保定、沧州、石家庄、廊坊、邢台、衡水、邯郸、唐山、秦皇岛市	II	2
山西	全境	I	1.5
内蒙古	呼和浩特、通辽、呼伦贝尔（海拉尔区、满洲里市、陈巴尔虎旗、鄂温克旗）、鄂尔多斯（东胜区、准格尔旗、伊金霍洛旗、达拉特旗、乌审旗）、赤峰、包头、乌兰察布市（集宁区、化德县、商都县、兴和县、四子王旗、察哈尔右翼中旗、察哈尔右翼后旗、卓资县及以南），锡林郭勒盟（锡林浩特市、多伦县、太仆寺旗、西乌珠穆沁旗、正蓝旗、正镶白旗）	I	1
	呼伦贝尔市（牙克石市、额尔古纳市、鄂伦春旗、扎兰屯市及以东），兴安盟		2

续上表

省、自治区、直辖市	地区、市、自治州、盟（县）	雨量区	雨季期（月数）
辽宁	大连（长海县、瓦房店市、普兰店市、庄河市除外）、朝阳市（建平县）	I	2
	沈阳（康平县）、大连（长海县）、锦州（北宁市除外）、营口（盖州市）、朝阳市（凌原市、建平县除外）		2.5
	沈阳（康平县、辽中县除外）、大连（瓦房店市）、鞍山（海城市、台安县、岫岩县除外）、锦州（北宁市）、阜新、朝阳（凌原市）、盘锦、葫芦岛（建昌县）、铁岭市		3
	抚顺（新宾县）、辽阳市		3.5
	沈阳（辽中县）、鞍山（海城市、台安县）、营口（盖州市除外）、葫芦岛市（兴城市）	II	2.5
	大连（普兰店市）、葫芦岛市（兴城市、建昌县除外）		3
	大连（庄河市）、鞍山（岫岩县）、抚顺（新宾县除外）、丹东（凤城市、宽甸县除外）、本溪市		3.5
	丹东市（凤城市、宽甸县）		4
吉林	辽源、四平（双辽市）、白城、松原市	I	2
	吉林、长春、四平（双辽市除外）、白山市，延边自治州	II	2
	通化市		3
黑龙江	哈尔滨（市区、呼兰区、五常市、阿城市、双城市）、佳木斯（抚远县）、双鸭山（市区、集贤县除外）、齐齐哈尔（拜泉县、克东县除外）、黑河（五大连池市、嫩江县）、绥化（北林区、海伦市、望奎县、绥棱县、庆安县除外）、牡丹江、大庆、鸡西、七台河市，大兴安岭地区（呼玛县除外）	I	2
	哈尔滨（市区、呼兰区、五常市、阿城市、双城市除外）、佳木斯（抚远县除外）、双鸭山（市区、集贤县）、齐齐哈尔（拜泉县、克东县）、黑河（五大连池市、嫩江县除外）、绥化（北林区、海伦市、望奎县、绥棱县、庆安县）、鹤岗、伊春市，大兴安岭地区（呼玛县）	II	2
上海	全境	II	4
江苏	徐州、连云港市	II	2
	盐城市		3
	南京、镇江、淮安、南通、宿迁、扬州、常州、泰州市		4
	无锡、苏州市		4.5
浙江	舟山市	II	4
	嘉兴、湖州市		4.5
	宁波、绍兴市		6
	杭州、金华、温州、衢州、台州、丽水市		7
安徽	亳州、淮北、宿州、蚌埠、淮南、六安、合肥市	II	1
	阜阳市		2
	滁州、巢湖、马鞍山、芜湖、铜陵、宣城市		3
	池州市		4
	安庆、黄山市		5

续上表

省、自治区、直辖市	地区、市、自治州、盟(县)	雨量区	雨季期(月数)
福建	泉州市(惠安县崇武)	I	4
	福州(平潭县)、泉州(晋江市)、厦门(同安区除外)、漳州市(东山县)	II	5
	三明(永安市)、福州(市区、长乐市)、莆田市(仙游县除外)		6
	南平(顺昌县除外)、宁德(福鼎市、霞浦县)、三明(永安市、尤溪县、大田县除外)、福州(市区、长乐市、平潭县除外)、龙岩(长汀县、连城县)、泉州(晋江市、惠安县崇武、德化县除外)、莆田(仙游县)、厦门(同安区)、漳州市(东山县除外)		7
	南平(顺昌县)、宁德(福鼎市、霞浦县除外)、三明(尤溪县、大田县)、龙岩(长汀县、连城县除外)、泉州市(德化县)		8
江西	南昌、九江、吉安市	II	6
	萍乡、景德镇、新余、鹰潭、上饶、抚州、宜春、赣州市		7
山东	济南、潍坊、聊城市	I	3
	淄博、东营、烟台、济宁、威海、德州、滨州市		4
	枣庄、泰安、莱芜、临沂、菏泽市		5
	青岛市	II	3
	日照市		4
河南	郑州、许昌、洛阳、济源、新乡、焦作、三门峡、开封、濮阳、鹤壁市	I	2
	周口、驻马店、漯河、平顶山、安阳、商丘市		3
	南阳市		4
	信阳市	II	2
湖北	十堰、襄樊、随州市，神农架林区	I	3
	宜昌(秭归县、远安县、兴山县)、荆门市(钟祥市、京山县)	II	2
	武汉、黄石、荆州、孝感、黄岗、咸宁、荆门(钟祥市、京山县除外)、天门、潜江、仙桃、鄂州、宜昌市(秭归县、远安县、兴山县除外)，恩施自治州		6
湖南	全境	II	6
广东	茂名、中山、汕头、潮州市	I	5
	广州、江门、肇庆、顺德、湛江、东莞市		6
	珠海市	II	5
	深圳、阳江、汕尾、佛山、河源、梅州、揭阳、惠州、云浮、韶关市		6
	清远市		7
广西	百色、河池、南宁、崇左市	II	5
	桂林、玉林、梧州、北海、贵港、钦州、防城港、贺州、柳州、来宾市		6
海南	全境	II	6
重庆	全境	II	4

续上表

省、自治区、直辖市	地区、市、自治州、盟(县)	雨量区	雨季期(月数)
四川	甘孜自治州(巴塘县)	I	1
四川	阿坝(若尔盖县)、甘孜自治州(石渠县)	I	2
四川	乐山(峨边县)、雅安市(汉源县),甘孜自治州(甘孜县、色达县)	I	3
四川	雅安(石棉县)、绵阳(干武县)、泸州(古蔺县)、遂宁市,阿坝(若尔盖县、汶川县除外)、甘孜自治州(巴塘县、石渠县、甘孜县、色达县、九龙县、得荣县除外)	I	4
四川	南充(高坪区)、资阳市(安岳县)	I	5
四川	宜宾市(高县),凉山自治州(雷波县)	II	3
四川	成都、乐山(峨边县、马边县除外)、德阳、南充(南部县)、绵阳(平武县除外)、资阳(安岳县除外)、广元、自贡、攀枝花、眉山市,凉山(雷波县除外)、甘孜自治州(九龙县)	II	4
四川	乐山(马边县)、南充(高坪区、南部县除外)、雅安(汉源县、石棉县除外)、广安(邻水县除外)、巴中、宜宾(高县除外)、泸州(古蔺县除外)、内江市	II	5
四川	广安(邻水县)、达州市	II	6
贵州	贵阳、遵义市,毕节地区	II	4
贵州	安顺市,铜仁地区,黔东南自治州	II	5
贵州	黔西南自治州	II	6
贵州	黔南自治州	II	7
云南	昆明(市区、嵩明县除外)、玉溪、曲靖(富源县、师宗县、罗平县除外)、丽江(宁蒗县、永胜县)、思茅(墨江县)、昭通市,怒江(兰坪县、泸水县六库镇)、大理(大理市、漾濞县除外)、红河(个旧市、开远市、蒙自县、红河县、石屏县、建水县、弥勒县、泸西县)、迪庆、楚雄自治州	I	5
云南	保山(腾冲县、龙陵县除外)、临沧市(凤庆县、云县、永德县、镇康县),怒江(福贡县、泸水县)、红河自治州(元阳县)	I	6
云南	昆明(市区、嵩明县)、曲靖(富源县、师宗县、罗平县)、丽江(古城区、华坪县)、思茅市(翠云区、景东县、镇沅县、普洱县、景谷县),大理(大理市、漾濞县)、文山自治州	II	5
云南	保山(腾冲县、龙陵县)、临沧(临祥区、双江县、耿马县、沧源县)、思茅市(西盟县、澜沧县、孟连县、江城县),怒江(贡山县)、德宏、红河(绿春县、金平县、屏边县、河口县)、西双版纳自治州	II	6
西藏	那曲(索县除外)、山南(加查县除外)、日喀则(定日县)、阿里地区	I	1
西藏	拉萨市,那曲(索县)、昌都(类乌齐县、丁青县、芒康县除外)、日喀则(拉孜县)、林芝地区(察隅县)	I	2
西藏	昌都(类乌齐县)、林芝地区(米林县)	I	3
西藏	昌都(丁青县)、林芝地区(米林县、波密县、察隅县除外)	I	4
西藏	林芝地区(波密县)	I	5
西藏	山南(加查县)、日喀则地区(定日县、拉孜县除外)	II	1
西藏	昌都地区(芒康县)	II	2

续上表

省、自治区、直辖市	地区、市、自治州、盟(县)	雨量区	雨季期(月数)
陕西	榆林、延安市	I	1.5
	铜川、西安、宝鸡、咸阳、渭南市,杨凌区		2
	商洛、安康、汉中市		3
甘肃	天水(甘谷县、武山县)、陇南市(武都区、文县、礼县),临夏(康乐县、广河县、永靖县)、甘南自治州(夏河县)	I	1
	天水(北道区、秦城区)、定西(渭源县)、庆阳(西峰区)、陇南市(西和县),临夏(临夏市)、甘南自治州(临潭县、卓尼县)		1.5
	天水(秦安县)、定西(临洮县、岷县)、平凉(崆峒区)、庆阳(华池县、宁县、环县)、陇南市(宕昌县),临夏(临夏县、东乡县、积石山县)、甘南自治州(合作市)		2
	天水(张家川县)、平凉(静宁县、庄浪县)、庆阳(镇原县)、陇南市(两当县),临夏(和政县)、甘南自治州(玛曲县)		2.5
	天水(清水县)、平凉(泾川县、灵台县、华亭县、崇信县)、庆阳(西峰区、合水县、正宁县)、陇南市(徽县、成县、康县),甘南自治州(碌曲县、迭部县)		3
青海	西宁市(湟源县),海东地区(平安县、乐都县、民和县、化隆县),海北(海晏县、祁连县、刚察县、托勒)、海南(同德县、贵南县)、黄南(泽库县、同仁县)、海西自治州(天峻县)	I	1
	西宁市(湟源县除外),海东地区(互助县),海北(门源县)、果洛(达日县、久治县、班玛县)、玉树自治州(称多县、杂多县、囊谦县、玉树县),河南自治县		1.5
宁夏	固原地区(隆德县、泾源县)	I	2
新疆	乌鲁木齐市(小渠子乡、牧业气象试验站、大西沟乡),昌吉地区(阜康市天池),克孜勒苏(吐尔尕特、托云、巴音库鲁提)、伊犁自治州(昭苏县、霍城县二台、松树头)	I	1
台湾	(资料暂缺)		

注:1. 表中未列的地区除西藏林芝地区墨脱县因无资料未划分外,其余地区均因降雨天数或平均日降雨量未达到计算雨季施工增加费的标准,故未划分雨量区及雨季期。

2. 行政区划依据资料及自治州、市的名称列法同冬季施工气温区划分说明。

附录III 全国风沙地区公路施工区划表

区划	沙漠(地)名称	地理位置	自然特征
风沙一区	呼伦贝尔沙地、嫩江沙地	呼伦贝尔沙地位于内蒙古呼伦贝尔平原,嫩江沙地位于东北平原西北部嫩江下游	属半干旱、半湿润严寒区,年降水量280~400mm,年蒸发量1400~1900mm,干燥度1.2~1.5
	科尔沁沙地	散布于东北平原西辽河中、下游主干及支流沿岸的冲积平原上	属半湿润温冷区,年降水量300~450mm,年蒸发量1700~2400mm,干燥度1.2~2.0
	浑善达克沙地	位于内蒙古锡林郭勒盟南部和昭乌达盟西北部	属半湿润温冷区,年降水量100~400mm,年蒸发量2200~2700mm,干燥度1.2~2.0,年平均风速3.5~5m/s,年大风日数50~80d
	毛乌素沙地	位于内蒙古鄂尔多斯中南部和陕西北部	属半干旱温热区,年降水量东部400~440mm,西部仅250~320mm,年蒸发量2100~2600mm,干燥度1.6~2.0
	库布齐沙漠	位于内蒙古鄂尔多斯北部,黄河河套平原以南	属半干旱温热区,年降水量150~400mm,年蒸发量2100~2700mm,干燥度2.0~4.0,年平均风速3~4m/s

续上表

区划	沙漠(地)名称	地理位置	自然特征
风沙二区	乌兰布和沙漠	位于内蒙古阿拉善东北部,黄河河套平原西南部	属于旱温热区,年降水量100~145mm,年蒸发量2400~2900mm,干燥度8.0~16.0,地下水相当丰富,埋深一般为1.5~3m
	腾格里沙漠	位于内蒙古阿拉善东南部及甘肃武威部分地区	属于旱温热区,沙丘、湖盆、山地、残丘及平原交错分布,年降水量116~148mm,年蒸发量3000~3600mm,干燥度4.0~12.0
	巴丹吉林沙漠	位于内蒙古阿拉善西南边缘及甘肃酒泉部分地区	属于旱温热区,沙山高大密集,形态复杂,起伏悬殊,一般高200~300m,最高可达420m,年降水量40~80mm,年蒸发量1720~3320mm,干燥度7.0~16.0
	柴达木沙漠	位于青海柴达木盆地	属极干旱寒冷区,风蚀地、沙丘、戈壁、盐湖和盐土平原相互交错分布,盆地东部年均气温2~4℃,西部为1.5~2.5℃,年降水量东部为50~170mm,西部为10~25mm,年蒸发量2500~3000mm,干燥度16.0~32.0
	古尔班通古特沙漠	位于新疆北部准噶尔盆地	属于旱温冷区,其中固定、半固定沙丘面积占沙漠面积的97%,年降水量70~150mm,年蒸发量1700~2200mm,干燥度2.0~10.0
风沙三区	塔克拉玛干沙漠	位于新疆南部塔里木盆地	属极干旱炎热区,年降水量东部20mm左右,南部30mm左右,西部40mm左右,北部50mm以上,年蒸发量在1500~3700mm,中部达高限,干燥度>32.0
	库姆达格沙漠	位于新疆东部、甘肃西部,罗布泊低地南部和阿尔金山北部	属极干旱炎热区,全部为流动沙丘,风蚀严重,年降水量10~20mm,年蒸发量2800~3000mm,干燥度>32.0,8级以上大风天数在100d以上

附录Ⅳ 设备与材料的划分标准

工程建设设备与材料的划分,直接关系到投资构成的合理划分、概(预)算的编制以及施工产值的计算等方面,为合理确定工程造价,加强对建设过程投资管理,统一概(预)算编制口径,现对交通工程中设备与材料的划分提出如下划分原则和规定。本规定如与国家主管部门新颁布的规定相抵触时,按国家规定执行。

一、设备与材料的划分原则

(1)凡是经过加工制造,由多种材料和部件按各自用途组成生产加工、动力、传送、储存、运输、科研等功能的机器、容器和其他机械、成套装置等均为设备。

设备分为标准设备和非标准设备。

标准设备(包括通用设备和专用设备):是指按国家规定的产品标准批量生产的、已进入设备系列的设备。

非标准设备:是指国家未定型、非批量生产的、由设计单位提供制造图纸,委托承制单位或施工企业在工厂或施工现场制作的设备。

设备一般包括以下各项：

①各种设备的本体及随设备到货的配件、备件和附属于设备本体制作成型的梯子、平台、栏杆及管道等。

②各种计量器、仪表及自动化控制装置、实验的仪器及属于设备本体部分的仪器仪表等。

③附属于设备本体的油类、化学药品等设备的组成部分。

④无论用于生产或生活或附属于建筑物的水泵、锅炉及水处理设备、电气、通风设备等。

(2)为完成建筑、安装工程所需的原料和经过工业加工在工艺生产过程中不起单元工艺生产用的设备本体以外的零配件、附件、成品、半成品等均为材料。

材料一般包括以下各项：

①设备本体以外的不属于设备配套供货，需由施工企业进行加工制作或委托加工的平台、梯子、栏杆及其他金属构件等，以及成品、半成品形式供货的管道、管件、阀门、法兰等。

②设备本体以外的各种行车轨道、滑触线、电梯的滑轨等均为材料。

二、设备与材料的划分界限

(1)设备。

①通信系统。市内、长途电话交换机、程控电话交换机、微波、载波通信设备，电报和传真设备，中、短波通信设备及中短波电视天馈线装置，移动通信设备、卫星地球站设备，通信电源设备，光纤通信数字设备，有线广播设备等各种生产及配套设备和随机附件等。

②监控和收费系统。自动化控制装置、计算机及其终端、工业电视、检测控制装置、各种探测器、除尘设备、分析仪表、显示仪表、基地式仪表、单元组合仪表、变送器、传送器及调节阀、盘上安装器、压力、温度、流量、差压、物位仪表，成套供应的盘、箱、柜、屏（包括箱和已经安装就位的仪表、元件等）及随主机配套供应的仪表等。

③电气系统。各种电力变压器、互感器、调压器、感应移相器、电抗器、高压断路器、高压熔断器、稳压器、电源调整器、高压隔离开关、装置式空气开关、电力电容器、蓄电池、磁力启动器、交直流报警器、成套箱式变电站、共箱母线、封密式母线槽、成套供应的箱、盘、柜、屏及其随设备带来的母线和支持瓷瓶等。

④通风及管道系统。空气加热器、冷却器、各种空调机、风尘管、过滤器、制冷机组、空调机组、空调器、各类风机、除尘设备、风机盘管、净化工作台、风淋室、冷却塔、公称直径 300mm 以上的人工阀门和电动阀门等。

⑤房屋建筑。电梯、成套或散装到货的锅炉及其附属设备、汽轮发电机及其附属设备、电动机、污水处理装置、电子秤、地中衡、开水炉、冷藏箱，热力系统的除氧器水箱和疏水箱，工业水系统的工业水箱，油冷却系统的油箱，酸碱系统的酸碱储存槽，循环水系统的旋转滤网、启闭装置的启闭机等。

⑥消防及安全系统。隔膜式气压水罐（气压罐）、泡沫发生器、比例混合器、报警控制器、报警信号前端传输设备、无线报警发送设备、报警信号接收机、可视对讲主机、联动控制器、报警联动一体机、重复显示器、远程控制器、消防广播控制柜、广播功放、录音机、广播分配器、消防通信电话交换机、消防报警备用电源、X 射线安全检查设备、金属武器探测门、摄像设备、监视器、镜头、云台、控制台、监视器柜、支台控制器、视频切换器、全电脑视频切换设备、音频、视频、脉冲分配器、视频补偿器、视频传输设备、汉字发生设备、录像、录音设备、电源、CRT 显示

终端、模拟盘等。

⑦炉窑砌筑。装置在炉窑中的成品炉管、电机、鼓风机和炉窑传动、提升装置，属于炉窑本体的金属铸体、锻件、加工件及测温装置、仪器仪表、消烟、回收、除尘装置，随炉供应已安装就位的金具、耐火衬里、炉体金属预埋件等。

⑧各种机动车辆。

⑨各种工艺设备在试车时必须填充的一次性填充材料（如各种瓷环、钢环、塑料环、钢球等），各种化学药品（如树脂、珠光砂、触煤、干燥剂、催化剂等）及变压器油等，不论是随设备带来的，还是单独订货购置的，均视为设备的组成部分。

（2）材料。

①各种管道、管件、配件、公称直径300mm以内的人工阀门、水表、防腐保温及绝缘材料、油漆、支架、消火栓、空气泡沫枪、泡沫炮、灭火器、灭火机、灭火剂、泡沫液、水泵接合器、可曲橡胶接头、消防喷头、卫生器具、钢制排水漏斗、水箱、分气缸、疏水器、减压器、压力表、温度计、调压板、散热器、供暖器具、凝结水箱、膨胀水箱、冷热水混合器、除污器、分水缸（器）、各种风管及其附件和各种调节阀、风口、风帽、罩类、消声器及其部（构）件、散流器、保护壳、风机减震台座、减震器、凝结水收集器、单双人焊接装置、煤气灶、煤气表、烘箱灶、火管式沸水器、水型热水器、开关、引火棒、防雨帽、放散管拉紧装置等。

②各种电线、母线、绞线、电缆、电缆终端头、电缆中间头、吊车滑触线、接地母线，接地极、避雷线、避雷装置（包括各种避雷器、避雷针等）、高低压绝缘子、线夹、穿墙套管、灯具、开关、灯头盒、开关盒、接线盒、插座、闸盒保险器、电杆、横担、铁塔、各种支架、仪表插座、桥架、梯架、立柱、托臂、人孔手孔、挂墙照明配电箱、局部照明变压器、按钮、行程开关、刀闸开关、组合开关、转换开关、铁壳开关、电扇、电铃、电表、蜂鸣器、电笛、信号灯、低音扬声器、电话单机、容断器等。

③循环水系统的钢板闸门及拦污栅、启闭构架等。

④现场制作与安装的炉管及其他所需的材料或填料、现场砌筑用的耐火、耐酸、保温、防腐、捣打料、绝热纤维、天然白泡石、玄武岩、金具、炉门及窥视孔、预埋件等。

⑤所有随管线（路）同时组合安装的一次性仪表、配件、部件及元件（包括就地安装的温度计、压力表）等。

⑥制造厂以散件或分段分片供货的塔、器、罐等，在现场拼接、组装、焊接、安装内件或改制时所消耗的物料均为材料。

⑦各种金属材料、金属制品、焊接材料、非金属材料、化工辅助材料、其他材料等。

（3）对于一些在制造厂未整体制作完成的设备，或分片压制成型，或分段散装供货的设备，需要建筑安装工人在施工现场加工、拼装、焊接的，按上述划分原则和其投资构成应属于设备购置费。为合理反映建筑安装工人付出的劳动和创造的价值，可按其在现场加工组装焊接的工作量，将其分片或组装件按其设备价值的一部分以加工费的形式计入安装工程费内。

（4）供应原材料，在施工现场制作安装或施工企业附属生产单位为本单元承包工程制作并安装的非标准设备，除配套的电机、减速机外，其加工制作消耗的工、料（包括主材）、机等均应计入安装工程费内。

（5）凡是制造厂未制造完成的设备，已分片压制成型、散装或分段供货，需要建筑安装工人在施工现场拼装、组装、焊接及安装内件的，其制作、安装所需的物料为材料，内件、塔盘为设备。

附录Ⅴ　概(预)算表格样式及计算方法

总概(预)算汇总表

建设项目名称：　　　　　　　　　　　　　　　　　　　　第　　页　共　　页　　01-1 表

项次	工程或费用名称	单位	总数量	概(预)算金额(元)				技术经济指标	各项费用比例(%)	备　注
							合计			

填表说明：1. 一个建设项目分若干单项工程编制概(预)算时，应通过本表汇总全部建设项目概(预)算金额。

2. 本表反映一个建设项目的各项费用组成、概(预)算总值和技术经济指标等。

3. 本表“项次”、“工程或费用名称”、“单位”、“总数量”、“概(预)算金额”应由各单项或单位工程总概(预)算表(01 表)转来，“目”、“节”可视需要增减，“项”应保留。

4. “技术经济指标”以各项概(预)算金额汇总合计除以相应总数量计算；“各项费用比例”以汇总的各项目概(预)算金额合计除以总概(预)算金额合计计算。

编制：　　　　　　　　　　　　　　　　　　　　　　　　复核：

总概(预)算人工、主要材料、机械台班数量汇总表

建设项目名称：　　　　　　　　　　　　　　　　　　　　第　　页　共　　页　　02-1 表

序号	规格名称	单位	总数量	编　制　范　围								

填表说明：1. 一个建设项目分若干个单项工程编制概(预)算时，应通过本表汇总全部建设项目的人工、主要材料、机械台班数量。

2. 本表各栏数据均由各单项或单位工程概(预)算中的人工、主要材料、机械台班数量汇总表(02 表)转来，“编制范围”指单项或单位工程。

编制：　　　　　　　　　　　　　　　　　　　　　　　　复核：

总概(预)算表

建设项目名称：

编 制 范 围： 第 页 共 页 01 表

项	目	节	细目	工程或费用名称	单位	数量	概(预)算金额(元)	技术经济指标	各项费用比例(%)	备注

填表说明：1. 本表反映一个单项或单位工程的各项费用组成、概(预)算金额、技术经济指标等。

2. 本表“项”、“目”、“节”、“细目”、“工程或费用名称”、“单位”等应按概(预)算项目表的序列及内容填写。“目”、“节”、“细目”可视需要增减，但“项”应保留。

3. “数量”、“概(预)算金额”由建筑工程费计算表(03 表)，设备、工具、器具购置费计算表(05 表)、工程建设其他费用及回收金额计算表(06 表)转来。

4. “技术经济指标”以各项目概(预)算金额除以相应数量计算；“各项费用比例”以各项概(预)算金额除以总概(预)算金额计算。

编制： 复核：

人工、主要材料、机械台班数量汇总表

建设项目名称：

编 制 范 围： 第 页 共 页 02 表

序号	规格名称	单位	总数量	分项统计								场外运输损耗	
												%	数量

填表说明：1. 本表各栏数据由分项工程概(预)算基础数据表(08 表)及辅助生产工、料、机械台班单位数量表(12 表)经分析计算后统计而来。

2. 发生的冬、雨季及夜间施工增工及临时设施用工，根据有关附录规定计算后列入本表有关项目内。

编制： 复核：

建筑安装工程费计算表

建设项目名称：

编 制 范 围：　　　　　　　　　　　　　　　　　　第　页　共　页　03表

序号	工程名称	单位	工程量	直接费(元)						间接费(元)	利润(元)	税金(元)	建筑安装工程费	
				直接工程费				其他工程费	合计		费率 %	综合税率 %	合计(元)	单价(元)
				人工费	材料费	机械使用费	合计							
1	2	3	4	5	6	7	8	9	10	11	12	13	14	15

填表说明：本表各栏数据之间关系，5～7均由08表经计算转来；8＝5＋6＋7；9＝8×9的费率或(5＋7)×9的费率；10＝8＋9；11＝5×规费综合费率＋10×企业管理费综合费率；12＝(10＋11－规费)×12的费率；13＝(10＋11＋12)×综合税率；14＝10＋11＋12＋13；15＝14÷4。

编制：　　　　　　　　　　　　　　　　　　复核：

其他工程费及间接费综合费率计算表

建设项目名称：

编 制 范 围：　　　　　　　　　　　　　　　　　　第　页　共　页　04表

序号	工程类别	其他工程费费率(%)													间接费费率(%)											
		冬季施工增加费	雨季施工增加费	夜间施工增加费	高原地区施工增加费	风沙地区施工增加费	沿海地区施工增加费	行车干扰工程施工增加费	安全及文明施工措施费	临时设施费	施工辅助费	工地转移费	综合费率		规费						企业管理费					
													Ⅰ	Ⅱ	养老保险费	失业保险费	医疗保险费	住房公积金	工伤保险费	综合费率	基本费用	主副食运费补贴	职工探亲路费	职工取暖补贴	财务费用	综合费率
1	2	3	4	5	6	7	8	9	10	11	12	13	14	15	16	17	18	19	20	21	22	23	24	25	26	27

填表说明：本表应根据建设工程项目具体情况，按概(预)算编制办法有关规定填入数据计算。其中：14＝3＋4＋5＋8＋10＋11＋12＋13；15＝6＋7＋9；21＝16＋17＋18＋19＋20；27＝22＋23＋24＋25＋26。

编制：　　　　　　　　　　　　　　　　　　复核：

设备、工具、器具购置费计算表

建设项目名称：

编 制 范 围： 第 页 共 页 05 表

序号	设备、工具、器具规格名称	单位	数量	单价(元)	金额(元)	说 明
		填表说明：本表应根据具体的设备、工具、器具购置清单进行计算，包括设备规格、单位、数量、单价以及需要说明的有关问题。				

编制： 复核：

工程建设其他费用及回收金额计算表

建设项目名称：

编 制 范 围： 第 页 共 页 06 表

序号	费用名称及回收金额项目	说明及计算式	金额(元)	备 注
	填表说明：本表应按具体发生的工程建设其他费用项目填写，需要说明和具体计算的费用项目依次相应在说明及计算式栏内填写或具体计算，各项费用具体填写如下： 1. 土地征用及拆迁补偿费应填写土地补偿单价、数量和安置补助费标准、数量等，列式计算所需费用，填入金额栏。 2. 建设项目管理费包括建设单位（业主）管理费、工程质量监督费、工程监理费、工程定额测定费、设计文件审查费、竣（交）工验收试验检测费，按“建筑安装工程费×费率”或有关定额列式计算。 3. 研究试验费应根据设计需要进行研究试验的项目分别填写项目名称及金额，或列式计算或进行说明。 4. 建设项目前期工作费按国家有关规定填入本表，列式计算。 5. 其余有关工程建设其他费用的填入和计算方法，根据规定依此类推。			

编制： 复核：

人工、材料、机械台班单价汇总表

建设项目名称：

编 制 范 围：　　　　　　　　　　　　　　　　　　第　页　共　页　07 表

序号	名称	单位	代号	预算单价(元)	备注	序号	名称	单位	代号	预算单价(元)	备注

填表说明：本表预算单价主要由材料预算单价计算表(09 表)和机械台班单价计算表(11 表)转来。

编制：　　　　　　　　　　　　　　　　　　　　　复核：

建筑安装工程费计算数据表

建设项目名称：　　　　　编制范围：　　　　数据文件编号：　　　　公路等级：

路线或桥梁长度(km)：　　　路基或桥梁宽度(m)：　　　　第　页　共　页　08-1 表

项的代号	本项目数	目的代号	本目节数	节的代号	本节细目数	细目的代号	费率编号	定额个数	定额代号	项或目或节或细目或定额的名称	单位	数量		定额调整情况

填表说明：1. 本表应逐行从左到右横向跨栏填写。

2. “项”、“目”、“节”、“细目”、“定额”等的代号应根据实际需要按本办法附录四“概、预算项目表”及现行《公路工程概算定额》(JTG/T B06—01—2007)、《公路工程预算定额》(JTG/T B06—02—2007)的序列及内容填写。

3. 本表主要是为利用计算机软件编制概、预算提供基础数据，具体填表规则由软件用户手册详细制定。

编制：　　　　　　　　　　　　　　　　　　　　　复核：

分项工程概(预)算表

编制范围：

工程名称：　　　　　　　　　　　　　　　　　　　　　　　　　　第　页 共　页　08-2 表

<table>
<tr><td rowspan="6">编号</td><td colspan="4">工程项目</td><td colspan="3"></td><td colspan="3"></td><td colspan="3"></td><td colspan="2" rowspan="5">合计</td></tr>
<tr><td colspan="4">工程细目</td><td colspan="3"></td><td colspan="3"></td><td colspan="3"></td></tr>
<tr><td colspan="4">定额单位</td><td colspan="3"></td><td colspan="3"></td><td colspan="3"></td></tr>
<tr><td colspan="4">工程数量</td><td colspan="3"></td><td colspan="3"></td><td colspan="3"></td></tr>
<tr><td colspan="4">定额表号</td><td colspan="3"></td><td colspan="3"></td><td colspan="3"></td></tr>
<tr><td colspan="2">工、料、机名称</td><td>单位</td><td>单价（元）</td><td>定额</td><td>数量</td><td>金额（元）</td><td>定额</td><td>数量</td><td>金额（元）</td><td>定额</td><td>数量</td><td>金额（元）</td><td>数量</td><td>金额（元）</td></tr>
<tr><td>1</td><td colspan="2">人工</td><td>工日</td><td></td><td></td><td></td><td></td><td></td><td></td><td></td><td></td><td></td><td></td><td></td><td></td></tr>
<tr><td>2</td><td colspan="2">……</td><td></td><td></td><td></td><td></td><td></td><td></td><td></td><td></td><td></td><td></td><td></td><td></td><td></td></tr>
<tr><td></td><td colspan="2">定额基价</td><td>元</td><td colspan="10" rowspan="8">填表说明：1. 本表按具体分项工程项目数量、对应概（预）算定额子目填写，单价由 07 表转来，金额 = 工、料、机各项的单价 × 定额 × 数量。
2. 其他工程费按相应项目的直接工程费或人工费与施工机械使用费之和 × 规定费率计算。
3. 规费按相应项目的人工费 × 规定费率计算。
4. 企业管理费按相应项目的直接费 × 规定费率计算。
5. 利润按相应项目的（直接费 + 间接费 − 规费）× 利润率计算。
6. 税金按相应项目的（直接费 + 间接费 + 利润）× 税率计算。</td><td></td><td></td></tr>
<tr><td></td><td colspan="2"></td><td></td><td></td><td></td></tr>
<tr><td></td><td colspan="2">直接工程费</td><td>元</td><td></td><td></td></tr>
<tr><td></td><td rowspan="2">其他工程费</td><td>Ⅰ</td><td>元</td><td></td><td></td></tr>
<tr><td></td><td>Ⅱ</td><td>元</td><td></td><td></td></tr>
<tr><td></td><td rowspan="2">间接费</td><td>规费</td><td>元</td><td></td><td></td></tr>
<tr><td></td><td>企业管理费</td><td>元</td><td></td><td></td></tr>
<tr><td></td><td colspan="2">利润及税金</td><td>元</td><td></td><td></td></tr>
<tr><td></td><td colspan="2">建筑安装工程费</td><td>元</td><td></td><td></td><td></td><td></td><td></td><td></td><td></td><td></td><td></td><td></td><td></td><td></td></tr>
</table>

编制：　　　　　　　　　　　　　　　　　　　　　　　　　　　　复核：

材料预算单价计算表

建设项目名称：

编 制 范 围：　　　　　　　　　　　　　　　　　　　　　　　　　第　页　共　页　09 表

<table>
<tr><td rowspan="2">序号</td><td rowspan="2">规格名称</td><td rowspan="2">单位</td><td rowspan="2">原价（元）</td><td colspan="5">运杂费</td><td rowspan="2">原价运费合计（元）</td><td colspan="2">场外运输损耗</td><td colspan="2">采购及保管费</td><td rowspan="2">预算单价（元）</td></tr>
<tr><td>供应地点</td><td>运输方式、比重及运距</td><td>毛重系数或单位毛重</td><td>运杂费构成说明或计算式</td><td>单位运费（元）</td><td>费率（%）</td><td>金额（元）</td><td>费率（%）</td><td>金额（元）</td></tr>
<tr><td></td><td></td><td></td><td></td><td></td><td></td><td></td><td></td><td></td><td></td><td></td><td></td><td></td><td></td><td></td></tr>
<tr><td></td><td></td><td></td><td></td><td></td><td></td><td></td><td></td><td></td><td></td><td></td><td></td><td></td><td></td><td></td></tr>
<tr><td></td><td></td><td></td><td colspan="10" rowspan="7">填表说明：1. 本表计算各种材料自供应地点或料场至工地的全部运杂费与材料原价及其他费用组成预算单价。
2. 运输方式按火车、汽车、船舶等及所占运输比重填写。
3. 毛重系数、场外运输损耗、采购及保管费按规定填写。
4. 根据材料供应地点、运输方式、运输单价、毛重系数等，通过运杂费构成说明或计算式，计算得出材料单位运费。
5. 材料原价与单位运费、场外运输损耗、采购及保管费组成材料预算单价。</td><td></td><td></td></tr>
<tr><td></td><td></td><td></td><td></td><td></td></tr>
<tr><td></td><td></td><td></td><td></td><td></td></tr>
<tr><td></td><td></td><td></td><td></td><td></td></tr>
<tr><td></td><td></td><td></td><td></td><td></td></tr>
<tr><td></td><td></td><td></td><td></td><td></td></tr>
<tr><td></td><td></td><td></td><td></td><td></td></tr>
<tr><td></td><td></td><td></td><td></td><td></td><td></td><td></td><td></td><td></td><td></td><td></td><td></td><td></td><td></td><td></td></tr>
<tr><td></td><td></td><td></td><td></td><td></td><td></td><td></td><td></td><td></td><td></td><td></td><td></td><td></td><td></td><td></td></tr>
<tr><td></td><td></td><td></td><td></td><td></td><td></td><td></td><td></td><td></td><td></td><td></td><td></td><td></td><td></td><td></td></tr>
</table>

编制：　　　　　　　　　　　　　　　　　　　　　　　　　　　　复核：

自采材料料场价格计算表

建设项目名称：

编 制 范 围： 第 页 共 页 10表

序号	定额号	材料规格名称	单位	料场价格（元）	人工（工日）单价 （元）		间接费（元）（占人工费 %）	（ ）单价 （元）		（ ）单价 （元）		（ ）单价 （元）		（ ）单价 （元）	
					定额	金额		定额	金额	定额	金额	定额	金额	定额	金额

填表说明：1. 本表主要用于分析计算自采材料料场价格，应将选用的定额人工、材料、机械台班数量全部列出，包括相应的工、料、机单价。

2. 材料规格用途相同而生产方式（如人工捶碎石、机械轧碎石）不同时，应分别计算单价，再以各种生产方式所占比重根据合计价格加权平均计算料场价格。

3. 定额中机械台班有调整系数时，应在本表内计算。

编制： 复核：

机械台班单价计算表

建设项目名称：

编 制 范 围： 第 页 共 页 11表

序号	定额号	机械规格名称	台班单价（元）	不变费用（元）调整系数：		可变费用（元）人工：（元/工日）		汽油：（元/kg）		柴油：（元/kg）		……		合计
				定额	调整值	定额	金额	定额	金额	定额	金额	定额	金额	

填表说明：1. 本表应根据公路工程机械台班费用定额进行计算。不变费用如有调整系数，应填入调整值；可变费用各栏填入定额数量。

2. 人工、动力燃料的单价由材料预算单价计算表（09表）中转来。

编制： 复核：

辅助生产工、料、机械台班单位数量表

建设项目名称：

编 制 范 围： 第 页 共 页 12表

序号	规格名称	单位	人工(工日)						

填表说明：本表各栏数据由“自采材料料场价格计算表”(10表)统计而来。

编制： 复核：

参考文献

[1] 沈其明.公路工程概(预)算手册.北京:人民交通出版社,2004.
[2] 张起森.公路施工组织及概预算.北京:人民交通出版社,1999.
[3] 梁金江.公路工程管理.北京:人民交通出版社,2002.
[4] 崔新媛.公路工程定额与概(预)算.重庆:重庆大学出版社,1996.
[5] 交通部定额站.公路工程概算定额(JTG/T B06-01—2007).北京:人民交通出版社,2007.
[6] 交通部定额站.公路工程预算定额(JTG/T B06-02—2007).北京:人民交通出版社,2007.
[7] 交通部定额站.公路工程基本建设项目概算预算编制办法(JTG/T B06—2007).北京:人民交通出版社,2007.
[8] 交通部定额站.公路工程机械台班费用定额(JTG/T B06-03—2007).北京:人民交通出版社,2007.
[9] 廖正环.公路施工与管理.北京:人民交通出版社,1998.
[10] 赖少武,曹晓岩.公路工程施工进度控制.北京:人民交通出版社,1999.
[11] 马敬坤.公路施工组织设计.北京:人民交通出版社,2002.
[12] 全国建筑业企业项目经理培训教材编写委员汇编.修订版.北京:人民交通出版社,2001.
[13] 邬晓光.路桥施工组织与概预算.西安.西北大学出版社,1995.
[14] 邬晓光.工程进度监理.北京:人民交通出版社,1999.
[15] 孟华.公路施工与养护管理.北京:人民交通出版社,2005.
[16] 邢凤岐.公路工程管理.北京:人民交通出版社,1995.
[17] 交通部第二公路工程局,西安公路交通大学.公路施工项目管理手册.北京:人民交通出版社,2003.
[18] 张丽华.公路工程概(预)算编制指南.北京:人民交通出版社,2002.
[19] 邢凤岐.公路工程投资估算与概(预)算编制示例.北京:人民交通出版社,1998.
[20] 山西省公路局.公路施工企业管理.北京:人民交通出版社,1997.